Spaich · Fremde in Deutschland

Herbert Spaich

FREMDE IN DEUTSCHLAND

Unbequeme Kapitel unserer Geschichte

Beltz Verlag
Weinheim und Basel 1981

Herbert Spaich, Jahrgang 1950, ist Redakteur des
Ausländerprogramms des Süddeutschen Rundfunks.

Gesamtherstellung: Beltz, Offsetdruck, 6944 Hemsbach über Weinheim
Umschlaggestaltung und Typographie:
Eckard Warminski, Frankfurt/M.
Printed in Germany

ISBN 3 407 85004 2

INHALT

BEGEGNUNG MIT FREMDEN

Ein Vorwort

Karl Valentin sagte: „Fremd ist der Fremde nur in der Fremde." Das steht fest! Allerdings kann umgehend aus Gewohntem Fremdes werden. So zum Beispiel, wenn in die gewohnte Umgebung Fremde kommen, „einbrechen", wie manche sagen; Ausländer sich anschicken, Mitbürger zu werden. Im Moment – es ist im Spätsommer 1980 – scheint die Bereitschaft in der Bundesrepublik Deutschland, diese Fremden zu akzeptieren, einen neuen Tiefstand erreicht zu haben. Wieso „neuer Tiefstand", war es schon einmal anders? Diese Frage hat vor zwei Jahren den Anstoß für eine Sendereihe des Südfunk-Schulfunks über „Fremde in Deutschland" gegeben. Sie liegt diesem Buch zugrunde. Damals war bereits die Tendenz unübersehbar geworden, daß die bundesdeutsche Bevölkerung auf die nicht nur vorübergehend ins Land kommenden Ausländer zunehmend allergisch reagiert. Ich wollte wissen, ob das auch in den vergangenen Jahrhunderten so gewesen ist. Seit dem Beginn der Neuzeit hatten Fremde aus dem Ausland in Deutschland aus politischen oder wirtschaftlichen Gründen um Aufnahme gebeten. Dieses Kapitel deutscher Sozial- und Kulturgeschichte wird meist nur am Rande erwähnt, die Spuren der Einwanderer sind in der Gegenwart nur noch undeutlich auszumachen. In den jeweiligen Epochen waren „die Ausländer" nie zu übersehen. Das verbindet sie, ebenso wie die Ablehnung, die ihnen durch die deutsche Umgebung wiederfuhr. Daran hat sich bis heute nichts geändert.

Die ersten Fremden, an die ich mich erinnern kann, waren Italiener. Sie kamen Mitte der 50er Jahre in unser Dorf am Rande der Schwäbischen Alb. Als „Gastarbeiter" noch ein ungewohnter Begriff war, arbeiteten sie auf den Baustellen eines größeren Unternehmens. Für die Bevölkerung waren die „Fremdarbeiter" ein Ärgernis und eine Störung des dörflichen Lebens. Die Kontakte zu diesen Neubürgern hielten sich in Grenzen. Nach Feierabend zogen sie sich in ihre Baracken auf dem Firmengelände oder in eine für sie notdürftig hergerichtete ehemalige Fabrik zurück.

Einer kaufte manchmal ein. Das war immer lustig, denn er konnte kein Deutsch: „Du wollen heute abend wieder fressen Katzenfutter?", pflegte ihn der Kaufmann zu fragen. Das Gaudium war perfekt.

Wenn die jungen Sizilianer Deutschen auf der Straße begegneten, lächelten sie betreten – waren Fremdkörper in einer „geschlossenen Gesellschaft", wo bereits Flüchtlinge, die nach 1945 aus dem Osten kamen, Schwierigkeiten hatten, Fuß zu fassen.

Allgemeinen Anstoß erregten die „Itaker", weil sie sich die Hauptstraße als Treffpunkt in der Freizeit ausgesucht hatten. Ihr Flanieren wurde zum Spießrutenlauf durch feindselige Blicke und böse Bemerkungen. Für uns Kinder gehörte „Spaghetti-Fresser" zum alltäglichen Wortschatz. Dabei konnte sich keiner von uns unter „Spaghetti" etwas vorstellen; es mußte etwas sehr schlimmes sein.
Das schwäbische Dorf wollte von seinen neuen Nachbarn nichts wissen. Es hieß, „die mit ihren schwarzen Haaren wollen bei uns nur leichtes Geld verdienen, um dann später zu Hause in ‚Bella Italia' im Überfluß zu leben". Ich wußte von Italien nur, daß dort dauernd die Sonne scheint und daß mein reicher Großonkel Henry jedes Jahr nach Capri zur Sommerfrische fährt. Also konnte es den Italienern da nur gut gehen.
Die Gastarbeiter seien faul; wenn kein deutscher Aufpasser hinter ihnen stehe, würden sie sich vor der Arbeit drücken, wo es nur gehe, sagten die Leute. Die Arbeit der Ausländer auf den Baustellen demonstrierte zwar täglich das Gegenteil, paßte aber nicht ins Bild. Wer Bescheid wußte, der traute sich nicht zur Verteidigung. Menschlichkeit oder gar Hilfe für die Fremdlinge war in unserem ansonsten pietistisch-frommen Dorf selten.
Zu dieser gewöhnlich-alltäglichen Repression gehörte auch die herablassend-beleidigende Anrede der ausländischen Arbeiter mit „Du". Bei „den Italienern" erübrigte sich Höflichkeit. Über sie durfte in beleidigenden Witzen hergezogen werden, nach dem Motto: „Was macht ein Itaker, wenn ..." Die Betroffenen standen dabei und lachten – aus Höflichkeit – mit, sie verstanden nicht, um was es ging. Die angebliche sexuelle Potenz der Italiener und der ihnen unterstellte Hang zum schmierig Animalischen bot unerschöpflichen Gesprächsstoff. Blonde deutsche Jungfräulichkeit galt als besonders gefährdet und die Weiblichkeit am Ort wartete demnach nur auf deflorierende Papagallos.
Nicht nur in der Atmosphäre von Gasthausstammtischen wurde betont, das „hemmungslose Temperament" der Italiener müsse von deutscher Seite energisch „im Zaum" gehalten werden. Und das war nicht als Witz gemeint: Wehe dem „Spaghetti-Fresser", der sich an ein deutsches Mädchen 'ranmache, dem werde dann die „Fresse poliert", tönte es, wenn sich Bürger in dieser Angelegenheit über Ausländer unterhielten. Gelegentlich wurden auch Anlässe zum „Fresse polieren" geschaffen; vor allem durch die nachpupertäre männliche Dorfjugend, die sich durch die gleichaltrigen Italiener unerwünschter Konkurrenz ausgesetzt sahen. Einhellig bestand die Auffassung, den Italienern „gehe das Messer schon in der Hosentasche auf". Man kommentierte damit Pressemeldungen, die genüßlich von Messerstechereien mit Ausländern berichteten.
Zum bewegenden Ortsskandal entwickelte sich in dieser Atmosphäre die Heirat einer Deutschen mit einem Antonio. Die Beiden „mußten" sogar heiraten. In der örtlichen Volksschule ist uns dieser „Fall" als Lehrbeispiel moralischen Verfalls vorgeführt worden: Unser Lehrer nahm ihn zum Anlaß, seine Klasse über den verderblichen Einfluß aufzuklären, den Italiener auf unser ordentliches Gemeindewesen ausübten. Schon im Zweiten Weltkrieg sei auf diese „Kerle" kein Verlaß gewesen, sagte er und betonte als Beispiel die nach seiner Auffassung mangelhafte Solidarität des Mussolini-Regimes mit den Machthabern des Dritten Reichs: „typisch Italiener", fand er. Und jetzt hole man sie auch noch freiwillig ins Land, eine Schande sei das. Jeder könne doch sehen, wie sie abgerissen auf den Baustellen herumstünden und Sonntags „weiß Gott wie herausgeputzt mit Schuhen nach der neuesten Mode die Ortschaft unsicher machten". – Bei diesem Lehrer habe ich beispielsweise nicht gelernt, daß Fremde zu achten sind.
So lebten die italienischen Arbeiter neben uns, kehrten später in ihre Heimat zurück oder leben jetzt etwas mehr mit den Deutschen zusammen immer noch in der Bundesrepublik. Sie sind aus den Baracken in Abbruch-Häuser umgezogen, in die sie ihre Familien aus Italien nachgeholt haben.
Dabei sind die Menschen in diesem Dorf nicht ungewöhnlich fremdenfeindlich. Sie sind Ausländern so begegnet, wie ihnen überall begegnet wird: mit einer Mischung aus Unsicherheit, Überheblichkeit und Angst. Immerhin sind die „Gastarbeiter" von „jemand" ins Land gebeten worden. Schlimmes widerfährt dem Fremden, der ungerufen kommt und die Hilfe seiner unfreiwilligen „Gastgeber" in Anspruch nimmt. Er ist der absoluten Ablehnung ausgesetzt, die seine Vertreibung einschließt. Die Geschichte der Menschheit kennt dafür unzählige Beispiele. Nicht von ungefähr kannten selbst die frühesten Gesetze den Schutz des Fremden.
Einen solchen Schutz haben die Roma bzw. Zigeuner bei ihrem 500jährigen Aufenthalt in Europa selten erlebt. Sie sind ein lebendiges Beispiel dafür, was mit Fremden geschieht, die sich einem Gastland nicht in Demut nähern, sondern Gastrecht in Anspruch nehmen und nach eigener Kultur und Gesetzmäßigkeit zu leben wünschen. Ihr Schicksal ist ständige Vertreibung.
Die italienischen Arbeiter nehmen uns zusammen mit Türken, Griechen, Jugoslawen und Spaniern wenigstens unangenehme Arbeiten ab, Zigeuner

ließen sich nie an „Soll und Haben" messen. Viele sind geneigt, Fremde in Deutschland in dieses simple und menschenverachtende Raster einzuordnen. Nur geringfügig sind die Veränderungen in dieser Beziehung in den vergangenen Jahrhunderten. Die Roma haben inzwischen gelernt, von den Gadje, den Nichtzigeunern, nichts mehr zu erwarten. In unser Dorf kamen bis Ende der 60er Jahre gelegentlich Zigeuner und fragten nach „Lumpen und Alt-Eisen". Der Dorfpolizist – damals noch in blitzenden Reitstiefeln – hatte dann immer viel zu tun: Über „das Gesindel" schimpfend, kontrollierte er die Papiere der „Landfahrer".

Die vom Wohlstand aussortierten Kleider und Gerümpel, das heute Sperrmüll heißt, wurden von den Zigeunern mit Naturalien „bezahlt". Je nach Gewicht und Sympathie gab es einen Milchtopf aus Steingut oder einen Satz Preßglasteller. Einmal erzählte ein junger Rom bei der Prozedur des Abwiegens, was seiner Sippe von den Nazis angetan wurde. Die meisten seien vergast worden, aber die Gadje seien noch genauso herzlos wie damals, sagte sein Vater, schwang sich auf den Kutschbock des Pferdewagens und fuhr weiter.

Damals war die Erinnerung an die Zeit der Nazis noch nicht verblichen. Meine Mutter erzählte manchmal von Ukrainern, die zwischen 1942 und 1945 vor dem Ort in der Zementfabrik arbeiten mußten. Die Wehrmacht habe sie in Güterwagen gebracht. Überall im Reich seien diese Fremdarbeiter gewesen. Sie gehörten zu den Millionen, die während des Zweiten Weltkriegs vorwiegend aus dem okkupierten Osten Europas in das Reichsgebiet verschleppt wurden. Den Industrieimperien an Rhein und Ruhr fehlten die Arbeitskräfte, nachdem die meisten deutschen Arbeitnehmer in den Krieg gezogen waren. Nach 1945 ist dieses Kapital zu den Akten gelegt worden. Dabei hatte das Elend dieser Deportierten im Lande niemand übersehen.

Die NS-Ideologen hatten versucht, gegen die „Fremdarbeiter" – wie sie im offiziellen Sprachgebrauch genannt wurden – die latente Fremdenfeindlichkeit zu mobilisieren, um zu gewährleisten, daß keine Solidarisierung mit den Geschundenen stattfand. Täglich begegneten ihnen die Deutschen, arbeiteten mit ihnen zusammen. Ihr Elend ließ sich nicht verstecken wie das Grauen der Konzentrationslager. Also wurden sie von der Propaganda als sklavische Untermenschen dargestellt. Die meisten Deutschen nahmen dieses Bild dankbar an, wie aus den späteren Veröffentlichungen der ehemals Deportierten zu entnehmen ist.

Im Grunde unterschied sich die Verachtung meines Volksschullehrers gegenüber den ausländischen Arbeitern nur unwesentlich von der staatlich verordneten im „Dritten Reich" gegenüber Polen, Sowjetbürgern und Tschechen. Deshalb fiel die Bewältigung dieses Unrechts nach 1945 noch schwerer als die Bewältigung des anti-jüdischen Pogroms.

Ein Beispiel dafür entdeckte ich kürzlich auf der Nordsee-Insel Langeoog. Während des Zweiten Weltkriegs mußten hier mehrere Tausend Zwangsarbeiter einen Militärflughafen anlegen. Anschließend wurden sie ermordet. In einer verwilderten Ecke des Inselfriedhofs – direkt neben dem Müll – steht heute zwar ein Denkmal für diese Opfer der NS-Gewaltherrschaft, Näheres kann die Langeooger Gemeindeverwaltung jedoch über ihr Schicksal nicht mitteilen. Niemand auf der Insel wisse jetzt noch etwas davon, teilt das Bürgermeisteramt in einem freundlich knappen Brief mit. 120 Ausländer seien damals umgekommen, heißt es weiter. Die amtlichen Langeooger Ortschroniken schweigen darüber, der Bau des Flughafens wird nur mit wenigen Sätzen erwähnt. Das Gelände wurde inzwischen rekultiviert. So wuchs zumindest auf Langeoog Gras über die schlimmste Episode in der langen Geschichte des Aufenthalts von Ausländern in Deutschland.

Die meisten Fremden kamen, um zu arbeiten: Seit über 100 Jahren sind Ausländer ein unverzichtbarer Bestandteil der deutschen Wirtschaft, nachdem die Zahl der deutschen Arbeitskräfte mit der industriellen Expansion nicht mehr Schritt hielt. Vor allem für harte und mindere Tätigkeiten wurden zusätzliche Arbeiter gebraucht. Man verpflichtete sie aus weniger industriell entwickelten Teilen Europas. Von den ausländischen Arbeitnehmern der Bundesrepublik führt über die Zwangsarbeiter des Dritten Reichs ein direkter Weg zurück zu den ausländischen Wanderarbeitern in die Gründerzeit um die Jahrhundertwende.

Der industrielle Boom nach dem gewonnenen Krieg gegen Frankreich 1870/71 hatte zu einem Beschäftigungsengpaß auf dem deutschen Arbeitsmarkt geführt. Besonders betroffen war die expandierende Kohlen- und Stahlindustrie des Rheinlands. Ausländer in großem Stil wurden gebraucht. So kamen Italiener für den Straßenbau und die Landwirtschaft – meist als Saisonarbeiter – und Polen längerfristig für den Bergbau. Dabei ließen Industrie und Administration keinen Zweifel daran, daß sie allein an der Arbeitskraft der Ausländer interessiert waren. Die Arbeitsverwaltung sprach offiziell von ihnen als „Konjunkturpuffer". Die Öffentlichkeit betrachtete die Ausländer als notwendiges Übel ebenso wie 100 Jahre später die Gastarbeiter. Heute wird in den ausländischen Arbeitnehmern bei allen Vorurteilen

jedoch kaum eine nationale Gefahr gesehen – wie in den Polen zur Zeit des Kaiserreichs.
Polen waren aber nicht die ersten Fremden, die sich und ihre Arbeitskraft bzw. ihr Können und Wissen Deutschland zur Verfügung stellten. Den Hugenotten aus Frankreich konnte gegen Ende des 17. Jahrhunderts zumindest das eingeschränkte Wohlwollen der deutschen Fürsten sicher sein, als sie in die deutschen Kleinstaaten flohen. Im Rahmen einer „humanitären Aktion" wurden diese sogenannten Refugiés aufgenommen: 1685 hatte der französische Sonnenkönig Ludwig XIV. in seinem Land den protestantischen Glauben verboten. Denjenigen, die nicht Willens waren, zum Katholizismus zu konvertieren, drohten drakonische Kerker- und Galeerenstrafen. 200 000 Hugenotten kehrten darauf ihrer Heimat den Rücken und suchten im Ausland Asyl, das sie in Holland, England und Deutschland fanden. Allein Preußen nahmen 20 000 von ihnen auf.
Der Große Kurfürst Friedrich-Wilhelm von Brandenburg-Preußen hatte mit den hugenottischen Einwanderern besonderes Glück; die französischen Handwerker und Gewerbetreibenden, Militärs und Wissenschaftler halfen wesentlich mit, das Gastland zu einem der mächtigsten Staaten im damaligen Europa zu machen. Bei der deutschen Bevölkerung waren die Franzosen trotzdem nicht beliebter als Fremde in späteren Epochen.
Weniger von „Vorteil" waren für die anderen deutschen Staaten die französischen Emigranten; zu ihnen kamen die ärmeren Flüchtlinge. Franzosen, die froh waren, der unmittelbaren Bedrohung entgangen zu sein. Sie hatten nicht die Kraft zu großen Leistungen zum Lobe der neuen Heimat. Bei einem innerdeutschen „Nord-Süd-Gefälle" erfüllten sie nur selten die mit ihnen verknüpften Hoffnungen der einladenden Staaten. Die Menschlichkeit hatte bei dieser „Menschenfischerei" – wie ein Zeitgenosse die Einwanderung der Franzosen bezeichnete – äußerst enge Grenzen. Es ging dabei in erster Linie um Profit für die absolutistisch herrschenden deutschen Fürsten. Als sie merkten, daß mit den Hugenotten kein Geschäft zu machen war, wich das Bedürfnis nach christlich-humanitärer Hilfe der frostigen Erkenntnis, daß die Neubürger eher lästig sein würden. Vor allem im Herzogtum Württemberg machte man bald keinen Hehl mehr daraus, daß die Erwartungen an die ebenfalls protestantischen Waldenser aus den savoyischen Alpentälern enttäuscht wurden.
Dennoch war die Aufnahme der reformierten Protestanten im 17. Jahrhundert durch die an Frankreich angrenzenden Länder eine der ersten großen Aufnahme-Aktionen politischer bzw. religiöser Flüchtlinge in der Geschichte des modernen Asyls.
Ein Asylrecht im heutigen Sinne existierte damals noch nicht. Es blieb der Laune des souveränen Fürsten überlassen, wem er die Aufnahme in sein Land gestattete und wem nicht. Zwar gibt es heute ein gesetzlich verankertes Asylrecht, aber das Verhältnis der Bevölkerung zu Asylanten und umgekehrt blieb unverändert: Sie werden als lästige Kostgänger empfunden.
Das bundesdeutsche Asylrecht (Artikel 16 des Grundgesetzes: „Jeder politisch Verfolgte genießt Asyl!") gilt als vorbildlich liberal in der Welt. Nachdem in letzter Zeit aber immer mehr Ausländer dieses Recht in Anspruch nehmen, macht es Regierungen und Behörden Kopfschmerzen. Der Ruf nach Einschränkungen oder gar einer Verfassungsänderung wird immer lauter.
Die vor allem in der „Dritten Welt" bestehenden Krisen und blutigen Diktaturen haben für die reichen Industrienationen zur unmittelbaren Folge, daß die Zahl der Asylbewerber steigt. Selbst für ein derart reiches Land wie die Bundesrepublik sind die ungebetenen Gäste aber immer weniger willkommen. Sie werden als sogenannte Wirtschaftsflüchtlinge pauschal abqualifiziert, ohne zu bedenken, daß wirtschaftliche Not häufig mit politischer Verfolgung eng verbunden ist; gerade in Ländern wie Pakistan und Indien, aus denen eine große Zahl der Asylbewerber kommt.
Unmittelbare menschliche Hilfe erhalten Flüchtlinge in der Bundesrepublik meistens durch private Aktionen und persönliches Engagement. Angesichts der steigenden Zahl von Asylbewerbern ist von dem häufig zitierten „europäischen" oder gar „multinationalen" Gedanken und seiner Verwirklichung nichts zu spüren. Auch für sie gilt der schon in der Antike gebräuchliche Satz, wonach es kein größeres Elend gibt als das, ein Fremder zu sein.
Die über Jahrhunderte gleichbleibende und durch Zeugnisse belegbare Fremdenfeindlichkeit hat mich betroffen gemacht. Konsequenzen wurden nie gezogen, obwohl der immer wieder eskalierende Haß eigentlich dazu gezwungen hätte. Erstaunlich auch, daß die große Publizität der Ausländerbeschäftigung in der Bundesrepublik kaum zu einem Abbau der allgemeinen Vorurteile beitragen konnte. Ein Großteil der westdeutschen Bevölkerung hat Schwierigkeiten mit dem Gedanken, türkische Enklaven würden sich in den Städten der Bundesrepublik auf Dauer etablieren und zwar nicht nur in Sanierungsgebieten. Entrüstung löste der Berliner Innensenator Ulrich 1979 mit seinem Vorschlag aus, junge Türken als Polizeibeamte einzustellen.

Der Preis für Ausländer, mit den Deutschen zurechtzukommen, war allzeit die Aufgabe der eigenen Kultur und das allmähliche Aufgehen in der deutschen Gesellschaft. Wer sich weigert, bleibt suspekt. Nie wurden aber auch die Deutschen auf ein Zusammenleben mit Fremden vorbereitet. Regierungen benutzten ihre Anwesenheit gerne als gesellschaftspolitisches Druckmittel oder als Gegenstand für die Auseinandersetzung mit dem innenpolitischen Gegner. Menschlichkeit und simple Gebote des Miteinanders gingen dabei zu Bruch. Im Preußen des Großen Kurfürsten ebenso wie in der Bundesrepublik.

Ich habe versucht, diese Entwicklung an markanten Beispielen zu beschreiben. Dabei liegt das Schwergewicht auf der Dokumentation des Miteinanders von Ausländern und Deutschen unter verschiedenen gesellschaftlichen Bedingungen. Eine auch nur annähernd erschöpfende monographische Darstellung der einzelnen Gruppen von Fremden, die im Laufe der vergangenen 500 Jahre nach Deutschland kamen, war im Rahmen dieses Buches nicht möglich. Häufig mußte ich mich auf das Notwendigste beschränken.

Verhältnismäßig großen Raum nimmt das Kapitel über die Zigeuner bzw. Sinti ein. Sie leben mit am längsten als fremde Minderheit im deutschsprachigen Raum. Dabei sind von ihnen sämtliche Stadien der Fremdenfeindlichkeit durchlebt worden. Eine Entwicklung, die ausführlich überliefert wurde. Über kaum eine andere Minderheit existiert eine derart umfangreiche Literatur. Sie hat mir die Einschränkung leicht gemacht. Wobei es gerade bei den Sinti für einen Außenstehenden schwierig ist, über die Angehörigen dieses Volkes zu schreiben. Mir haben Sinti sehr geholfen. Sie gaben mir aber zu verstehen, daß es einen „inneren Bezirk" gibt, in den einzudringen, für „Gadje" unschicklich ist. Das habe ich respektiert.

Ähnlich ausführlich wie über die „Zigeuner" ist in der Vergangenheit über Hugenotten und ihren Weg nach Deutschland berichtet worden. Zum Mit- bzw. Gegeneinander von Deutschen und französischen Emigranten liegt aber nur wenig Gedrucktes vor. Dies scheint bei den Nachfahren der Einwanderer kein Thema zu sein, zumal das Verhältnis zwischen den beiden Gruppen nicht immer herzlich gewesen ist.

Eine erschöpfende Monographie über die polnischen Wanderarbeiter im Ruhrgebiet erschien erst 1978: Auf die Arbeit von Christoph Kleßmann über „Polnische Bergarbeiter im Ruhrgebiet 1870 bis 1945" beziehe ich mich in dem entsprechenden Kapitel dieses Buches.

Ohne wissenschaftlich grundlegende Aufarbeitung blieb bisher die Verschleppung und der Arbeitseinsatz sogenannter „Fremdarbeiter" während des Zweiten Weltkriegs. Es liegen lediglich einige Dokumentationen mit einer Auswahl der amtlichen Erlasse, Stellungnahmen etc. vor, die die Deportation betreffen. Sie erschienen außerhalb der Bundesrepublik und sind nur schwer greifbar. Einige der Geheimdienstberichte zum Verhältnis der deutschen Bevölkerung zu den Ausländern werden in diesem Buch sogar zum erstenmal veröffentlicht. Sie befinden sich im Besitz des Bundesarchivs Koblenz.

Rolf Hochhuth hat als erster westdeutscher Schriftsteller in eine „Liebe in Deutschland" das Thema Zwangsarbeiter im Dritten Reich in einem Roman (1979) verarbeitet. Darüber ist bereits vor der Veröffentlichung der baden-württembergische Ministerpräsident Hans Filbinger gestürzt.

Hinreichend dokumentiert wurde in den letzten Jahren die Ausländerbeschäftigung in der Bundesrepublik. Zu diesem Thema gibt es kaum Neues zu sagen, so daß ich mich auf eine Zustandsbeschreibung beschränken konnte. Problematisch gestaltete sich die Arbeit an der Darstellung der Situation der Asylbewerber und Asylanten in der Bundesrepublik. Zwar scheint mit der Verabschiedung eines „Sofortprogramms" im Sommer 1980 zumindest administrativ ein Schlußpunkt unter die jüngste Entwicklung gesetzt worden zu sein, aber die weltpolitische Entwicklung wird die Bundesrepublik so einfach nicht aus der Pflicht entlassen, in verstärktem Umfang Flüchtlinge aufzunehmen. So muß der Schluß dieses Buches offen bleiben.

Ausgeklammert blieben bei dieser Darstellung der „Fremden in Deutschland" die Juden. Sie waren keine „Fremden" wie Hugenotten oder Asylbewerber, sondern sahen sich immer als loyale deutsche Staatsbürger. Sie wurden zu Fremden gemacht. Eine tragische Dimension des Genozids der Juden unter dem Hakenkreuz. Auch die Ost-Flüchtlinge und die Spätaussiedler gehören nicht in den vorgegebenen Rahmen dieses Buches.

Neben vielen anderen habe ich für ihre Unterstützung beim Zustandekommen dieses Buches Dank zu sagen:

Jakob Bamberger, Elinor Baumann, Ruth und Hanne Braun, Friedrich Centurier, Margarete Fischer, Fritz Greußing, Liselotte Heitz, Rudolf Kawczinski, Dr. Theo Kiefner, Herbert Leuninger, Werner Lottje, Fritz Majer-Leonhard, Johannes Meister, Dr. Jürgen Micksch, Romani Rose, Tornado Rosenberg, Reinhard Schmid, Dr. Bernd H. Stappert, Otto Uhlig, Vereinigung der Verfolgten des NS-Regimes (VVN).

Karl Hubbuch: „Der Zigeunerjunge“. Lithographie 1920.

DISS ELLEND VOLCK – DIE ZIGEUNER

Nach 500 Jahren Unterdrückung: ein neuer Anfang?

In der 500jährigen Geschichte der sogenannten Zigeuner in Deutschland fand 1980 ein historisches Ereignis statt: An Ostern begannen 12 Sinti – so nennen sich „Zigeuner“ in ihrer eigenen Sprache – einen unbefristeten Hungerstreik auf dem Gelände des ehemaligen Konzentrationslagers Dachau. Sie wollten damit gegen die nach 1945 ausgebliebene moralische Wiedergutmachung für die an ihrem Volk während der NS-Herrschaft in Deutschland begangenen Verbrechen protestieren.

In diesem Zusammenhang sollte sich der bayerische Innenminister Gerold Tandler stellvertretend von der auch nach 1945 ungebrochenen Diskriminierung dieser Minderheit durch Behörden und die sogenannte öffentliche Meinung distanzieren. Obwohl dieser Forderung der Sinti nur bedingt entsprochen wurde, brachen sie ihren Hungerstreik nach acht Tagen ab. Der Zweck ihrer Aktion war erfüllt. Sie hatten für ein neues Selbstbewußtsein der Sinti in der Bundesrepublik ein Zeichen gesetzt: Zum erstenmal war in der großen Medienöffentlichkeit demonstriert worden, daß „Zigeuner“ nicht länger bereit sind, als verachtete Minderheit, am äußersten Rand der Gesellschaft zu leben.

Zigeunerromantik, Zigeunergeigen, Zigeunerspieß, Zigeunerunwesen – auf diese Begriffe werden Sinti von den Nichtzigeunern in der Regel reduziert. Ihre weitere Existenz umgibt ablehnendes Dunkel.

Zwischen 40000 und 70000 „Zigeuner“ sollen in der Bundesrepublik leben. Eine genaue Zahl existiert nicht. Diese deutschen Zigeuner gehören vorwiegend zur Gruppe der Sinti. In Frankreich und Spanien leben unter anderem die Kalderas, Gitanos und Manusch, in Osteuropa die Rom. Sie alle verbindet eine gemeinsame Kultur und Sprache, das Romanes. In dieser Sprache ist der Oberbegriff für dieses Volk, Roma, und Roma heißt Mensch.
Mit „zottigem Pferdchen“ und Wagen reisen die Roma schon lange nicht mehr durchs Land. Nur die wenigsten sind überhaupt noch das ganze Jahr über unterwegs. Bestenfalls wird in den Sommermonaten der Wohnwagen aus der Garage geholt. Doch wer sich das erlauben kann, gehört zu den bessergestellten. Die Mehrheit von ihnen ist seßhaft geworden. Sie haben den wichtigsten Bestandteil ihrer Kultur und ihres traditionellen Selbstverständnisses, vorwiegend äußerem Zwange und nicht eigenem Wunsch folgend, aufgegeben.
Einen Ausgleich erhielten sie dafür nicht. Die zunehmende Verelendung war die Folge. Der Durchschnitt der deutschen Sinti lebt unter dem Existenzminimum in Primitiv-Siedlungen zwischen Schutthalden, Güterbahnhöfen und Kläranlagen an der trostlosen Peripherie der Großstädte.
Initiativen zur Abhilfe von staatlicher und kommunaler Seite sind bisher die Ausnahme. Die meisten Städte und Gemeinden versuchen vielmehr mit allen

Der froh und schwermütig zugleich fidelnde Zigeuner auf einem Gemälde aus dem 18. Jahrhundert.

Mitteln, die Problemgruppe „Zigeuner“ loszuwerden.
Die moderne Gesellschaft hat diese schmerzhafte Einschränkung der Mobilität der Sinti bewirkt. Ihr traditionelles Wandergewerbe wie Scherenschleifen und Kesselflicken ist von der Entwicklung ebenso überholt worden wie der Pferdehandel, einst eine Domäne der Sinti. In andere Erwerbszweige überzuwechseln, fällt vielen nach wie vor schwer, da sie in der Regel vor den unüberwindbaren Vorurteilen der nichtzigeunerischen Umgebung kapitulieren. Wer irgend kann, versucht sich durch Schrott- und Altwarenhandel oder im Schaustellergewerbe über Wasser zu halten. Berufe also, die in der Bundesrepublik am unteren Ende der sozialen Rangskala rangieren. Auch mit Hausieren ist im Zeitalter der Versandhäuser und Supermärkte kein Geschäft mehr zu machen.
Die wohlhabenden Sinti verdienen inzwischen ihr Geld im Antiquitäten- und Teppichhandel. Sie – die die Auswirkungen der Diskriminierung weniger zu fürchten haben – sind es in den letzten Jahren, die auf eine Rehabilitierung der Sinti in der Bundesrepublik und Europa drängen und sich energisch für eine moralische Wiedergutmachtung einsetzen. So vor allem der „Verband deutscher Sinti“, der sich mit spektakulären Aktionen, wie dem Hungerstreik im ehemaligen KZ Dachau, in der Öffentlichkeit zu Wort meldete. Nach der über Jahrhunderte schweigend geduldeten Unterdrückung könnten die Sinti jetzt vor einem neuen Anfang stehen.

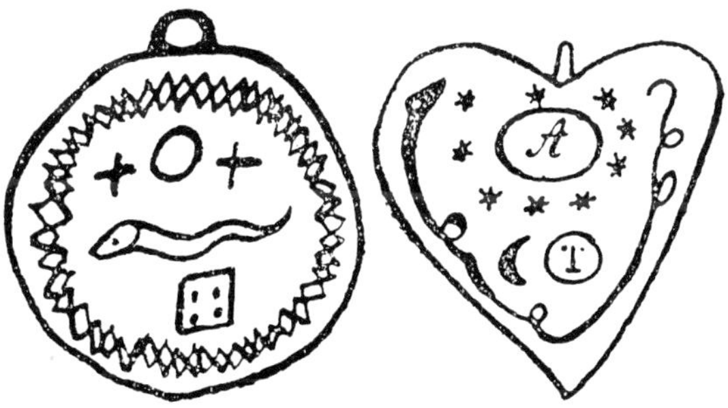

Zigeuneramulette.

Ägypter, Tartaren, Zigeuner: die dunkle Herkunft der Roma

Indien war die ursprüngliche Heimat der Roma. Forscher bringen sie mit der Kaste der Dom in Verbindung, die noch heute in Bihar, Bengalen und Orissa lebt. Bereits in der indischen Literatur des 6. Jahrhunderts werden die Dom beschrieben. In frühen indischen Legenden wird aber auch von anderen nomadisierenden Kasten berichtet, die die Vorfahren der Roma sein könnten. Da das Selbstverständnis der Roma Geschichtsbewußtsein ausklammert und sie über Jahrhunderte eine ausschließlich auf die Sprache begrenzte Kultur lebten, kann über die Hintergründe ihres Auszugs aus Indien nur spekuliert werden. Es wird inzwischen angenommen, daß diese Völkergruppe ihre ursprüngliche Heimat um das Jahr 1100 verließ. Ungesichert ist, ob arabische Okkupanten sie vertrieben oder innenpolitische Konflikte sie in die Emigration trieben. Ungeklärt ist auch, warum sich die Flüchtlinge in Kleinasien in zwei Gruppen trennten. Über den Balkan einerseits und Nordafrika andererseits wanderten die Roma zu Beginn des 15. Jahrhunderts nach Europa ein. 1407 wurden sie zum erstenmal in einer Chronik der Stadt Hildesheim erwähnt. Danach sind die Angehörigen dieses Sinti-Stammes am 20. September auf die Stadtschreiberei bestellt worden, um ihre Papiere überprüfen zu lassen. Es wird berichtet, daß ihnen ein „halbes Stübbchen Wein“ zugeteilt worden sei. In den kommenden Jahren tauchten die Fremden dann in allen Teilen Deutschlands in den Chroniken auf. Sie reisten teilweise sogar mit Schutz- und Freibriefen von Kaiser und Papst. Eines der wichtigsten überlieferten Zeugnisse dieser Art ist ein Schutzbrief, den der ungarische König Sigismund 1423 ausstellte. In der Übersetzung des lateinischen Originals steht: „Unsere Getreuen, Ladislaus, Woiwode der Zigeuner, nebst anderen zu ihm Gehörigen, haben uns gehorsamst ersucht, wir möchten sie unserer weitgehenden Gnade würdigen. Daher haben wir ihrem gehorsamlichen Gesuche willfahrend, ihnen diese Freiheit einräumen wollen. Darum, wenn eben dieser Woiwode Ladislaus und sein Volk zu einer der genannten unsrigen Herrschaften, seien es Flecken oder Städte, gelangt, so vertrauen wir ihn eurer Treue an und ordnen an, ihr sollt auf alle Weise schützen den Woiwoden Ladislaus und die Zigeuner welche ihm unterthan sind, ohne Hindernis oder

Bärenführerin auf einem Augsburger Flugblatt aus dem 16. Jahrhundert.

Die Bern dreyberin.

Den Bern kan ich machen dantzen
Mit wunder seltzamen kreniantzen
Bald ich jm den ring pring int nasen
So für ich jn mit mir all strassen
Und mach mit jm mein affenspil
Er müß mir dantzen wie ich will
Ich kan jn maisterlichen treiben
Das es mir müß verschwigen bleyben
Niemandt wissen dann yederman
Die wol ich böß nachpauren han
Die mich offt oberlaut anß schreyen
Doch kan ich mich sein nit verzeyhen
Der Berendantz mir gütlich thüt
Ich hab darbey offt gütten müt
Macht mir mein suppen faysst vnd gü

Der Ber spricht.

Ich armer ber wes zeich ich mich
Das ich also las dreiben mich
Ich müß mein dantz mir selber pfeiffen
Man thüt mir oft int wollen greiffen
Rupft vnd zupft mich vber tag wol
Ich müß es alles füllen vol
Die püebin vnd die cuplerin
Dar mit so get mein geltlich hin
Also gee ich vmb in der prumbs
Wen ich nuu auß dantz vnd verhumbs
Und worden ist mein peütel ler
Wirt ich schabab vnd gar vnmer
Und wirt zum dantzen nimer daugen
Den wirt mich peissen d'rauch inn augen
Und müß darnach an klaen saugen.

Anthony Formschneyder.

Beschwernis hegen und erhalten; – ja sogar wollt ihr sie vor allen Unzuträglichkeiten und Ärgernissen schützen. Sollte aber unter ihnen sich irgend ein Unkraut befinden oder sich Wirren ereignen, es sei von welcher Seite es wolle, so sollt nicht ihr oder einer von euch, sondern dieser Ladislaus, der Woiwode, das Recht zu strafen oder zu begnadigen haben.
Gegeben in unserer herrschaftlichen Residenz am Tage vor dem Feste St. Georg des Märtyrers im Jahre des Herrn 1423 im 36. Jahre unseres Königtums in Ungarn."

Die „Tartaren" und „Zigeuner" wurden zunächst geduldet. Man hielt sie für Pilger, deren Herkunft zu den merkwürdigsten Legenden Anlaß gab. Als Selbstschutz förderten die Sinti selbst ihre Verbreitung. Etwa die Geschichte, sie seien Wallfahrer aus Ägypten, die dafür büßten, daß sie der Heiligen Familie auf deren Flucht Hilfe versagten. Eine Mär, die die mystische Gesellschaft im deutschen Mittelalter gerne aufnahm.

Gleichzeitig verweigerten sich die Sinti konsequent allen staatlichen und kirchlichen Zwängen und bestanden auf ihrer ethnischen Eigenart. Am 8. Februar 1435 wird in Meiningen vermerkt: „Sie sind den Leuten seltzam fürkommen, weil sie seltzam schwarz und heßlich aussehen. Auf den Hafen-Marckt hat eins dem anderen auff den Schultern getantzet und wuederliche Gebärden (im Beyseyn der Rathsherren, welche vom Rath-Haus zugesehen und ihnen anderthalb Eymer Wein, auch Fleisch und Brot verehret) von sich spüren lassen. Der Pfarrer aber, Herr Berthold, hat sie aber mit Gewalt hinaustreiben lassen!"

Nach Auffassung von Heinz Mode und Siegfried Wölffling, die diesen Bericht in ihrem Buch „Zigeuner – der Weg eines Volkes in Deutschland" zitieren, ist die Vertreibung der Sinti durch die Geistlichkeit in den ersten 80 Jahren ihres Aufenthalts in Deutschland noch ein Einzelfall. Sie schreiben dazu: „Im großen und ganzen wurden die ‚Tattern' geduldet und als Menschen, die in ihrem Wesen und in ihren Gebräuchen allerdings anders als die Deutschen waren, geachtet. Johann Guler von Weineck stellt den Zigeunern das Zeugnis aus, daß sie ‚gute christliche Ordnung' hielten."

„Abenteuernde Zigeuner". Ein Kupferstich aus dem 17. Jahrhundert.

„Diß ellend Volck..."

Knapp 50 Jahre später, gegen Ende des 15. Jahrhunderts, wurden die Sinti vor allem von dem brandenburgischen Kurfürst Achilles wesentlich unfreundlicher beurteilt, sie werden zum erstenmal unnachsichtig verfolgt. In einem Edikt vom 15. Januar 1482 verbot der Kurfürst grundsätzlich den Aufenthalt von Sinti in Brandenburg. Damit wurde der kaiserliche Schutz durch Sigismund hinfällig, die dauernde Verfolgung begann. Um das Jahr 1500 wurden Sinti für vogelfrei erklärt und damit jedweder Pression ausgegliedert. Sie durften geschunden, getötet und im günstigsten Fall vertrieben werden. Schon damals reagierten die „Gadja", die Nichtzigeuner, mit geballter Wut auf diese Minderheit, die unbeirrt ihre Traditionen lebte, der Unterdrückung kaum Widerstand leisteten und als Preis die Verachtung durch die „Anderen" hinnahmen.

Der Basler Kosmograph notierte 1544 mißmutig in seiner „Cosmographia Universa": „Als man zählt von Christi Geburt 1417 hat man zum ersten in Teutschland gesehen die Zigeuner, ein ungeschaffen, schwarz, wüst und unflätig Volk, das sonderlich gern stiehlt, doch allermeist die Weiber, die also ihren Mannen zutragen. Sie haben unter ihnen einen Grafen und etliche Ritter, die gar wohlgekleidet und werden auch von ihnen geehrt. Sie tragen bei ihnen etlich Brief' und Siegel, vom Kaiser Sigmund und anderen Fürsten gegeben, damit sie ein Geleit und freien Zug haben durch die Länder und Stätt. Sie geben auch für, daß ihnen zur Busse aufgelegt sei, also umherzuziehen, in Pilgerweiss', und dass sie zum ersten aus klein Egypten kommen seien. Aber es sind Fabeln. Man hat es wohl erfahren, dass dies elend Volk erboren ist, in seinem Umschweifen ziehen, es hat kein Vaterland, zieht als müssig im Lande umher, ernährt sich mit Stehlen, lebt wie ein Hund, ist keine Religion bei ihnen, ob sie schon ihre Kinder unter Christen lassen taufen. Sie leben ohne Sorg, ziehen von einem Land in das andere, kommen aber über etliche Jahre wieder. Doch teilen sie sich in vielen Schaaren und verwechseln ihren Zug in die Länder. Sie nehmen auch Mann und Weib in allen Ländern, die sich zu ihnen begehren zu schlagen. Es ist ein seltsam wüstes Volk, kann viele Sprache und ist dem Bauersvolk gar beschwerlich. Wann die armen Dorfleut im Feld sind, durchsuchen sie ihre Häuser und nehmen, was ihnen gefällt. Ihre alten Weiber ernähren sich mit Wahrsagen, und derweil sie den Fragenden Antwort geben, wieviel Kinder, Männer und Weiber sie werden haben, greifen sie mit wunderbarlicher Behändigkeit ihnen zum Seckel oder zu den Taschen und lehren sie, daß es die Person, deren solches begegnet, nicht gewahr wird.“

Das gesamte Spektrum der Abneigung gegenüber Zigeunern hat Sebastian Münster hier beschrieben. Daß die Kriminalisierung eines Teils dieser Minderheit eine Folge ihrer totalen Diskriminierung war, wurde von ihm wie von Chronisten und Bürokraten in den folgenden Jahrhunderten geflissentlich übersehen. „Zigeuner“ wurden bis in die Gegenwart systematisch in eine Paria-Rolle gedrängt, wohl in der Hoffnung, ihnen so ihre individuelle, kompromißlose Freiheit nehmen zu können. Allein zwischen 1500 und 1700 wurden über 150 zigeunerfeindliche Edikte, Befehle und Verordnungen erlassen.

Vor allem im Preußen des 18. Jahrhunderts erlebt der Terror gegenüber Sinti einen Höhepunkt. 1686 befahl der Große Kurfürst Friedrich Wilhelm die Ausweisung der Zigeuner aus Brandenburg. Seine Nachfolger verschärften die Antizigeunergesetze weiter. Heinz Mode und Siegfried Wölffling schreiben über diese Periode der Zigeunerverfolgung in Deutschland: „Ein regelrechtes Kesseltreiben war gegen sie entfacht worden. Gehetzt und gejagt, zerlumpt und ausgehungert, flüchteten die Zigeuner von einem Land ins andere. Aber wo sie auch hinkamen, überall waren sie neuen Verfolgungen und Grausamkeiten ausgesetzt. Herzog Georg III. von Sachsen verkündete erneut, daß keiner Unrecht begehe, der etwas gegen die Zigeuner unternehme. Friedrich August, König in Polen und Kurfürst zu Sachsen, erteilte sogar die Erlaubnis, die Zigeuner niederzuschießen, falls sie bei der Verhaftung Widerstand leisten sollten.“

Tanz kleiner Zigeunermädchen auf dem Monte Sacro, in Granada. Zeichnung von Gustave Doré, 1866.

1725 bestimmte der preußische König Friedrich Wilhelm I. in einem Erlaß, daß jeder erwachsene Zigeuner, der innerhalb der preußischen Staatsgrenzen angetroffen wird, ohne Unterschied des Geschlechts unverzüglich am Galgen zu exekutieren ist. In einer Verordnung der Stadt Aachen über die „Behandlung der Zigeuner“ steht wenige Jahre später: „Solche Vagabunden und herrenloses Gesindt werden wir in hiesigem aachischen Territorie nicht länger dulden, sondern gegen dieselben als Friedbrecher und Störer der allgemeinen Ruhe nach dem Exempel des benachbarten Landts verfahren: dahero die Ausrottung und Vertilgung solchen Gesindels wir heudt beschlossen. Zusammenrottierende diebische Zigeuner sollen also gleich niedergeschossen werden.“

„Bettelnde Zigeuner". Xylographie 1861.

Zwischenspiel: Versuche, Sinti und andere Roma seßhaft zu machen

Maria Theresias preußischer Kontrahent Friedrich II. ließ ebenfalls sogenannte „Zigeunerdörfer" gründen. So 1775 Friedrichslohra bei Nordhausen, wo 1828 noch 52 Sinti lebten. Die zwangsweise Ansiedlung hatte bei den Betroffenen – nach zeitgenössischen Berichten – den Verlust ihrer kulturellen und sozialen Identität zur Folge. Ab 1829 kümmerte sich der „Evangelische Missionsverein zu Naumburg und Umgebung" um die Familien. In bescheidenem Rahmen wurde versucht, der finanziellen und psychischen Not zu begegnen. Von Staats wegen war das Experiment längst aufgegeben worden. Die Bürokratie drängte den Missionsverein, mit brutalen Mitteln die Probleme in Friedrichslohra zu lösen. Es wurde vorgeschlagen, notfalls die Familien „auseinanderzureißen" und in verschiedene Landesteile zu evakuieren. Einige Zeit weigerte sich der Verein, den staatlichen Anordnungen zu folgen, gab aber schließlich nach. Die Kinder wurden in Erziehungsheimen untergebracht, die Männer in Arbeitshäusern.

Roma und die Staatsgewalt. Xylographie 1861.

Zum allgemeinen Erstaunen ließen sich die Sinti trotz der massiven Verfolgungen nicht vertreiben. Ebensowenig fügten sie sich freiwillig. Die Fürsten versuchten deshalb in der zweiten Hälfte des 18. Jahrhunderts, sie unter staatliche Fittiche zu nehmen und so mit mehr oder weniger sanfter Gewalt seßhaft zu machen.
Ein besonderes Anliegen war das für die österreichische Kaiserin Maria Theresia und ihren Sohn Josef II., die 1761, 1767 und 1783 entsprechende Projekte zur Ansiedlung anregten. Maria Theresia ließ sogar die amtliche Bezeichnung „Neubauern“ oder „Neuungarn“ einführen, weil sie „Zigeuner“ als diskriminierend empfand. Gleichzeitig verbot sie diesen „Neubauern“ aber den Pferdehandel, der damalige Haupterwerbszweig der Sinti in Österreich-Ungarn. In ihrem Geschäftsleben und damit zwangsläufig auch finanziell stranguliert sollten sie von den Vorzügen eines seßhaften Daseins, zum Beispiel in der Steiermark, überzeugt werden. Ihre Kinder waren schon vorher zwangsweise in Fürsorge-Anstalten eingeliefert, die Männer zum Militär eingezogen worden. Der gewünschte Erfolg blieb aus, das Vorhaben wurde nach einigen Jahren eingestellt.

Zeitalter der Entdecker

Im 19. Jahrhundert waren die Sinti zwar nicht mehr vogelfrei, aber weiterhin allgemeiner Willkür ausgeliefert: eine mißliebige Minderheit, deren unorthodoxes Dasein als allgemeine Provokation empfunden wurde. Mit der zumindest nach außen demonstrierten anarchischen Verweigerung der sogenannten bürgerlichen Werte, deren Gradmesser Sauberkeit und penible Ordnung ist, waren Sinti weiterhin ein lebender Vorwurf und die vermeintliche Verkörperung ungebundenen – freien – Daseins. Einige Vorurteile wurden von den Sinti bewußt gefördert, um so den Schutzwall um Sippe und Familie zu zementieren. Beispielsweise hat bis in die Gegenwart Betteln mit die Aufgabe, Unbefugte am Einbruch in diesen inneren Bereich zu hindern. Wahrsagen erfüllte eine ähnliche Funktion. Die Sinti nutzen ihre psychologische Naturbegabung, um sich das Flair des Unheimlichen und Übersinnlichen zu geben. Allerdings, das Geschäft mit der Angst der Gadje um ihre Zukunft spielte dabei ebenfalls eine Rolle. Untereinander bieten sich die Roma diesen Dienst nicht an. Das Spannungsverhältnis vom Leben in einer feindlichen Umwelt einerseits und der Geborgenheit im Familienverband andererseits beeindruckte – zusammen mit der scheinbar unbegrenzten Unabhängigkeit – vor allem im ausgehenden 18. und beginnenden 19. Jahrhundert die Dichter. Zigeunerleben als Symbol für Freiheit am Busen der Natur ist ein beliebtes Sujet in der Literatur dieser Zeit. So war Goethe nicht abgeneigt, Zigeuner als aparte Alternative seines bürgerlichen Helden Wilhelm Meister darzustellen. Dessen zeitweiliger Schwarm Mignon könnte Zigeunerin sein – ein faszinierend-phantastisches Wesen: „Unaufhaltsam, wie ein Uhrwerk, lief sie ihren Weg, und die sonderbare Musik gab dem immer wieder von vorne anfangenden und losrauschenden Tanze bei jeder Wiederholung einen neuen Stoß. Wilhelm war von dem sonderbaren Schauspiele ganz hingerissen; er vergaß seine Sorgen, folgte jeder Bewegung der geliebten Kreatur, und er war verwundert, wie in diesem Tanze sich ihr Charakter vorzüglich entwikkelte!"

Weniger schmeichelhaft läßt Goethe in seinem „Faust I" Mephisto sagen, als Faust Gretchen zu sehen und zu lieben wünscht: „Heut abend sollt Ihr bei Nachbar Marthen sehn: Das ist ein Weib wie auserlesen, zum Kuppler- und Zigeunerwesen!" Was er unter „Zigeunerwesen" verstand, hatte Goethe 1771 in dem „Zigeunerlied" beschrieben:

„Im Nebelgeriesel, im tiefen Schnee,
Im wilden Wald, in der Winternacht,
Ich hörte der Wölfe Hungergeheul,
Ich hörte der Eule Geschrei.

Wille wau wau wau!
Wille wo wo wo!
Wito hu!

Ich schoß einmal eine Katze am Zaun,
Der Anne, der Hex, ihre schwarze liebe Katz.
Da kamen des nachts sieben Werwölf zu mir,
Waren sieben sieben Weiber vom Dorf.

Wille wau wau wau!
Wille wo wo wo!
Wito hu!

Wenig gute Erfahrungen mit Zigeunern macht „Götz von Berlichingen" in einer Neu-Fassung des Schauspiels von 1804: Zwar beherbergen sie ihn, aber erwarten davon mehr eigenen Nutzen. Wenn es um die damalige Gegenwart der Sinti im Alltag ging, waren die meisten Dichter von ihnen wenig fasziniert: So störte es den Theoretiker der deutschen Aufklärung, Johann Christoph Gottsched, „wenn dies Zigeunerpack mit Weib und Kindern lärmet!". F. W. J. Schelling beklagte sich 1802 bei August Wilhelm Schlegel, daß „häufig ein wahres Zigeunerpack" die Gegend „unsicher" mache. Achim von Arnim nahm dagegen in seiner 1812 erschienenen Novelle „Isabella von Ägypten" die Legende von der ägyptischen Herkunft der Roma zum Anlaß für eine energische Verteidigung dieser Minderheit. In seinem Nachwort zu der Liedersammlung „Des Knaben Wunderhorn" (1805) verwies Achim von Arnim auf die Verfolgung der Zigeuner in den vergangenen Jahrhunderten und meinte „... durch soviel Liebe konnten sie keine Heimat erwerben!" Auch ein anderer Romantiker, Nikolaus Lenau, fühlte sich den Zigeunern verbunden, als er schrieb:

An den Kleidern trugen sie drei
Löcher und bunte Flicken;
aber sie boten trotzig frei
Spott den Erdengeschicken.

Dreifach haben sie mir gezeigt,
wenn das Leben uns nachtet,
wie man's verraucht, verschläft, vergeigt
und dreimal verachtet.

Nach den Zigeunern lang noch schaun
mußt' ich im Weiterfahren,
nach den Gesichtern dunkelbraun,
nach den schwarzlockigen Haaren.

Zigeuner, wie man sie im 19. Jahrhundert sah.

Wagen und kleines Gespann gegen Ende des 19. Jahrhunderts.

„Begegnung mit Zigeunern“: Illustration zum Buchstaben „Z“ von Carl Fröhlich in einer Fibel im 19. Jahrhundert.

Für Heinrich Heine fand Verfolgung und Diskriminierung der Sinti allerdings nur im Mittelalter statt. In seiner „Romantischen Schule“ stellte er fest: „Da man im Mittelalter noch keine Schellingschen Philosophen hatte, so mußte die Poesie damals die Beschönigung der unwürdigsten und grausamsten Gesetze übernehmen. Gegen niemand waren diese Gesetze barbarischer als gegen die armen Zigeuner. In manchen Ländern erlaubten sie jeden Zigeuner bei Diebstahlverdacht, ohne Untersuchung und Urteil, aufzuknüpfen.“

Aufsehen erregte 1861 der Komponist Franz Liszt mit seiner Feststellung, die Zigeuner hätten die ungarische Musik weitgehend beeinflußt. Mit seinem Buch „Die Zigeuner und ihre Musik in Ungarn“ löste er auch eine grundsätzliche Diskussion über die Zigeunerkultur aus. Liszt selbst empfand sich als uneingeschränkter Freund dieses Volkes und wollte – nach eigenen Aussagen – mit diesem Buch auch zu einer Verbesserung der Situation der Roma beitragen. „Mehr als eine Art persönlicher Sympathie“ habe ihn zu diesem Volk hingezogen. Über das Leben und das Selbstverständnis der Zigeuner stellte Liszt an einer Stelle seines Buches fest: „Den Zigeunern erwächst dies unterschiedende Merkmal ihres Charakters, dies Streben nach schrankenloser Freiheit aus einer fortwährenden unmittelbaren Berührung mit der Natur entsogenen, in schweigendes Brüten versenkenden Berauschung. Da sie sich ihrer unmittelbaren Einwirkung nie entziehen wollen, wird die von ihr hervorgebrachte Erregung so zur Gewohnheit in ihnen, daß es ihnen das Leben nehmen hieße, wollte man sie auf längere Dauer diesen Eindrücken entziehen. Nichts wiegt ihnen die durch alle Poren eingesogenen Freuden des Naturlebens auf. Nichts kommt für sie der Freiheit gleich, jeden Augenblick die kleinste Laune befriedigen zu können. Ihr ganzes Leben ist unmittelbares Fühlen. Befehlen und Gehorchen ist ihnen gleich zuwider; Haben ist ihnen ebenso fremd als Sollen ...“

Franz Liszt und sein Verhältnis zu den Roma ist bis heute eine Ausnahme geblieben. Etwa, wenn er vom gemeinsamen „Ideal in einem unausgesetzten Aufgehen in der Kunst, wenn nicht in der Natur“ spricht. Der Dichter Adalbert Stifter fand dieses „Ideal“ ebenfalls bei den Roma. In seiner Erzählung „Der Waldbrunnen“ steht: „Ich habe zu zwei verschiedenen Malen ein Menschenbild gesehen, von dem ich jedesmal glaubte, es sei das Schönste, was es auf Erden gibt. Das eine Mal war es ein Zigeunermädchen gewesen. Den Ernst in den Mienen des Mädchen würde ich dem Ernste der Sixtinischen Madonna vergleichen, wenn ich nicht eine Ungerechtigkeit beginge; denn das Mädchen war schöner als die Sixtinische Madonna von Raffael. In den Standbildern der Griechen, die auf uns gekommen sind, und auf den Tafeln der Maler ist diese Gestalt nicht.“

Musikanten um 1880.

Zwischen Operette und Wissenschaft – Zigeuner und Gründerzeit

Nicht zuletzt dank Franz Liszt sind die Roma und mit ihnen die Sinti zumindest als Statisten in der zweiten Hälfte des 19. Jahrhunderts populär geworden. Wissenschaftler begannen, sich für sie zu interessieren. Vor allem Sprachforscher fanden Interesse. Das bahnbrechende Werk veröffentlichte bereits 1844 der Begründer der vergleichenden Sprachforschung August-Friedrich Pott mit „Die Zigeuner in Europa

Fahrendes Volk. Schattenriß von J. Madlener.

und Asien". Hier wurde zum erstenmal über die Sprache der Roma, dem Romani oder Romanes, Indien als Ursprungsheimat dieses Volkes nachgewiesen. Bemerkenswert ist dabei am Rande, daß der ordentliche Professor der allgemeinen Sprachwissenschaften an der königlich-preußischen Universität Halle-Wittenberg während seiner gesamten Studien zu den „Objekten" seiner Forschungen nicht den geringsten Kontakt hatte. Gleichwohl kam er zu Resultaten, die auch in der Gegenwart noch Gültigkeit haben: „1. Die Zigeuner-Mundarten sämtlicher Länder, von so vielen uns – leider oft überaus spärlich – eine Kunde zukam, erweisen sich trotz der unendlich bunten und mächtigen Einwirkungen fremder Idiome auf sie, in ihrem tief-innersten Grunde einig und gleichartig. 2. Man kann unmöglich darin eine besondere, mit den Gaunersprachen oft verwechselte, davon jedoch völlig verschiedene Volkssprache mißkennen. 3. Diese wurzelt unwiderleglich nicht etwa im Ägyptischen, noch irgendwo sonst als in den Volksidiomen des nördlichen Vorderindiens, so daß sie, ungeachtet ihrer ungemeinen Verbasterung und Verworfenheit, doch zu dem, im Bau vollendesten aller Sprachen, dem stolzen Sanskrit in blutsverwandtem Verhältnisse zu sehen, ob auch nur schüchtern, sich rühmen darf."

Über die Sprache und die Kultur der Zigeuner wurde in der zweiten Hälfte des 19. Jahrhunderts viel geschrieben. Allerdings auf einer der gesellschaftlichen Wirklichkeit der Betroffenen entrückten theoretischen Ebene. Die Forschungen hatten gelegentlich sogar die Aufgabe, dem Polizeiapparat authentische Unterlagen über diese Minderheit zu vermitteln. Wissenschaftler, die sich aktiv für eine Verbesserung der Lage der Rom einsetzten, waren Ausnahmen. So Richard Liebich, der in seinem 1863 erschienenen Buch „Die Zigeuner in ihrem Wesen und in ihrer Sprache" die üblichen staatlichen d.h. polizeilichen Sanktionen gegenüber Sinti heftig kritisierte: „Man muß sich billig wundern, daß die Zigeuner bei so hartherziger und grausamer Behandlung nicht noch weit bösartiger und feindlicher gesinnt gegen Menschen anderer Art geworden sind, als sie jetzt wirklich erscheinen. Überhaupt hat die christliche Zivilisation im Grunde noch sehr wenig oder, was dasselbe ist, noch nicht das Rechte getan und tut auch heutigentags noch sehr wenig, um das arme Volk der Zigeuner zu sich zu erheben!" Und an anderer Stelle seines Buches: „Wenn überhaupt ein unglückliches Volk die Teilnahme denkender Menschen zu erregen vermag und Anspruch hat auch deren Mitleid, so ist es gewiß das arme, elende Volk der Zigeuner."

Selbst ein liberaler Schriftsteller wie Theodor Fontane hatte dazu wenig Neigung und betonte: „Wenn wir alles hergelaufene Volk ins Dorf kriegen, so haben wir nächstens auch die Zigeuner hier!"

Nur auf den Operettenbühnen waren sie gerne gesehen: Vom „Zigeunerblut" über die „Zigeunerliebe" bis zum Spitzenreiter „Zigeunerbaron" standen entsprechende Stoffe beim Publikum in höchster Gunst. Dabei stellte sich dann zur Beruhigung zum Schluß heraus, daß die Hauptpersonen beileibe keine echten Zigeuner waren, sondern als Kinder von diesen „geraubt" wurden oder inkognito in einer Sippe lebten. So ist diese walzerselige Operettenwelt mit Czardas und schluchzenden Geigen den Roma selbst wenig freundlich gesonnen.

Bärenführer zu Beginn des 20. Jahrhunderts.

Der Weg in die Vernichtung

Das nach dem gewonnenen Krieg 1870/71 zu wirtschaftlichen und militärischen Höhen sich aufschwingende Deutsche Reich war von seiner Gründung an bemüht, per Gesetz den Sinti ihre Bewegungsfreiheit zu nehmen und sie damit erneut zur Seßhaftigkeit zu zwingen. In den einzelnen Ländern des Reiches – die jeweils über die entsprechende Gesetzgebungskompetenz verfügten – wurden bis zum Ersten Weltkrieg laufend Verordnungen zur Beschränkung erlassen. Die industrielle Revolution machte den Sinti eine Existenzsicherung durch das traditionelle Wandergewerbe immer schwerer. Zum erstenmal gerieten die in Jahrhunderten gewachsenen sozialen Strukturen und kulturellen Spielregeln dieses Volkes in eine ernsthafte Krise. Viele Sinti zogen in die Großstädte, um hier in der Industrie Arbeit zu finden und um gleichzeitig den polizeistaatlichen Sanktionen zu entgehen. Sie erhofften sich Schutz in der Anonymität. In den einzelnen Ländern wurde ihnen das Hausieren verboten, Gewerbescheine mit dem Hinweis auf die allgemeine Sicherheit und Ordnung versagt. Mit besonderer Schärfe ging Bayern gegen Sinti vor. 1899 richtete das Innenministerium bei der Königlichen Polizeidirektion München einen „Nachrichtendienst in Bezug auf die Zigeuner" ein. Damit wurde die Grundlage für eine „Datenbank" geschaffen, deren Ausbau für die Sinti bis in die unmittelbare Gegenwart von entscheidender Bedeutung sein sollte. Hier wurden sämtliche Wanderungen registriert und die Betroffenen erkennungsdienstlich erfaßt.

1905 fanden die gesammelten „Erkenntnisse" in einem „Zigeunerbuch" Eingang, das 3 350 Namen mit detaillierten Angaben zur Person enthielt. Obwohl ein Teil der Akten während der Münchner Räterepublik 1918/19 vernichtet wurde, konnte 1925 bereits auf einen Bestand von 14 000 Überwachungsakten verwiesen werden.

Die übrigen deutschen Länder hatten in den Jahren vor dem Ersten Weltkrieg gegenüber der bayerischen Praxis eher Zurückhaltung geübt; der bayerische „Nachrichtendienst" übernahm die Koordination. Bayern drängte 1911 darauf, endlich „gleichgerichtete Verordnungen gegen diese Landfahrer" einzuführen. Nach 1918 lebte dieser Gedanke weiter, obwohl es in der Reichsverfassung Artikel 108, Abschnitt 3 der Weimarer Republik hieß: „Öffent-

Vom Zigeunerforscher Dr. Martin Block fotografiert.

Sintiza mit Sohn um 1930.

lich-rechtliche Vorrechte oder Nachteile der Geburt oder des Standes sind aufzuheben ...": 1924 wurde in Preußen den Zigeunern per Ministerialbekanntmachung der Pferdehandel verboten. Am 16. 7. 1926 legitimierte Bayern mit dem „Gesetz zur Bekämpfung von Zigeunern, Landfahrern und Arbeitsscheuen" die Unterdrückung der Sinti und gab jeglichem Polizeiterror freie Hand.
In diesem Gesetz stand:
„Artikel 1. Zigeuner ... dürfen mit Wohnwagen oder Wohnkarren nur umherziehen, wenn sie hierzu die Erlaubnis der zuständigen Polizeibehörde besitzen. – Die Erlaubnis kann höchstens für ein Kalenderjahr erteilt werden und ist jederzeit widerruflich.
Artikel 2. Zigeuner ... dürfen mit schulpflichtigen Kindern nicht umherziehen. Ausnahmen können von der zuständigen Polizeibehörde zugelassen werden, wenn für den Unterricht der Kinder ausreichend gesorgt ist.
Artikel 3. Zigeuner ... dürfen mit Pferden, Hunden und zu gewerblichen Zwecken dienenden sonstigen Tieren nur umherziehen, wenn sie für diese einen Ausweis der zuständigen Polizeibehörde besitzen.
Artikel 4. Zigeuner ... dürfen keine Schußwaffen besitzen.
Artikel 5. Zigeuner ... dürfen nicht in Horden reisen oder rasten.
Als Horde gilt die Vereinigung mehrerer Familien und die Vereinigung einzelstehender Personen mit einer Familie, der sie nicht angehören.
Artikel 6. Zigeuner ... dürfen nur an Plätzen, die ihnen von der Ortspolizeibehörde angewiesen werden und nur für die von der Ortspolizei bestimmte Zeitdauer im Freien lagern und ihre Wohnwagen und Wohnkarren aufstellen ...
Artikel 7. Zigeuner ... haben sich bei der Ortspolizeibehörde ihres jeweiligen Übernachtungsortes sofort nach ihrer Ankunft anzumelden und über ihre Person und die von ihnen mitgeführten Tiere auszuweisen. Ihre Ausweise nach Art. 1–4 haben sie für die Dauer ihres Aufenthaltes bei der Ortspolizeibehörde zu hinterlegen.
Artikel 8. Außer den im Aufenthaltsgesetz vom 21. August 1914 oder in sonstigen gesetzlichen Bestimmungen vorgesehenen Fällen können Aufenthaltsbeschränkungen durch die zuständige Polizeibehörde gegen bestrafte Zigeuner und Landfahrer nach Maßgabe der folgenden Vorschriften verfügt werden:
1. Aus Gründen der öffentlichen Sicherheit kann eine bestimmte Reiserichtung vorgeschrieben werden.
2. Aus den gleichen Gründen kann für die Dauer von drei Jahren der Aufenthalt in bestimmten Gemeinden oder Bezirken verboten oder ein bestimmter Aufenthaltsort vorgeschrieben werden.
3. Soweit solche Personen die bayerische Staatsangehörigkeit nicht besitzen, können sie aus Bayern ausgewiesen werden, wenn es aus Gründen der öffentlichen Sicherheit geboten ist ...
Artikel 9.
I. Zigeuner im Alter von mehr als 16 Jahren, die den Nachweis einer geregelten Arbeit nicht zu erbringen vermögen, können durch die zuständige Polizeibehörde aus Gründen der öffentlichen Sicherheit bis zur Dauer von zwei Jahren in einer Arbeitsanstalt untergebracht werden.
II. Soweit den in Abs. I bezeichneten Personen ein bestimmter Aufenthaltsort nach Art. 8, Ziffer 2, vorgeschrieben ist, kann ihnen die zuständige Polizeibehörde auch ohne Unterbringung in eine Anstalt eine ihren Kräften und Verhältnissen entsprechende entlohnende Arbeit anweisen.
III. Die dem Arbeitszwange nach Abs. I oder II unterworfenen Zigeuner und Landfahrer sind verpflichtet, die ihnen angewiesenen Arbeiten nach dem Maß ihrer Kräfte zu verrichten."
In der Ministerialentschließung zur Ausführung des „Zigeuner- und Arbeitsscheuengesetzes" wurden bereits eindeutig rassistische Standpunkte vertreten. Sie enthielt beispielsweise die Empfehlung, auf Grund der „Rasse- und Stammeszugehörigkeit" der Sinti müßten sie „als solche unschädlich gemacht werden". Mehrere deutsche Länder übernahmen in den nächsten Jahren die bayerischen „Maßnahmen"; 1930 wurde die Münchner Polizeistelle zur „Zentralstelle für die Zigeunerbekämpfung in Deutschland" erhoben.
Wie ein Schriftsteller in Unkenntnis der tatsächlichen Situation der Sinti den polizeilichen Ungeist dieser Jahre literarisch verinnerlichte, demonstrierte 1927 Werner Bergengruen in seinem Roman „Das Buch Rodenstein". In dem Kapitel „Die Zigeuner und das Wiesel" sammelte er die gängigen Antizigeunerklischees am Beispiel des Zigeunermädchens Gisterna: „So kam sie durch den rodensteinischen Wald, kaute begierig an dem Rohr einer zerbrochenen Tabakspfeife, die sie auf der Landstraße gefunden hatte und vergaß über den beizenden Saft, den sie aus dem verräucherten Holze sog, fast ihres Kummer, bis ein fern kreisender Raubvogel sie an Bischothilo ermahnte. (...) Aufgenommen und verworfen, fürchtend und gefürchtet, hassend und gehaßt, verachtend und verachtet zu schweifen, ist ja ewiges Los und Erbe ihres Stammes, in welchem sich Roheit und Schwermut, tierisches Gebärden und Adel der Bewegungen, hündische Verschlagenheit und verborgenes Urväterweistum, Stumpfheit und

Sippe unterwegs.

Kunst, Furcht und Kühnheit so fremd und wunderlich einen. (...) Dann schmierte sie weidenden Tieren ungesehen alten Talg um Nüstern und Maul, welches jenen jede Nahrung verleidete, und wenn dann die Bauern klagten, die Kuh oder Ziege wolle nicht fressen, dann kam sie wie von ungefähr und begehrte nur wenige Augenblicke mit dem kranken Tier im Stalle allein gelassen zu werden. Nun wischte sie ihm den Talg ab, es begann mit doppelter Gier zu fressen, und dem erfreuten Bauer kam es auf eine Erkenntlichkeit nicht an."

Dieses vor den „Zigeunern" das Fürchten lehrende Kapitel stand unkommentiert bis 1979 im Lesebuch „Schwarz auf weiß" für die 7. Hauptschulklasse des Schroedel Verlags.

Einer der wenigen Künstler des 20. Jahrhunderts, die sich mit dem Schicksal der Sinti beschäftigten, war der Maler Otto Pankok (1893–1966). Mit seiner ganzen Persönlichkeit setzte er sich für gesellschaftliche Randgruppen ein. 1932/33 lebte Pankok in einem Zigeunerlager am Rande von Düsseldorf. In dieser Zeit entstand ein umfangreicher Zyklus aus Kohlegemälden und Holzschnitten über Zigeuner-Leben im Schatten einer Großstadt. Otto Pankoks gehörte im „Dritten Reich" zu den verfemten Künstlern, sein Werk galt als „entartet". Erst nach 1945 konnten seine Zigeunerbilder veröffentlicht

Sinti als Statisten im ersten deutschen Tonfilm „Melodie des Herzens“ von 1929.

Berliner Sinti-Band in den 30er Jahren.

Sintilager 1935.

werden. Im Vorwort zur Buchausgabe schrieb Otto Pankok 1948:

„Diese Bilder sollen ein Gruß sein an die freien Menschen, an die, die verbrannt und erniedrigt wurden und nun heimkehren, an die, die gefangen wurden und nun aus dunklem Kerker zurückkommen und wieder die Mittagssonne fühlen auf ihrer Haut und den Regen schmecken, die nun wieder den Wind um ihren Leib wehen fühlen, an sie, die aus den Trümmern und von den Leichenfeldern Europas sich erheben und wieder aufblicken in den sternbesäten Himmel.

Ich wende mich an die wenigen, die noch leben und nie vergaßen, was Freiheit ist, denen kein Knebel im Munde steckt und die dem Leben ins Gesicht sehen und alles wegwerfen für die Stunde der Freiheit. Ihr andern aber, die ihr den Zwang auf Körper und Seele nicht hassen könnt wie den brennenden Teufel, schlagt zu das Buch, denn euch kann ich nichts erzählen von den Zigeunern. In euren Augen ist Balo ein Nichtsnutz, der nicht arbeiten will, und Fisili eine zerlumpte Schlampe, die euch anbettelt und bestiehlt. Dem ewigen Spießer bleiben sie ein Greuel, sie, die schwarzen Lieblinge der Freiheit.

Arm sind sie, aber wie lustig und reich können sie sein! Schnell und hurtig bauen sie ein luftiges Nest. Wie können sie jauchzen und schlemmen! Wie wimmern sie, wenn sie traurig sind. Wie sie dann zerfließen in nachtschwarzen Gedanken. Husch treibt sie aber der Wind wieder in die Ferne auf schaukelnden Wagen. Und wie sie schreiten, wie wiegt ihr Körper, wie fliegen den Frauen die Rockfahnen! Wie können sie sich schmücken mit Blumen und Tand, und hier sind Blumen und Tand, vom Straßenrand gegriffen, mehr und herrlicherer Schmuck als die in Platin gefaßten Brillanten aufgetakelter Fregatten. Ach, Freunde, wohin seid ihr verweht, wo seid ihr zertreten, in welche Gruben haben euch schutzlose Kinder die Würger verscharrt wie Dreck? Ihr ohne Zuflucht und ohne Schläue, aber so voll Glanz und bunter Wildheit. Nun hat euch Leichtfüßige der kalte Mord ereilt auf eurem tausendjährigen Weg, der kalte Mord, dieser Mord ohne Gesicht. Man zerrte sie fort in die Todeslager und die östlichen Schlachthäuser. Wir hörten die Kinder schreien und die Mütter schluchzen unter den Peitschen der braunen Henker. Wir sahen, wie man auf den Straßen die Sterbenden mit den Fäusten in die armen Gesichter schlug, daß sie den uniformierten Lumpen die Trottoire reinigten mit ihren letzten vergehenden Kräften. Der Mord stand über uns als ein schwarzer Koloß und nahm den ganzen Raum des Himmels ein über der Welt."

Der Massenmord

Für das Regime Adolf Hitlers waren die Sinti „lebensunwert". Ihr Volk wurde in Konzentrationslagern und Gaskammern nahezu ausgelöscht. Otto Pankok berichtet, wie sich dieses Ende für die Zigeuner ankündigte:

„Eines Tages war große Erregung in der Wagenburg. Mit weit aufgerissenen Augen standen die Zigeuner da, und den Frauen flossen die Tränen über die Wangen. Was gibt's? Da war gerade eine der jungen Frauen über die Heide gekommen und hatte plötzlich etwas seltsames vom Himmel herabfliegen sehen. Und als sie erschrocken genau zusah, da war es der Mulo gewesen, der Tod. Ein menschliches Gerippe, das vom Himmel herniederschwebte,

Otto Pankok: „Gang durch den Schnee". Kohlegemälde 1933.

umschwärmt von einer großen Schar schwarzer Vögel. Und da war sie gelaufen, und nun saß sie zitternd auf dem Boden und hielt ihren Kopf in den Händen vergraben, und ihre Flechten hingen ihr vorn über das Gesicht. ‚O Morari', flüsterte Mami Fisili mir zu, ‚jetzt wird was kommen, was Schreckliches wird kommen für die Sinte, du wirst daran denken, was ich sage: wenn man den Mulo am Himmel sieht, dann kommt was, was schlimmer ist als alles, was man sich ausdenken kann'. Die Junge aber, der der Mulo begegnet war, das war die Ringela gewesen, die in Oranienburg einen grauenhaften Tod gefunden hat."

Und mit ihr 500000 Sinti und Roma aus allen Teilen Europas. Dabei führten die Nationalsozialisten konsequent die bereits vor 1933 in den Anti-Zigeuner-Gesetzen formulierten Gedanken weiter. In den „Nürnberger Gesetzen" von 1935, in denen die faschistische Rassenideologie von „Arier" und „Untermensch" ihr pseudo-juristisches Fundament erhielt, wurden neben den Juden die Zigeuner als „Angehörige artfremden Blutes" – so wörtlich – ausgewiesen und damit ihre Ausrottung beschlossen. Im Gegensatz zu den jüdischen Bürgern bedurfte es zur Begründung des Pogroms gegenüber den Sinti keiner besonderen propagandistischen Anstrengungen. Wie Machthaber vor ihnen konnte die NS-Führung auf die Vorurteile eines Großteils der Bevölkerung bauen. So berichtete der geheimdienstliche Sicherheitsdienst 1934 in seinen „Nachrichten aus dem Reich", die als Stimmungsbarometer der deutschen Bevölkerung eingeschätzt wurden, daß große Teile der Deutschen ein schärferes Vorgehen gegenüber Zigeunern begrüßen würden.

In einem Runderlaß des Reichsinnenministeriums wurde 1936 festgestellt: „Zigeuner sind nicht an ein gesittetes und geordnetes Leben zu gewöhnen!" In der Konsequenz führte das zur lückenlosen erkennungsdienstlichen Überprüfung und Erfassung aller Sinti, die sich im Reichsgebiet aufhielten. Dazu war eine Verlegung der Zigeunerpolizeistelle von München nach Berlin notwendig. Behörden und Ämter führten Zigeuner jetzt endgültig in den Ressorts „Vorbeugende Verbrechensbekämpfung".

Bei der Einordnung der Sinti in die faschistische Rassentheorie hatten die nationalsozialistischen Machthaber jedoch Schwierigkeiten, denn seit den Ergebnissen der Zigeunerforschung im 19. Jahrhundert stand ihre Zugehörigkeit zur Indogermanischen Völkergruppe fest. Den Tatbestand, daß Sinti „Arier" sind, versuchten die Nazis deshalb mit der Feststellung aufzuheben, die Zigeuner seien von Haus aus geborene Verbrecher, „Schädlinge des deutschen Volkes". NS-Juristen prägten dafür den

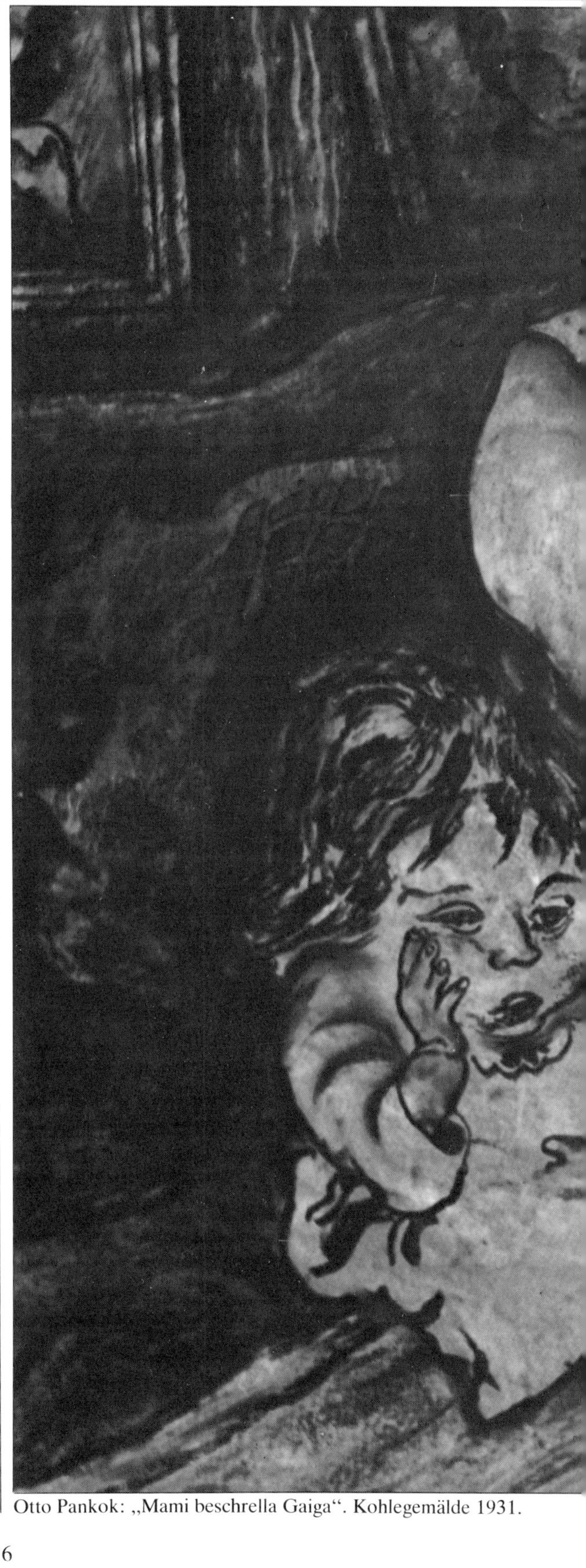
Otto Pankok: „Mami beschrella Gaiga". Kohlegemälde 1931.

Otto Pankok: „Raklo im Winter“. Kohlegemälde 1932.

Begriff „Verbrecherstämmlinge", der allerdings nicht nur (auch noch nach 1945) auf Sinti angewandte wurde. Vor allem der Reichsführer SS und Chef der deutschen Polizei, Heinrich Himmler, plante bereits früh eine „Endlösung der Zigeuner-Plage". Er unterstrich in diesem Zusammenhang: „Die Zigeunerpolizeistelle hat insbesondere die bei der Bekämpfung der bei der Zigeunerplage gesammelten Erfahrungen und die durch die rassenbiologischen Forschungen gewonnenen Erkenntnisse auszuwerten." Was das für das künftige Schicksal der Sinti im „Dritten Reich" bedeutete, kündigte sich 1937 in einem Artikel der „Blätter der Wohlfahrtspflege" an, in dem es unter anderem hieß: „... so stellt die Zigeuner- und überhaupt die Asozialenfrage ein schweres Problem dar, das im Sinne der restlosen Ausmerzung und Unschädlichmachung der sozial und rassisch minderwertigen Elemente gelöst werden muß!"
So verschärfte sich die Situation der Sinti ständig. Die Betroffenen hofften, im Gegensatz zu den Juden von dem NS-Regime geduldet zu werden, weil „bei ihnen ja nichts zu holen sei". Daß es den Machthabern um etwas anderes als um finanzielle Ausbeutung von Minderheiten gehen konnte, war den Sinti noch unbegreiflicher als den Juden. Sie nahmen den tödlichen Irrwitz der NS-Ideologie nicht ernst. Im Winter 1938 leitete Himmler mit einem „Erlaß zur Bekämpfung der Zigeunerplage" das Ende für den Großteil dieses Volkes ein. Zwar wurde noch nicht die „restlose Ausmerzung" der Zigeuner, wie sie die Wohlfahrt empfohlen hatte, direkt angeordnet, dafür aber die Möglichkeit polizeilicher Vorbeugehaft. In der Praxis bedeutete das die Einlieferung in ein Konzentrationslager. Himmlers Amt ordnete zunächst eine Selektion von sogenannten „rassereinen" Zigeunern – Rom, Sinti usw. – und „Mischlingen" an. Dabei existierten sogar Pläne zur Ansiedlung einzelner Sippen als Demonstrationobjekt für eine Urgermanenrasse.
„Reinrassige" Sinti blieben noch unbehelligt, „Mischlinge", in der NS-Terminologie „Bastarde" genannt, wurden terrorisiert. In dem Zigeunererlaß stand: „Ehen zwischen Zigeunern und Personen deutschen oder artverwandten Blutes sind verboten!" Die Ortspolizei hatte auf besonderen Vordrucken „alle Personen, die nach ihren Sitten und Gebräuchen als Zigeuner, Zigeunermischlinge oder nach Zigeunerart umherziehen" an die Berliner „Zigeunerpolizeistelle" zu melden. Später galten für Roma eigene Pässe, in denen die Unterscheidung in „rassenrein" und „Mischling" vorgesehen war.

Das „Rassehygiene-Institut" des Dr. Ritter

Um eine im Sinne der NS-Ideologie schlüssige Antwort über die rassische Zugehörigkeit der Roma erhalten und zur Prüfung der Chancen für eine entsprechende Umerziehung wurde 1939 die „Rassenhygienische und völkerbiologische Forschungsstelle des Reichsgesundheitsamtes" in Berlin mit entsprechender Grundlagenforschung beauftragt. Wie diese Forscher ihr Forschungsobjekt einschätzten, formulierte ihr Leiter, der frühere Oberarzt an der Tübinger Nervenklinik, Robert Ritter, 1940 in einem Beitrag für die „Monatszeitschrift für Kriminalbiologie und Strafrechtsreform". Zum Thema „Primitivität und Kriminalität" stellte Ritter fest: „Um die Wesenszüge der Primitivität und der Unstetigkeit möglichst klar herauszuarbeiten, ist es ratsam, sich erst einmal gründlich mit einer Menschengruppe zu beschäftigen, die weithin als Urbild des unsteten Menschen gilt: mit den Zigeunern. (...) Nichts unterscheidet die Angehörigen dieser Horden im Grunde von ihren Vorfahren, die als urtümliche Sammler und Fänger seit Jahrtausenden in subtropischen Gegenden unstet umherzogen. (...) Man muß sich immer wieder vor Augen halten, daß diese Geschöpfe noch völlig natur- und schicksalsabhängig leben, daß es ihnen nicht in den Sinn kommt, das Schicksal zu meistern, ihr Leben und ihre Umwelt zu gestalten. (...) Im übrigen werden sie geleitet durch urtümliche ererbte Instinkte, beherrscht werden sie von ihren Trieben, und gehemmt werden sie durch Angst und unmittelbaren äußeren Zwang. Daß eine Unschädlichmachung von Primitiven, die durch ihre Anlagen festgelegt und im Grunde unbeeinflußbar sind, nicht auf dem Wege über die Fürsorgeerziehung oder über Strafen, nicht über Schulung oder Ansiedlung zu erzielen ist, das zeigt dem Kundigen die Stammesgeschichte der Zigeuner während des letzten Jahrtausends ohne Zweifel: Das Erbschicksal hat schon vor der Geburt Rasse und Art und Wesen dieser Menschen festgelegt. Sobald wir dies erkannt haben, haben wir aber auch die Pflicht, der unangemessenen Bekämpfung asozialer Primitiver und ihnen artverwandten Verbrecher aus Erbanlage ein Ende zu setzen und an Stelle der Strafmaßnahmen Anstalten zu treffen, die geeignet sind (...) die weitere Entstehung primitiver Asozialer und krimineller Verbrecherstämmlinge auf dem Wege der Geschlechtertrennung und der Unfruchtbarkeitsmachung zu unterbinden."

Diese von der halboffiziellen „Forschungsstelle" in den nächsten Jahren mehrfach wiederholte Empfehlung lieferte den Machthabern die quasi-wissenschaftliche Legitimation zur Sterilisation von zigtausend Roma. Selbst bei Kindern in der Vorpubertät wurde der Eingriff vorgenommen. Robert Ritter und die „Rassenhygienische und die bevölkerungsbiologische Forschungsstelle" sind damit eines der zahlreichen Beispiele des „Dritten Reichs", wo sich Wissenschaftler ohne Skrupel in den Dienst eines verbrecherischen Regimes stellten. Wobei fraglich ist, ob das, was hier betrieben wurde, die Bezeichnung „Wissenschaft" verdient. Zwar haben diese „Forscher" nicht aktiv an der Ermordung von fünf Millionen Juden und einer halben Million Roma mitgewirkt, sie gaben dafür die akademische Unbedenklichkeits-Erklärung. Im Bereich der „Zigeunerforschung" in den ersten Jahren des Zweiten Weltkriegs machte das die Arbeit von Ritters Assistentin Eva Justin deutlich: 1942/43 waren nahezu alle Sinti, die bis dahin in Württemberg gelebt hatten, in das Konzentrationslager Auschwitz deportiert worden.

Bereits 1938 hatte der Württembergische Innenminister in einem sogenannten „Heimerlaß" verfügt, daß alle Zigeunerkinder von ihren Eltern getrennt und in Fürsorgeheimen untergebracht wurden. 39 dieser Kinder lebten in dem Heim „St. Josefspflege" in Mulfingen/Jagst. Hier wurden sie von Eva Justin als „Untersuchungsmaterial" für ihre Dissertation benutzt, die sie zum Thema „Lebensschicksale artfremd erzogener Zigeunerkinder und ihrer Nachkommen" schrieb. 1941 lebte sie mit den Kindern mehrere Wochen in der St. Josefspflege. Frau Justin erinnerte sich später daran: „In dem ländlichen, ganz abseits gelegenen Heim, in dem zur Zeit alle württembergischen Zigeunerkinder, die ihren Eltern abgekommen wurden, untergebracht waren, lebte ich sechs Wochen mit den Kindern, führte psychologische Untersuchungen durch und beobachtete sie vor allem in ihren Reaktionen auf die artfremde Erziehung."

Angesichts der engen Beziehung zwischen Roma und ihren Kindern klingt dieser Satz der NS-Wissenschaftlerin ungeheuerlich. Das Elend dieser Kinder, die brutal aus ihren Familien gerissen wurden, war Gegenstand der „Beobachtung" Eva Justins, die von Mitarbeitern der St. Josefspflege hinter vorgehaltener Hand „blonder Teufel" genannt wurde.

Die psychologischen Tests der Justin bestanden unter anderem in Wett-Kartoffel-Sortieren, das der Feststellung von Intelligenz und Reaktionsvermögen der Kinder dienen sollte. Zu den nach Art von Fahndungsfotos aufgenommenen Bildern der ver-

Die Kinder von Mulfingen vor ihrer Deportation nach Auschwitz.

trauensvoll lächelnden Kinder schrieb Eva Justin später in der Buchausgabe ihrer Dissertation: „Die Bastarde zeigen das typisch minderwertige Mischlingsbild.“ Im Fazit ihrer Untersuchungen stellt die „Rasseforscherin“ schließlich fest: „Wenn man diesen Wenigen, von uns erzogenen und sozial angepaßten Zigeunern und Zigeunermischlingen zweckmäßiger- und gerechterweise ein Verbleiben in ihren bisherigen Wohn- und Arbeitsverhältnissen zubilligen will, so muß man doch vom rassehygienischen Standpunkt aus eine Unfruchtbarmachung dieser Menschen fordern. Das deutsche Volk braucht zuverlässige und strebsame Menschen und nicht den zahlreichen Nachwuchs dieser Primitiven.“ Eva Justin verstand ihre Arbeit gleichzeitig als „weitere Unterlagen des Gesetzgebers für die kommende rassehygienische Regelung, die das weitere Einfließen minderwertigen, primitiven Erbgutes in den deutschen Volkskörper verhindern wird.“

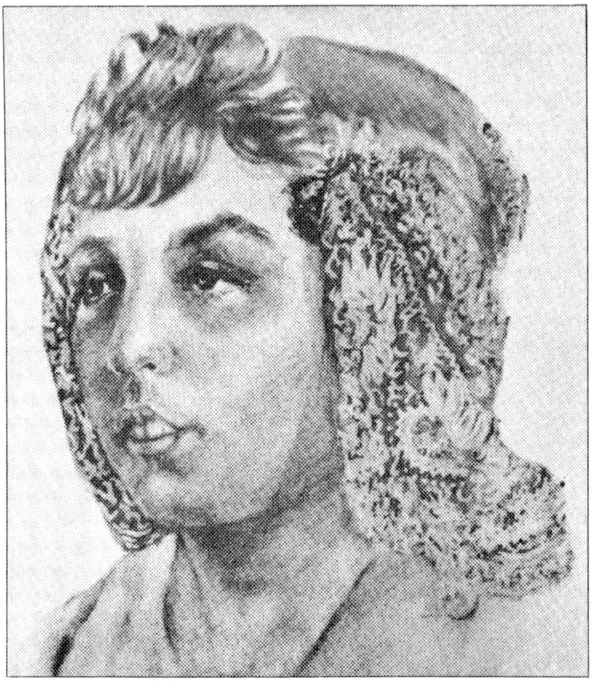

„Zigeunermischlinge aus Deutschland": Aquarelle von Dinah Gottliebova. 1944 befahl der Lagerarzt von Auschwitz, Dr. Mengele, der Künstlerin zur Illustration seiner „rassebiologischen Forschungen" einige Zigeunerhäftlinge zu portraitieren.

Die Vernichtung

Bereits wenige Wochen nach dem Beginn des Zweiten Weltkriegs hatte die Regierung in Berlin weitere „Regelungen" zur Lösung der „Zigeuner-Probleme" getroffen: Am 17. Oktober 1939 ordnete der damalige Chef des Reichssicherheitshauptamtes, Reinhard Heydrich, auf Befehl Himmlers in einem geheimen Schnellbrief an, daß Zigeuner und Zigeunermischlinge ihren augenblicklichen Aufenthalts- oder Wohnort nicht mehr verlassen durften. Die Polizei hatte Weisung, sämtliche Roma zu registrieren und Details über das Leben der Betreffenden in den zurückliegenden fünf Jahren zu vermerken. Ein weiterer Schnellbrief im Frühjahr 1940 ordnete die Umsiedlung der Roma in den inzwischen von der deutschen Wehrmacht okkupierten Osten Europas an. Entsprechende Transporte fuhren im Sommer 1940 vorwiegend nach Polen. Die Zigeuner wurden entweder in jüdische Ghettos oder direkt in die Konzentrationslager deportiert. Am 13. Oktober 1942 schrieb Reichsjustiz-Minister Thierak an den Hitler-Adlatus und Reichsminister Martin Bormann: „Unter dem Gedanken der Befreiung des deutschen Volkskörpers von Polen, Russen und Juden und Zigeunern und unter dem Gedanken der Freimachung der zum Reich gekommenen Ostgebiete als Siedlungsland für das deutsche Volkstum beabsichtige ich, die Strafverfolgung gegen Polen, Russen, Juden und Zigeuner dem Reichsführer SS zu überlassen. Ich gehe hierbei davon aus, daß die Justiz nur in kleinem Umfang dazu beitragen kann, Angehörige dieses Volkstums auszurotten."
Zwar bestimmte Heinrich Himmler ebenfalls im Oktober 1942, daß reinrassigen Sinti eine gewisse Bewegungsfreiheit zu gestatten sei, ordnete aber am 29. Januar 1943 die generelle Einweisung aller Roma und „Zigeunermischlinge" in die Konzentrationslager an.
Bis 1945 starb im KZ Ausschwitz-Birkenau eine bisher nicht eindeutig geklärte Zahl von Zigeunern; sie wird inzwischen auf 300000 bis 500000 geschätzt. Dabei waren auch die „Forschungs-Objekte" der Eva Justin aus der St. Josefspflege in Mulfingen.
Weil diese Kinder für die Forschungen des „Rasse-Hygiene-Instituts" noch „gebraucht" wurden, blieben sie von der großen Zigeuner-Deportation im Frühjahr 1943 verschont. Erst am 9. Mai 1944 holte man sie nach Auschwitz ab. Eine frühere Erzieherin an der St. Josefspflege berichtete darüber 1979 in einem Interview: „Wir hatten den Kindern auf offizielle Anweisung hin gesagt, sie würden jetzt zu ihren Eltern in ein Lager fahren. Die Kleinen, die so zwischen acht und zehn Jahre alt waren, haben das auch geglaubt. Eines der älteren Mädchen hat aber auf seinem Bett gesessen und unter Tränen gesagt, ich will nicht sterben, ich bin doch noch so jung. Und wir standen dabei, wußten, was mit diesen Kindern

geschehen würde und konnten nichts tun. Es kann einem sicher nichts Schlimmeres im Leben widerfahren. Schließlich kamen die Busse, es waren reguläre gelbe Postbusse. Die Ortspolizei organisierte ohne jegliche menschliche Regung den Transport. Die Kinder mußten sich in einer Reihe aufstellen und wurden dann an Hand der amtlichen Listen kontrolliert. Die Schwester Oberin und ich durften die Kinder bis Crailsheim begleiten. Mit dem Bus fuhren wir von Mulfingen zur Bahnstation nach Künzelsau. Hier mußten wir im Wartesaal mit den Kindern warten, bis der entsprechende Zug bereitgestellt wurde. Ich kann mich daran erinnern, daß immer wieder Künzelsauer durch den Wartesaal gingen. Und die haben die Kinder so seltsam angesehen, so wie man Menschen zweiter Klasse anschaut.
Dann war es schließlich soweit. Auf einem Abstellgleis stand ein Viehwaggon, der an einen regulären Zug angehängt wurde. Weit entfernt vom normalen Bahnsteig stiegen wir ein, damit niemand zusehen konnte. Die Polizisten hatten uns noch befohlen, auf den Stationsbahnhöfen die Kinder davon abzuhalten, aus den wenigen Luken hinauszusehen. Die Kinder fragten natürlich, warum fahren wir in solch seltsamen Wagen? Wir blieben ihnen die Antwort schuldig ... Da fällt mir noch eine Sache ein, die mich besonders mitgenommen hat: Die Schwester Oberin hatte demnächst Namenstag und dafür war, wie in den vergangenen Jahren, ein Spiel eingeübt worden. Wie wir da nun in diesem Viehwagen fuhren, kamen einige von ihnen zu mir her und sagten, Fräulein, dürfen wir ihnen noch schnell unser Gedicht hersagen, wir müssen es doch am Namenstag der Schwester Oberin können. Da mußte ich die Zähne zusammenbeißen, um nicht loszuheulen. Dann waren wir in Crailsheim, wo wir die Kinder ihrem Schicksal überlassen mußten. Hier stiegen dann auch Zigeuner-Frauen zu, wieder weit draußen auf einem Abstellgleis. Man sah ihnen an, daß sie wußten, was ihnen bevorstand. Sie wurden von den Polizisten schlimmer behandelt als Schlachtvieh.
Später erhielten wir von einem der Kinder noch eine Postkarte, die in Dresden abgestempelt war. Dann hörten wir nichts mehr von ihnen.“ Das Lagerbuch des Konzentrationslagers Auschwitz enthält am 12. Mai 1944 folgende Eintragung: „Aus dem Kinderhort ‚Hl. Josefspflege‘ in Mulfingen wurden 39 Zigeunerkinder eingeliefert. 20 Knaben bekamen die Nr. Z-9875 bis Z-9892, 19 Mädchen die Nr. Z-10629 bis Z-10647.“
Zwei der Kinder aus Mulfingen überlebten Auschwitz. Einen Bericht von der Hölle des Kinderkrankenblocks im Zigeuner-Lager Auschwitz-Birkenau

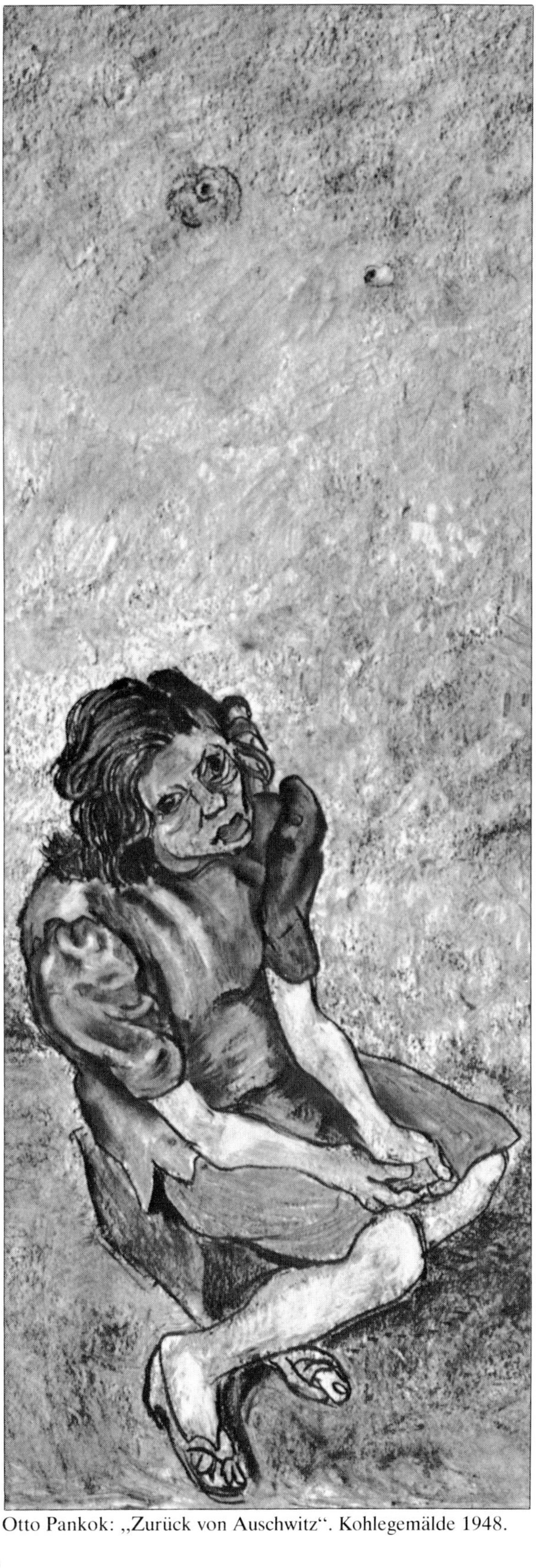
Otto Pankok: „Zurück von Auschwitz“. Kohlegemälde 1948.

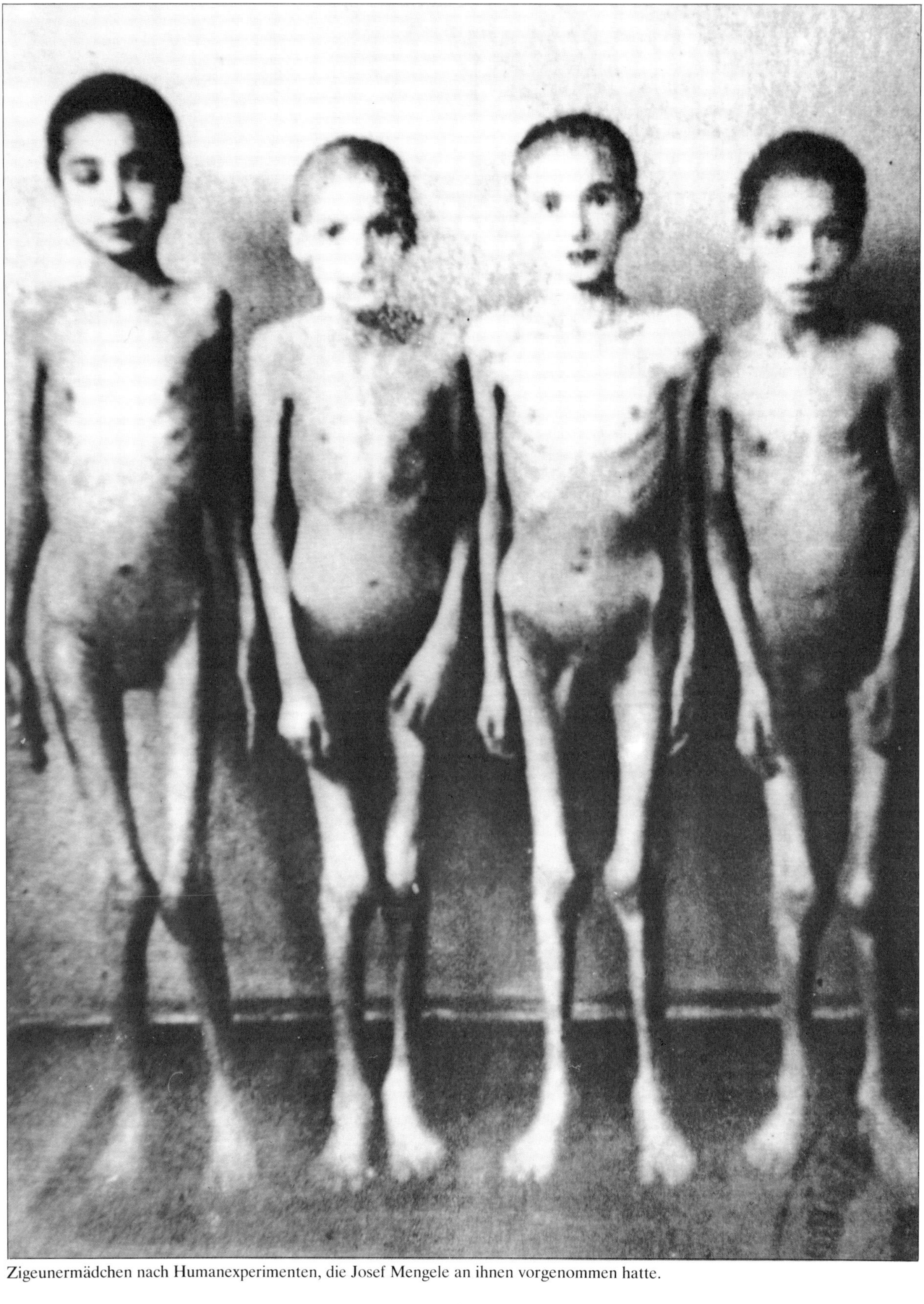

Zigeunermädchen nach Humanexperimenten, die Josef Mengele an ihnen vorgenommen hatte.

hat die jüdische Ärztin Lucie Adelsberger, die das KZ überlebte, gegeben:
„Die Kinder waren wie die Erwachsenen nur noch Haut und Knochen, ohne Muskeln und ohne Fett, nur die dünne pergamentartige Haut scheuerte sich über den harten Kanten des Skeletts überall durch und entzündete sich in schwärenden Wunden. Krätze bedeckte den unterernährten Körper von oben bis unten und entzog ihm die letzte Kraft. Der Mund war von Noma-Geschwüren – einer Krebsart – zerfressen, die sich in die Tiefe bohrten, die Kiefer aushöhlten und krebsartig die Wange durchlöcherten. Bei vielen schoppte der Hunger den sich zersetzenden Organismus voll. Sie schwollen zu Klumpen an, die sich nicht rühren konnten. Vor Hunger und Durst, Kälte und Schmerzen kamen die Kinder auch Nachts nicht nur Ruhe. Ihr Stöhnen schwoll orkanartig an und hallte im ganzen Block wider bis sie erschöpft nachließen und nach kurzer Pause von neuem einsetzten."
Diesem Zentrum des Massenmords an Roma stand zu dieser Zeit Rudolf Höss als Lagerkommandant vor. Nach seiner Verurteilung durch das Nürberger Tribunal 1947 schrieb er unmittelbar vor seiner Hinrichtung eine Autobiografie, eine Rechtfertigung. Nach seinem Verständnis hatte er lediglich Befehle ausgeführt. Höss erinnerte sich auch an den Besuch Heinrich Himmlers 1942 im Zigeuner-Lager von Auschwitz:
„Ich zeigte Himmler das Zigeunerlager eingehend. Er sah sich alles gründlich an, sah die vollgestopften Wohnbaracken, die ungenügenden hygienischen Verhältnisse, sah die Seuchenkranken, sah die Kinderseuche Noma, die mich immer erschaudern ließ, sie erinnerte mich an Leprakranke. Diese ausgezehrten Kinderkörperchen mit den großen Löchern in der Backenhaut, durch die man durchsehen konnte, dieses langsame Verfaulen bei lebendigem Leib. Die Kindersterblichkeit war außerordentlich hoch. Ich glaube nicht, daß von den Neugeborenen viele die ersten Wochen überstanden. Er (Himmler) sah alles genau und wirklichkeitstreu und gab uns den Befehl, sie zu vernichten."
Allein von März bis September 1943 wurden in Auschwitz-Birkenau 7000 Roma ermordet. Die letzten 4000 Insassen des Zigeunerlagers starben in einer einzigen Nacht, vom 31. Juli auf 1. August 1944, in den Gaskammern. Nur wenige Wochen später veröffentlichte Dr. Eva Justin in der Reihe „Veröffentlichungen aus dem Gebiete des Volksgesundheitsdienstes" ihr Buch „Lebensschicksale artfremd erzogener Zigeuner und ihrer Nachkommen", an deren Ende die Gaskammern von Auschwitz und „Verwalter" wie Rudolf Höss standen.

Jakob „Jonny" Bamberger in seiner Zeit als Meisterboxer.

Nur ein kleiner Teil der europäischen Roma überlebte das „Dritte Reich". Einer von ihnen ist Jakob Bamberger, der heute in der Nähe von Heidelberg lebt. Er gehört zu den angesehensten deutschen Sinti-Familien. Jakob Bamberger war in den 30er Jahren einer der besten deutschen Amateurboxer. Sein Vater, ein maßgeblicher Sinti-Sprecher, wurde bereits 1940 in das Konzentrationslager Dachau verschleppt. Jakob floh vor der drohenden Verhaftung durch die Polizei über Berlin und Krakau nach Prag, wo ihn die Gestapo schließlich aufspürte. Man brachte ihn zunächst in das Konzentrationslager Flossenbürg, später ebenfalls nach Dachau. Hier mußte er medizinische Experimente über sich ergehen lassen. Jakob Bamberger erzählt:
„Das waren medizinische Versuche, wie man sie so allgemein in den Lagern an Häftlingen gemacht hat. Man wurde vorher so untersucht wie bei der

Zigeuner in Auschwitz.

Musterung für die Wehrmacht. Nur kerngesunde Menschen wurden für diese Versuche genommen, bevorzugt junge und kräftige. Mich hatten sie für Meerwasserversuche ausgesucht. Ich hab' das 18 Tage mitgemacht, dann bin ich umgefallen und wurde aus dem Versuch gezogen. Dabei mußte ich Meerwasser trinken ohne jegliche andere Kost, nur Meerwasser trinken ... Da wollten sie feststellen, wie lange der Mensch mit Meerwassertrinken leben kann, angenommen, er würde in einem Flugzeug abgeschossen und käme nieder aufs Meer. Im August 1943 wurden diese Versuche mit uns durchgeführt; wir waren 43 Personen in einem Raum. Da kann man sich vorstellen, was man da alles mitgemacht hat ... und so weiter. Stellen Sie sich mal vor, wie ich ausgesehen habe: Wenn ich mich zum Beispiel beim Boxen auf eine Meisterschaft vorbereitet habe, dann habe ich 95 Pfund gewogen. In der Zeit, wo ich im KZ war, da bin ich spindeldürr gewesen. Meinen Mantel konnte ich dreimal um mich herumwickeln. Aber das Herz war gesund und ich war vorher gut durchtrainert, so daß ich diese Mördergrube überstehen konnte!"
Die meisten anderen Mitglieder der Familie Bamberger starben in den Konzentrationslagern.

Die ausgebliebene Wiedergutmachung

Abgesehen davon, daß das Leid, das die Nazis verursachten, nie wieder gutzumachen ist, erhielten die Roma für das zwischen 1933 und 1945 erduldete Unrecht nur zögernd bis halbherzig einen moralischen und finanziellen Ausgleich. Finanziell nur nach langem Drängen und moralisch erst ansatzweise 30 Jahre später. So mußte Jakob Bamberger erst jahrelang prozessieren, um 1969 schließlich eine finanzielle Wiedergutmachung in Höhe von 28000 Mark zu erhalten, von der ihm nach Abzug aller Verpflichtungen 16000 Mark blieben. Heute lebt er von einer Mindestrente. Ein durch die Meerwasserexperimente in Dachau verursachter Nierenschaden wurde von den Ämtern jahrelang als Sportverletzung eingestuft. Schwerer als die vielfach versagte finanzielle Wiedergutmachung wiegt aber, daß der alte Geist des „Dritten Reichs" – was die Zigeuner betraf – nach 1945 ungebrochen weiterlebte. So wurde beispielsweise Eva Justin von den Nürnberger Richtern als „unbelastet" eingestuft, weil sie bei ihrem Entnazifizierungsverfahren lediglich angab, der Deutschen Arbeitsfront und dem Deutschen Roten Kreuz angehört zu haben. Ihre Mitarbeit an Robert Ritters rassebiologischem Institut stand damals nicht zur Debatte. Bis 1964 arbeitete sie dann als Gutachterin für schwer erziehbare Jugendliche im Jugendamt der Stadt Frankfurt. Das Nachrichtenmagazin „Der Spiegel" hat schließlich im März 1963 auf Eva Justins Engagement für eine Zwangssterilisierung von Zigeunern während des NS-Regimes aufmerksam gemacht. Frau Justin verteidigte sich damals mit der Erklärung, sie habe damit lediglich Schlimmeres verhindern wollen. Von der Ermordung ihres „Untersuchungsgutes" habe sie nichts gewußt. Im übrigen sei sie lediglich dem „bösen Geist" Robert Ritters gefolgt.
Über Ritter schrieb 1959 der Privat-Forscher und Verwahrer des Zigeunerarchivs der „Rassenbiologischen Forschungsstelle", Hermann Arnold, in einer Veröffentlichung („Vaganten, Komödianten, Fieranten und Briganten") im angesehenen Georg Thieme Verlag: „Bedeutende Untersuchungen über Zigeunerfragen hat in neuerer Zeit Robert Ritter publiziert. Ritter war Psychiater und Leiter der Zigeunerstelle beim Reichsgesundheitsamt. Die von seiner Dienststelle erarbeiteten Stammbäume der Zigeuner Deutschlands sind von großem Wert, existieren zur Zeit aber nur als Kleinbildnegative. – Der Arbeitskreis um Ritter hatte ein umfassendes

Werk über die deutschen Zigeuner geplant. Die Auflösung des Reichsgesundheitsamtes und der Tod Ritters haben dieses Vorhaben zunichte gemacht." Hermann Arnold bediente sich übrigens auch gerne der Terminologie Robert Ritters in seinen zahlreichen Publikationen, wo dann von „Bastarden" und „Verbrecherstämmlingen" im Sinne der NS-Ideologie die Rede ist. Noch im Mai 1974 hat das Bundesfamilienministerium der „Gesellschaft für bedrohte Völker" Hermann Arnold als den „wohl bedeutendsten Kenner der Problematik" empfohlen. Bedenklicher als die Überlieferung des rassistischen Gedankengutes durch den Forscher Arnold ist ihr Fortbestand in Kreisen der bundesdeutschen Justiz und Polizei. Im amtlichen Sprachgebrauch wurden Zigeuner nach 1945 Landfahrer genannt, wobei das bayerische Landeskriminalamt mit einer „Landfahrerzentrale" erneut überregionale Aufgaben wahrnahm. Grundlage der Arbeit dieser Einrichtung, die bis 1950 als „Zigeunerpolizei" firmierte, war der Aktenbestand des Reichssicherheitshauptamtes und der „Rassebiologischen Forschungsstelle" Berlin.

An die Stelle des 1947 von den Allierten aufgehobenen „Bayerischen Zigeuner- und Arbeitsscheuen-Gesetzes" von 1926 trat 1953 eine sogenannte „Landfahrerordnung". Landfahrerzentrale und Landfahrerordnungen, wie sie mit ähnlichen Intentionen auch in den anderen Bundesländern eingerichtet wurden, hatten über Jahre entscheidenden Einfluß auf die Klärung von Wiedergutmachungsansprüchen der Roma. Das Zentrum bildete jedoch die Landfahrerzentrale in München. Auf Anweisung dieser Behörde wurden Sinti wieder erkennungsdienstlich erfaßt und in einem sogenannten „Landfahrerbuch" verzeichnet.

Für die Minderheit der „Zigeuner" hatte sich in der Bundesrepublik gegenüber den Jahrzehnten und Jahrhunderten davor kaum etwas geändert, obwohl die Verfassung jetzt in ihrem Artikel 3 verspricht, „alle Menschen sind vor dem Gesetz" gleich. Daß von Anfang an nicht das geringste Interesse bestand, die Sinti aus ihrem Randgruppendasein zu befreien, wird in verschiedenen Artikeln deutlich, die hohe und mittlere Polizeibeamte in den 50er Jahren in Fachzeitschriften publizierten und denen unterstellt werden kann, daß sie offizielle Standpunkte vertraten. So zum Beispiel der Oberregierungsrat im Bayerischen Staatsministerium des Innern, Dr. Alexander Meyer, in Nr. 7/1951 von „Die neue Polizei": „Es besteht kein Zweifel, daß seit der mit Befehl des Amts der amerikanischen Militärregierung vom 28.11.1947 verfügten Aufhebung des Bayerischen Zigeuner- und Arbeitsscheuengesetzes vom 16.7.1926 eine wirksame Bekämpfung der Zigeuner- und Landfahrerplage kaum mehr möglich ist. Wenn daher heute angeregt wird, daß diese Lücke in der Gesetzgebung wieder geschlossen werden soll, so ist eine solche Anregung verständlich und im Prinzip auch richtig. Es darf jedoch nicht übersehen werden, daß die heutige verfassungsrechtliche Situation eine andere ist als im Jahre 1926." Terminologie und Sprache dieser Bemerkungen unter der Überschrift „Probleme eines Gesetzes zur Regelung der Rechtsverhältnisse des sogenannten fahrenden Volkes" entsprachen der des „Dritten Reiches". Die darin offenkundige Brutalität bestimmte das Leben der Sinti in der Bundesrepublik, ein Leben, das Unterdrückung und Behördenwillkür bestimmten. Rückblickend meinte ein Betroffener, in den 50er, 60er und 70er Jahren habe für ihn eine zweite Verfolgung stattgefunden. Polizeifunktionäre setzten sich dafür ein, die Bewegungsfreiheit der Sinti erneut einzuschränken. Ebenfalls in „Die neue Polizei" betonte dies 1951 der Sachbearbeiter beim Zentralamt für Kriminalidentifizierung und Polizeistatistik, Rudolf Uschold. Nach seiner Auffassung hatte die Zigeunerverfolgung im Dritten Reich nicht zu einer „Lösung des Problems" beigetragen. Der Beamte kam deshalb zu dem Schluß: „Die echten Zigeuner und die von ihnen anerkannten Mischlinge sollten nur mit Wanderpässen versehen wandern dürfen. Die ausgesprochen Asozialen und Kriminellen aber sollten unter das seit langem geforderte Bewahrungsgesetz fallen."

Diesem Klima entsprach 1956 der Bundesgerichtshof, als er am 7. Januar in einem Grundsatzurteil feststellte:

„Die nach 1933 von seiten der nationalsozialistischen Gewalthaber gegen die Zigeuner ergriffenen Maßnahmen unterschieden sich nicht samt und sonders von ähnlichen auch vor dem Jahre 1933 getroffenen Handlungen zur Bekämpfung des Zigeunerunwesens. (...) Faßt man zunächst den Runderlaß des Reichsführers SS und Chefs der Deutschen Polizei vom 8.12.1938, (...) ins Auge, dann läßt gerade er jedoch erkennen, daß trotz des Hervorhebens rassenideologischer Gesichtspunkte nicht die Rasse als solche der Grund für die darin getroffenen Anordnungen bildet, sondern die bereits erwähnten asozialen Eigenschaften der Zigeuner, die auch schon früher Anlaß gegeben hatten, die Angehörigen dieses Volkes besonderen Beschränkungen zu unterwerfen. (...) In den Rahmen vorbeugender Polizeimaßnahmen hält sich auch der Schnellbrief des Reichssicherheitshauptamtes vom 17.10.1939, der die staatlichen Kriminalpolizeistel-

Familienleben: Idyll in der Bedrängnis.

Kölner Sinti.

Eine Siedlung seßhaft gewordener Sinti in Köln um 1960.

len anweist, sämtlichen und in ihrem Bereich befindlichen Zigeunern und Zigeunermischlingen die Auflage zu erteilen, ihren Wohnsitz oder derzeitigen Aufenthaltsort nicht zu verlassen, und für den Nichtbefolgungsfall die Verbringung in ein Konzentrationslager androht. Das Verhindern des Umherwanders der Zigeuner ist keine spezifische rassenpolitische, sondern eine auch bisher übliche polizeiliche Präventivmaßnahme, wie zum Beispiel auch das Bayerische Gesetz zur Bekämpfung von Zigeunern, Landfahrern und Arbeitsscheuen vom 16. 7. 1926 das Umherwandern der Zigeuner und nach Zigeunerart lebenden Personen dadurch einzudämmen versucht hat, daß es das Umherwandern von einer besonderen polizeilichen Genehmigung abhängig machte. (...) Das verfolgte Endziel dieses Erlasses (sog. „Auschwitz-Erlaß" Himmlers vom 29. 1. 1943. Anm. d. Verf.) ist deutlich die gänzliche Ausrottung der im Herrschaftsbereich der nationalsozialistischen Gewalthaber lebenden Zigeuner (...). Wie der Senat in seinem Urteil vom 30. 4. 1955 ausgesprochen hat, kann einem in dieser Weise festgehaltenen Zigeuner ein Entschädigungsanspruch nach dem BEG (Bundesentschädigungsgesetz) dann zuerkannt werden, wenn der Zigeuner oder Zigeunermischling in der auf den 1. 3. 1943 folgenden Zeit – dies ist der Zeitpunkt, der für die Durchführung des Erlasses maßgebend ist – aus rassischen Gründen festgehalten worden ist."

Also hatte in der Praxis nur der Roma einen Anspruch auf Wiedergutmachung, der in der Endphase der Verfolgung in die Konzentrationslager verschleppt wurde. Alles was den Angehörigen dieses Volks vor diesem Stichtag von den Schergen des NS-Regimes geschah, begründeten die Richter mit „kriminalpräventiven Maßnahmen". Erst Anfang der 60er Jahre ist das Urteil revidiert worden.

Nur wenige Sinti hatten in diesem eisigen Klima der Ablehnung, Diffamierung und verbalen Unterdrükkung den Mut zum offenen Protest. Ein Beispiel dafür ist der Brief, den Eduard Höllenreiner am 22. Februar 1957 an den bayerischen Ministerpräsidenten Högner schrieb:

„In eigener Sache beschwere ich mich, ergebenst unterzeichneter Eduard Höllenreiner, geboren am 2. Mai 1896 in Miel vor Köln, Deutscher Staatsbürger, verheiratet, zwei wehrdiensttaugliche Söhne, Grundbesitzer mit eigenem Anwesen und Kaufmann in München Waldtrudering, wegen verfassungswidriger, rassenfeindlicher, verwaltungswillkürlicher Diskriminierung und ungerechtfertigter Polizeiaufsicht meiner Person, meiner Familie und Angehörigen meines Namens Höllenreiner!

Im Wohnwagen einer Sinti-Familie.

Kinder in Hildesheim.

Begründung: Als deutscher Staatsbürger werde ich verwaltungswillkürlich und widerrechtlich mit meiner Familie zeitweise polizeilich „überprüft" als Landfahrer und Zigeuner, obwohl ich seit 1939 ansässig, in Waldtrudering festen, nicht ambulanten Wohnsitz mit meiner ganzen Familie und eigenen Haus- und Grundbesitz habe und zu den laufenden Steuern und Abgaben fest veranlagt bin. Ich empfinde dies als rassenfeindliche Diskriminierung, gegen welche ich mich nunmehr, den willkürlichen Schikanen dieser durch nichts gerechtfertigten polizeilichen Überwachung und Kontrolle meiner Person, meiner Familie und Angehörigen mit folgenden Tatsachen Stellung nehme mit der Bitte, unser hochverehrtes Staatsoberhaupt Herr Ministerpräsident Högner und der Beschwerdeausschuß des Bayerischen Landtags in München wolle diesen bürokratischen Umtrieben rassenfeindlicher Demonstration ein Ende setzen. Ich bitte Sie im Namen der Menschlichkeit und der Gerechtigkeit, verbieten Sie diese Unmenschlichkeit mit sofortiger Wirkung."

In einer Regierungserklärung wurden diese Vorwürfe von der Bayerischen Staatsregierung zurückgewiesen, der „Ausschuß für Verfassungsfragen und Rechtsfragen des Bayerischen Landtags" betrachtete die Eingabe darauf für „erledigt". Erst Jahre später ist zumindest offiziell, die amtliche Erfassung und systematische Überprüfung der Sinti eingestellt worden. Den Anstoß dazu gab eine Empfehlung des Europarats „Zur Lage der Zigeuner in Europa" vom 30. September 1969:

„Der Europarat empfiehlt den Mitgliedsregierungen, alles Erforderliche zu veranlassen, die Verunglimpfung der Zigeuner und anderer Nomaden in Gesetzen und Verwaltungspraxis abzuschaffen,

Im Zigeunerlager Hildesheim 1971.

mindestens die erforderlichen Wohnwagenplätze, ausgestattet mit Sanitäreinrichtungen, mit Elektrizität, mit Telefon, mit Gemeinschaftseinrichtungen, mit Feuerlöschgeräten für Zigeuner und andere Nomaden schaffen zu lassen. Diese Wohnwagen- und Arbeitsplätze sollten in der Nähe von Schulen, Dörfern und Städten liegen, möglichst sicherstellen, daß die örtlichen Behörden – vor allem in Gegenden, wo wegen des Klimas das ständige Wohnen in Wohnwagen unzumutbar ist – den Nomadenfamilien Häuser zur Verfügung stellen, wenn der Besuch der bestehenden Schulen nicht möglich ist, die Schaffung von Sonderklassen in der Nähe der Wohnwagenplätze oder anderer Sammelplätze der Nomadengruppen zu fördern; die Sonderklassen sollten die Einschulung der Zigeunerkinder in die öffentlichen Schulen erleichtern; dabei sollten die Sonderschulbildungsprogramme auf die Programme der öffentlichen und weiterführenden Schulen bezogen werden,
Möglichkeiten einer Berufsausübung für erwachsene Zigeuner und Nomaden zu schaffen und weiterzuentwickeln, und damit ihre beruflichen Einsatzmöglichkeiten zu verbessern,
die Schaffung von Organen zu fördern, die auf Landesebene die Vertreter der Regierung der Zigeuner- und Nomadengruppen, sowie von freigesellschaftlichen Organisationen der Zigeunerhilfe umfassen; diese Organe sollten bei der Vorbereitung von Maßnahmen zur Verbesserung der Lage der Zigeuner und anderer Nomaden beteiligt werden ...,
die geltenden Gesetze dahin zu überprüfen und zu ergänzen, daß die Zigeuner und andere Nomaden im Blick auf soziale Sicherheit und auf Gesundheitshilfe die gleichen Rechte haben wie die seßhafte Bevölkerung.“

Am 31. Juli 1970 wurde die Landfahrerzentrale beim Bayerischen Landeskriminalamt aufgelöst, die Landfahrerordnungen nicht nur in Bayern, sondern auch in sämtlichen anderen Bundesländern aufgehoben. Offiziell begründete man diesen Schritt mit einer „Änderung der allgemeinen Lebensverhältnisse, auch der der Landfahrer". Die Lebens-Situation der Sinti und Roma in der Bundesrepublik blieb unverändert. In den folgenden Jahren tauchten Unterlagen der Landfahrerzentrale in Wiedergutmachungsakten auf, die unmittelbar in das „Dritte Reich" zurückwiesen, in der Regel wenig Schmeichelhaftes über die betroffenen Sinti aussagen und eigentlich gar nicht mehr existieren dürften. Ein hoher Beamte des Bayerischen Innenministeriums teilte 1979 auf eine entsprechende Anfrage mit: „Nach Aufhebung der Landfahrerordnung hat das Landeskriminalamt alle Akten über Landfahrer, die nicht nach § 81a der Strafprozeßordnung aufbewahrt werden dürfen, vernichtet."

Dabei wurde z. B. die Akte des Sinto R. S. „vergessen", in der das Bayerische Landesentschädigungsamt auch 1971 noch entsprechende Unterlagen des Landeskriminalamts aus den Beständen der Rassebiologischen Forschungsstelle verwahrte. Ebenso die daraus abgeleitete Beurteilung der Kripo: „S. ist zweifellos wegen asozialen Verhaltens und auf Grund seiner Vorstrafen in das KZ eingewiesen worden, nicht aber aus rassischem Grund ..."

Selbst 1978 und 1979 erhärteten unter verschiedenen Umständen aufgetauchte ähnliche Dokumente den Verdacht, daß die Unterlagen der Landfahrerzentrale nur teilweise vernichtet wurden. Entsprechende Anfragen an die bayerische Landesregierung blieben unbeantwortet.

Unbestritten ist inzwischen, daß diese Akten nicht selten eine gerechte Entschädigung für im „Dritten Reich" erlittenes Leid verhinderten. So kommt die „Hilfsstelle für Rasseverfolgte bei der Evangelischen Gesellschaft" in Stuttgart im April 1980 bei einer Bestandsaufnahme der Wiedergutmachungsverfahren nach dem Bundesentschädigungsgesetz bei Zigeunern zu dem vorsichtigen Ergebnis: „In der Praxis sind manche Zigeuner benachteiligt; ungenügende Sprachkenntnisse, Ungeschick im Umgang mit sehr gewissenhaften Behörden, die Unkenntnis der Lebensgewohnheiten der Sinti auf manchen Ämtern und das Fehlen großer allgemein anerkannter Organisationen können dazu führen, daß auf diesem Gebiet ein Unterschied besteht zwischen ‚Recht haben' und ‚Recht bekommen'."

In der Siedlung Köln-Roggendorf 1977.

6

Immer noch ein „ellend Volck"

1980 lebten in der Bundesrepublik 63 Prozent der Sinti von der Sozialhilfe. Ihre Zahl wird zwischen 40000 und 50000 geschätzt. Ein Drittel von ihnen verfügt nur über eine unzureichende Wohnung. Mangelnde Schulbildung bis zum Analphabetismus führt außerdem bei Sinti dazu, daß sie als ethnische Minderheit auch im Sozialstaat Bundesrepublik am absoluten Rand der Gesellschaft leben. Erst in den letzten Jahren wird von Staats wegen das Elend dieser Bevölkerungsgruppe zur Kenntnis genommen und nicht als Selbstverschuldung von Untüchtigen abgewiesen, die in einer Leistungsgesellschaft auf der Strecke bleiben. Vom Bonner Familienministerium wurde 1980 in einer Studie empfohlen, „diese Personengruppe benötigt Hilfen zur sozialen und wirtschaftlichen Integration und dazu müssen die auch heute noch vorhandenen und allgemein verbreiteten Vorurteile abgebaut werden". Beispielhaft für die anhaltende Diskriminierung der Sinti war am 18. April 1980 folgende Pressemeldung: „In der Albgemeinde Gruibingen hat der Gemeinderat eine Änderung der Polizeiverordnung über den Umweltschutz dahingehend beschlossen, daß Landfahrern das Zelten auf dem neuerrichteten Festplatz der Gemeinde untersagt ist. Dies, so wurde erklärt, solle keine Diskriminierung von Minderheiten sein, man wolle lediglich vermeiden, dann hinterher den Festplatz erst wieder von Müll und Unrat säubern lassen zu müssen."

Wer jemals nach einer Veranstaltung über einen Festplatz gegangen ist, weiß, was es heißt, durch Müll zu waten, den Nichtsinti hinterlassen haben. Mit allen Mitteln versuchen Städte und Gemeinden, den durchziehenden oder angesiedelten Sinti das Leben unerträglich zu machen. Da wurden, um eine Sippe zu vertreiben, kurzerhand Friedhofsabfälle auf den Lagerplatz gekippt. So 1977 in Hamm, wo bewußt diese Verletzung der Tabu-Gesetze der Sinti benutzt wurde, um sie zum Weiterziehen zu bewegen. Die Sozialreferentin innerhalb der Katholischen Zigeuner- und Nomadenseelsorge in der Bundesrepublik und West-Berlin, Silvia Sobeck, schrieb damals in einer Presseerklärung: „Das hier geschilderte Vorgehen stellt eine Verletzung der Menschenrechte und damit ein Verstoß gegen das Grundgesetz dar. Außerdem war der Einsatz der Mittel unverhältnismäßig, denn die Zigeuner waren keineswegs entschlossen, von dem Platz mit Gewalt zu weichen. Sie hätten jeden anderen Platz akzeptiert, der ihnen zugewiesen worden wäre, mit Ausnahme eben des Platzes, auf dem ihre Verwandte gestorben war. Wenn sie gewußt hätten, daß die Stadt Hamm den von ihnen ausgewählten Platz als Abfallplatz ihres Friedhofsmülls nutzt, wären sie ohnehin nicht dort hingefahren." Eine von Silvia Sobeck angestrebte Dienstaufsichtsbeschwerde gegen die Verantwortlichen für die Vertreibung der Sinti aus Hamm wurde mit dem Hinweise abgewiesen, dazu bestehe kein Anlaß.

Gleichzeitig teilte die nordrhein-westfälische Landesregierung auf eine von dem Vorfall in Hamm unabhängig eingebrachte parlamentarische Anfrage der CDU über die „Berücksichtigung der sozio-kulturellen Lebensgewohnheiten der Landfahrer (Zigeuner) durch Ausweisung von Landfahrerplätzen in der Landesentwicklungsplanung" mit: „Die Landesregierung geht davon aus, daß landfahrende Zigeuner in unserem Land eine ihren Sitten und Lebensgewohnheiten entsprechende Aufnahme finden und vertraut darauf, daß die Gemeinden leistungsstark genug sind, auftretende Schwierigkeiten im Einzelfall mit den ihnen zu Gebote stehenden Mitteln zu bewältigen."

Wenngleich der Wohnwagen-Tourismus inzwischen als feine Art des Urlaubs gilt, mißbilligt die nicht-zigeunerische Umgebung das Fahren und Lagern der Sinti, obwohl es zu deren sozio-kulturellen Lebensgewohnheiten gehört. Kein Vorurteil ist zu platt, um es nicht zur „Abwehr" dieser Fremden zu benutzen. Ein beliebig aufgegriffenes Beispiel: Nekkartailfingen bei Stuttgart. Gegenüber einer Regionalzeitung betonte Bürgermeister Willi Preißing im Sommer 1979, er wolle es sich nicht länger bieten lassen, daß das Neckarufer bei Neckartailfingen von Zigeunern als Lagerplatz benutzt werde. Deshalb seien entsprechende Verbotsschilder aufgestellt worden. Damit hoffe man in diesem Jahr einer „Gemeindeplage" vorgebeugt zu haben, die „Angst, Schrecken und Unfrieden in den Ort gebracht" habe. Aber Bürgermeister Preißing hatte auch humane Gründe, den Sinti das Campieren zu verbieten: „An der Neckarallee stehen Bäume – und da könnte durchaus mal ein Ast herunterfallen und womöglich ein Zigeunerkind am Kopf treffen", sagte er der Zeitung und betonte im selben Atemzug: „Die Zigeuner verunsichern die alten Leute und sie stehlen Hühner!"

Eine Umfrage ergab, daß am Ort weder Hühner fehlten noch jemand Anzeige erstattet hatte. Ansonsten: „Eigentlich weiß ich nicht, warum ich Angst vor Zigeunern habe. Das war halt schon immer so. Zigeuner sind gefährlich, vor denen muß man sich halt in acht nehmen", sagte eine ältere Neckartailfingerin. Ein weiterer Grund, Zigeunern den Auf-

Diesen Wohlstand können nur wenige Sinti in der Bundesrepublik vorzeigen.

enthalt am Ort zu verbieten, war für den Bürgermeister aber auch: „Es ist ganz einfach nicht dem Ortsbild zuträglich, wenn da am Neckarufer die Wäsche rumflattert!“

Die offiziellen Camping-Plätze sind den Sinti meistens verschlossen, denn auf dem offiziellen Hinweis-Schild des „Deutschen Camping-Club e. V.“ steht: „Achtung! Im Interesse einer ungestörten Urlaubsgestaltung und nach einer dem Deutschen Camping-Club gegenüber übernommenen Verpflichtung ist 1. allen Landfahrern; 2. allen Schaustellern; 3. allen Personen und Personengruppen, die von Haus zu Haus Waren anbieten, verkaufen oder reparieren, der Zutritt zu diesem Campingplatz nicht gestattet. Bei Nichtbeachtung dieses Hinweises erfolgt Platzverweis, erforderlichenfalls durch die Polizei.“ Fehlt dieser Hinweis, werden Sinti mit der Begründung abgewiesen, der Platz sei belegt etc.

Wer nicht mehr auf Reisen geht von den Sinti, der wohnt meist in den Slums der Großstädte. Bestenfalls als Sozialfälle werden sie von den Behörden zur Kenntnis genommen. Diese Lebensumstände führen zwangsläufig zu einer verstärkten Kleinkriminalität. Aus dem Unterschichtmilieu gibt es für sie in aller Regel keine Möglichkeit des Ausbruchs. Um die Mauer aus Vorurteilen und Diskriminierung zu überwinden, bedarf es einer über die Maßen stabilen seelischen Konstitution, verbunden mit ungewöhnlich hoher Frustrations-Toleranz.

Der Preis dafür ist meist der Bruch mit der Familie, mit den Traditionen und der Kultur der Väter. Aber sie sind es allein, die den einzelnen Roma bisher überleben ließen. Sie geben ihm Halt und gewähren ihm im Zweifelsfall auch Schutz. Den Verlust tauscht er in der Welt der Gadje nicht selten mit Vereinsamung bis zur Isolierung ein. In der Familie findet der Zigeuner das, was ihm die übrige Gesellschaft seit Jahrhunderten verweigert: Wärme und Geborgenheit.

Die Gesellschaft der Bundesrepublik ist nicht einmal ansatzweise bereit, Sinti in ihrem gelegentlichen Anderssein zu akzeptieren. Es werden weiterhin Bedingungen geschaffen, die die Vorurteile zu bestätigen scheinen: Wer mit einer Großfamilie in Einfachst-Wohnungen des sozialen Wohnungsbaus auf engstem Raum zusammenleben muß, der wird die Räume in kürzester Zeit abnutzen. Wer im deutschen Bildungssystem keine Chancen hat, wie die jungen Sinti, der ist leichter für eine kriminelle Karriere prädestiniert als andere.

Bevor sie überhaupt in einer Schulklasse sitzen, sind die Kinder der Sinti, wie früher ihre Eltern als dumm, faul und aufsässig eingestuft. Sie trifft das

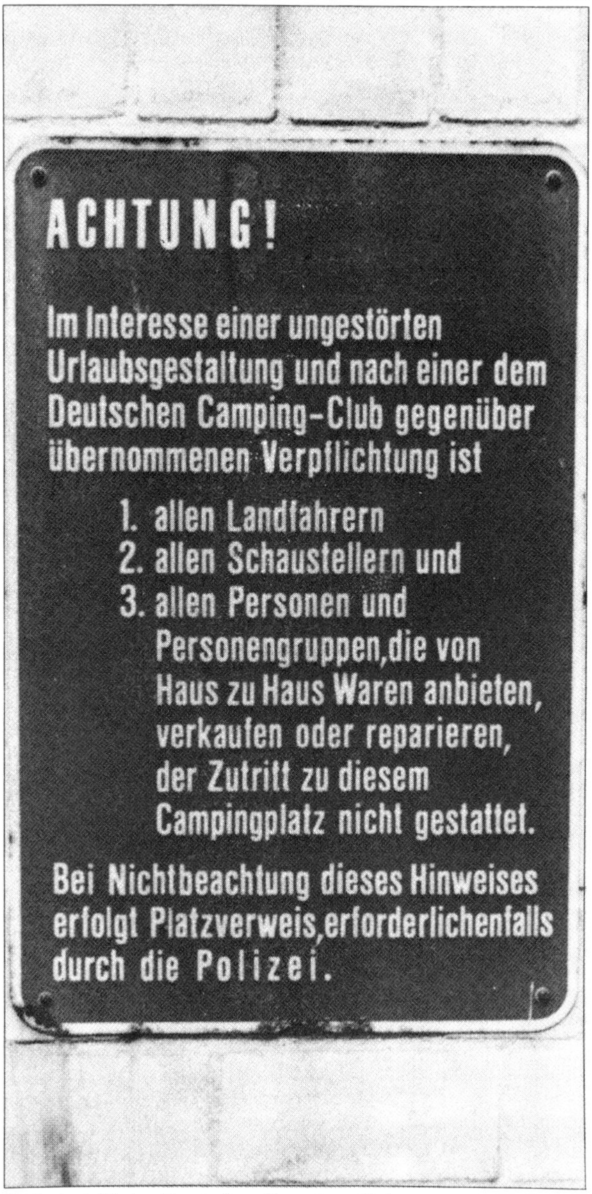

Verbotschild des Deutschen Camping-Clubs.

Los aller Kinder aus der gesellschaftlichen Unterschicht. Man versucht möglichst schnell, sie in Sonderschulen für Lernbehinderte abzuschieben. Von hier aus brauchen sich diese Kinder keine Hoffnungen mehr auf eine Lehrstelle, auf einen akzeptablen Arbeitsplatz oder ein „besseres Leben“ zu machen.

Sie lernen früh, daß sie nie als Angehörige einer Minderheit akzeptiert wurden. Es wird ignoriert, daß die Sinti und ihre Familien immer noch nach einem strengen Reglement leben. Tabus sind wie vor Jahrhunderten für alle Mitglieder dieses Volkes bindend, selbst wenn diese für Außenstehende heute anachronistisch wirken mögen.

Romani Rose bei seiner Aktion auf dem Campingplatz Großwelzheim.

Es gibt auch „Modelle"

Die Wohnungsmisere der Sinti hat in den letzten Jahren einige Städte in der Bundesrepublik zu Wohnungsbaumodellen für diese Minderheit veranlaßt. Verschiedene Projekte scheiterten jedoch nach kurzer Zeit, weil versäumt wurde, die Tradition und die Kultur der Sinti bei der Planung zu berücksichtigen. Entweder zogen sie gar nicht erst ein oder nach kurzer Zeit wieder aus.
Vielfach handelte es sich bei den Spezialprojekten des sozialen Wohnungsbaus für Sinti um eine neue Form, sie seßhaft zu machen. Zumindest wurden entsprechende Angebote von den Betroffenen so aufgefaßt. Sie hatten nicht unrecht. Die Siedlungen im sozialen Einfachstbau in ihrer trostlosen Uniformität machen selbst die letzte Hoffnung auf Unabhängigkeit zunichte.
Bewußt auf die Bedürfnisse der Sinti stellte sich die Stadt Freiburg in den letzten Jahren ein. In einem wissenschaftlich vorbereiteten und begleiteten Wohnungsbaumodell wurde versucht, die Sinti einerseits aus dem Ghetto des Unterschichtenmilieus zu lösen und andererseits ihre traditionelle und kulturelle Eigenart zu erhalten. Die Anwesenheit von größeren Zigeunergruppen hat in Freiburg bereits ein lange Tradition. Nachdem in den 60er

Freiburger Wohnverhältnisse um 1960.

Jahren die Sinti selbst auf eine Änderung der unhaltbaren hygienischen Verhältnisse auf einem städtischen Lagerplatz gedrängt hatten, begann die Stadt entsprechende Pläne zu entwickeln. In einem Erfahrungsbericht des Sozial- und Jugendamtes der Stadt Freiburg wird deutlich, daß zur Wohnraum-Beschaffung auch ein umfassendes Konzept zur sozialen Integration gehört; Dr. Hans Peter Mehl und Adolf Dettling schreiben in den „Freiburger Heften": „Für die Fachleute war daher klar, daß eine Lösung der komplexen Probleme im Siedlungsgebiet Opfinger Straße/Auggener Weg keinesfalls darin bestehen konnte, die vor allem bei den Kindern (der Sinti) begonnenen gezielten, mehrschichtigen, kooperativen Bemühungen zwischen Vorschul-, Schul- und Sozialpädagogik einseitig fortzusetzen, ohne die Wohnungssituation ebenfalls entscheidend zu ändern. Nur die Veränderung der Lebensbedingungen selbst – zusammen mit den seelischen und geistigen Entwicklungshilfen – wird nach Auffassung der Sozialplaner endlich für diese Menschen die Chance schaffen, aus dem überwiegend schicksalshaften Teufelskreis herauszukommen.
Die menschliche Problematik in den angesprochenen Siedlungsbereichen war daher von Anfang an immer mit der Wohn- und Unterkunftsfrage gekoppelt. Jahrelang scheiterten alle pädagogischen Bemühungen daran, daß zuwenig Aussicht auf ein grundlegend geändertes Wohnen dieser Bürger in Normalwohnungen bestand. Seit 1969 bemühten sich das Sozial- und Jugendamt sowie andere städtische Dienststellen, gestützt auf den Rat von anerkannten Fachleuten und unter Mitwirkung des Nachbarschaftswerkes und einiger aufgeschlossener Bürger des Siedlungsgebietes, neben den vorschul-, schul- und sozialpädagogischen Anstrengungen die Beseitigung der Baracken und die Schaffung von menschenwürdigen und familiengerechten Wohnungen einzuleiten. Für das als geeignet befundene Wohnmodell hat der Gemeinderat im März 1975 eine erste Planungsrate freigegeben. Im Rahmen des damit eingeleiteten Planungsprozesses wurden folgende Lösungen angestrebt: Anordnung von 84 Wohnungen im Gebiet unmittelbar nördlich des Lindenwäldle sowie im bisherigen Wohngebiet; Entwicklung von zweckmäßigen Wohntypen für Groß-, Mittel- und Kleinfamilien mit späterer Variierbarkeit. Ermöglichung des Entscheidungsprozesses der betroffenen Bürger bezüglich ihres nachbarschaftlichen Wohnens. Aufbau eines gesunden Mietzahlungsbewußtseins unter den dortigen Bürgern mit Überlegungen zum Ansparen von Mitteln für den Umzug oder den Bau der neuen Wohnungen und Erwägungen über neue Formen von Eigenleistung und Selbstbeteiligung der Bürger."
Die Autoren betonen in ihrem Bericht weiter: „Die Zigeuner sind unsere Mitbürger geworden, die sich zu ihrer neuen Heimat Freiburg schon lange bekennen. Ihr menschliches Schicksal, ihre immer noch erhalten gebliebene Originalität und Eigenart sowie ihr nie ganz gebrochener Behauptungswille können für uns Zeitgenossen unruhiger politischer Abläufe lehrhafte und lernende Bereicherung bedeuten." 1980 hat die Bundesregierung das Freiburger Modellprojekt mit 1,5 Millionen subventioniert.
Weniger Glück hatte bisher die Stadt Hamburg mit dem Bau einer Reihenhaussiedlung für Sinti. Zu Beginn der 70er Jahre scheiterte ein solches Vorhaben im Stadtteil Wilhelmsburg am Protest der deutschen Bevölkerung. Als der Hamburger Senat 1978 einen zweiten Anlauf nahm, versuchten die Wilhelmsburger erneut mit massiven Protesten, das Probjekt zu stoppen. Dabei richtete sich ihr Protest nicht nur gegen „eine Nachbarschaft mit Zigeunern", sondern gegen die Bauweise im Reihenhausstil. Vielen – die örtliche Boulevard-Presse eingeschlossen – schien das zu „luxuriös". Seit 1960 kümmert sich in Köln der Sozialdienst Katholischer Männer nachdrücklich um eine soziale Betreuung von Sinti, die auch hier in menschenunwürdigen Verhältnissen lebten und von der Bürokratie von einer unzureichenden Behausung in die andere abgeschoben wurden. Als ersten zaghaften Schritt ersetzte die Stadt Köln die baufälligen Baracken im Stadtteil Thenhoven durch ausgediente Eisenbahnwaggons. Die Sozialarbeiterin Silvia Sobeck bemerkte zu dieser Initiative 1972 in ihren „Empirischen Aufzeichnungen eines Integrationsversuches": „Anfänglich empfanden die Familien die ungewöhnliche Obdach-Einrichtung in den Eisenbahnwagen als eine angenehme, verbesserte Lösung ihrer bisherigen Wohnsituation, wiewohl der Sozialdienst Katholischer Männer und sein Betreuerteam gegen diese Lösung im Hinblick auf die Zukunft protestierte, denn es war ein Provisorium, das durch die Haltbarkeit der Waggons noch lange Jahre währen und sich womöglich zum Dauerzustand entwickeln könnte."
Die Eisenbahn-Wagen-Siedlung wurde über Jahre zur Dauereinrichtung und verfiel zum neuerlichen Elendsquartier. Der Sozialdienst Katholischer Männer drängte die Stadt Köln, einen 14 Jahre alten Spezialwohnungsbauplan für die Bewohner der Siedlung zu realisieren. Nach Intervention der Katholischen Kirche und der Bundesregierung begann die Stadt Köln 1974 mit dem Bau. 1975 zogen die ersten Sintifamilien in die Häuser des „Zigeuner-

Eine Familie im „Haus Weingarten“ in Freiburg.

In Freiburg wurde mit dem Haus Weingarten ein Modelltyp mit Wohnungen für Sinti gebaut.

Bei der Einweihung des „Hauses Weingarten". Besuch vom damaligen Baden-Württembergischen Ministerpräsidenten Filbinger und dem Freiburger Oberbürgermeister Keidel.

Wohnungsbau-Projekts Köln Thenhoven" ein. Der Sozialdienst Katholischer Männer übernahm weiterhin die Betreuung der hier lebenden Sinti. Eine weitere vom SKM betreute Sinti-Siedlung befindet sich in Köln-Longerich.

In einer 1979 veröffentlichten Dokumentation steht über die Geschichte der in dieser Siedlung lebenden Zigeunergruppe: „Sie sind überwiegend tschechische Zigeuner, die nach dem Krieg zwischen 1945 und 1950 nach Deutschland gekommen sind. Viele von ihnen sind in Arbeitslagern gewesen und wurden in der NS-Zeit verfolgt. Ihre Verwandten kamen zum Teil in Arbeits- und Konzentrationslagern um. Fast 80 Prozent der jetzigen Siedlungsbewohner haben ihren Wohnsitz seit 1956 in Köln. Sie lebten zunächst – wenn nicht auf Reisen – auf einem Wohnwagenabstellplatz in Köln mit anderen deutschen Zigeunern zusammen. Dieser Platz wurde 1958 aufgelöst (Baugelände). Anschließend wohnten sie auf dem Abstellplatz in Köln-Zollstock, bis auch dieser aufgelöst wurde (Sportplatz). 1967 kamen die ersten Zigeunerfamilien im Rahmen der städtischen Obdachlosenhilfe zum Ginsterberg, wo sie für die Wintermonate in festen Steinbaracken eine Unterkunft fanden. Während der Sommermonate waren sie auf Reisen. Die Zigeuner-Familien, die auf dem Ginsterberg leben, wurden aus der Tschechoslowakei ausgewiesen und leben seit 1956 in Köln. Sie wurden von den deutschen Behörden zu ‚Staatenlosen' erklärt oder zu ‚heimatlosen Ausländern'. Einige von ihnen erhielten zunächst einen deutschen Paß, der ihnen später wieder abgenommen wurde. Die Zigeuner müssen alle zwei Jahre zur Verlängerung ihres Ausländerpasses neue Anträge stellen und die hierfür erhobenen Gebühren entrichten."

Dabei handelt es sich nicht um Einzelfälle, das ist die übliche bundesdeutsche Behördenpraxis. Häufig wird „ausländischen Zigeunern", es sind in der Regel Roma, sogar die Arbeitserlaubnis verweigert. Ihnen bleibt nichts anderes übrig, als der Weg in die Illegalität und von da aus in die Kriminalität. Die unerträgliche Rechtslage wurde in Köln-Longerich bis 1975 durch eine unzumutbare Wohnsituation verstärkt. In einem Appell an die Stadtverwaltung schrieb der Sprecher der Zigeuner an die Kölner Stadtverwaltung: „Die Baracken sind feucht, Schimmelpilze breiten sich aus. In leer stehenden Woh-

Bewohnerversammlung im Sozialzentrum „Auf dem Ginsterberg“ in Köln-Longerich.

Leben in ausrangierten D-Zugwagen in Köln-Thenhoven.

Sintiza bereitet das Mittagessen vor.

Die Siedlung in Köln-Thenhoven.

nungen nisten die Ratten und häuft sich der Unrat. Durch die Unbenutzbarkeit der sanitären Anlagen treten verstärkt Unterleibserkrankungen auf."

Die Stadt Köln sicherte daraufhin die umgehende Sanierung und den Neubau einer Siedlung „Auf dem Ginsterberg" zu. Die Sinti konnten an der Planung mitwirken. Ende 1978 waren die neuen Häuser fertig: In verschiedenen Größen bilden sie zusammen eine geschlossene Wohnanlage, in die auch Stellplätze für Wohnwagen einbezogen wurden.

Im Informationsblatt der St. Bernhard Kirchengemeinde, zu der die Siedlung „Auf dem Ginsterberg" gehört, verbindet der „Viererrat der Zigeuner" Ende 1978 den Dank an die Stadt mit der Feststellung: „Unser Durchhalten hat sich gelohnt. Gut, daß wir nicht kapituliert haben. Die Verwirklichung des zweiten Wohnungsbauprojektes für Zigeunerfamilien ist abgeschlossen. 1978 haben wir unser Ziel erreicht!"

Das sind Ausnahmen; üblich sind Zustände, wie sie der hessische Kurort Bad Hersfeld den am Ort lebenden Sinti zumutet. Die Deutsche Presse-Agentur spricht hier im Januar 1980 von „entsetzlichen Obdachlosenbehausungen an einer Müllkippe, in denen 160 Zigeuner leben müssen." Eine Änderung der Situation scheiterte bisher in Bad Hersfeld laut dpa nicht nur daran, „weil die Zigeunersippen untereinander verfeindet sind, sondern weil auch unter den ‚Alteingesessenen Bürgern' Pro und Contra einer Lösung inzwischen öffentlich diskutiert wird". Deshalb will die Stadt jetzt Sinti eine Prämie zahlen, wenn sie Bad Hersfeld für immer verlassen:

Die Song-Gruppe „Duo Z“ hat Bad Hersfeld ein Lied gewidmet:

Es gibt eine freie Stadt,
in der jeder seine Rechte hat,
in der jeder seine Rechte hat,
Rechte, hat, Rechte hat, Rechte hat!

Jeder Bürger dieser Stadt,
viel für Zigeuner übrig hat,
viel für Zigeuner übrig hat,
übrig hat ...

Die Wohnungen sind sauber,
die Zimmer adrett,
die Ratten beißen unsere Kinder im Bett,
die Ratten beißen unsere Kinder im Bett,
im Bett ...

Im Winter gibt es oft kein Wasser,
dafür sind Wände um so nasser,
dafür die Wände um so nasser,
um so nasser ...

Die Kneipen sind freundlich,
die Wirte Idioten,
draußen steht, „Für Zigeuner verboten“
draußen steht „Für Zigeuner verboten“,
verboten ...

Der Bürgermeister meint,
verreist doch ihr Lieben.
Per Bahnfracht will er uns abschieben,
per Bahnfracht will er uns abschieben,
abschieben ...

Dabei könnte er es doch viel billiger haben,
er bräuchte uns doch nur zu begraben,
er bräuchte uns doch nur zu begraben,
begraben ...

Bad Hersfeld, ach du treue Stadt,
ihre Zigeuner gerne hat,
die viel für Zigeuner übrig hat,
die viel für Zigeuner übrig hat,
übrig hat ...

Das „Duo Z“ sind Rutko Kawczinski und Tornado Rosenberg, die als Angehörige einer jungen Roma- und Sinti-Generation mit solchen Songs aus der Schule Wolf Biermanns gegen ihre Diskriminierung protestieren. Die beiden jungen Hamburger traten zum erstenmal im Frühjahr 1980 auf und machten damit deutlich, daß die „Zigeuner“ ihre Lage in dieser Gesellschaft auch politisch zu artikulieren verstehen.

Von der Schwierigkeit, mit einer Stimme zu sprechen

Nachdem die Nationalsozialisten die Führungselite der Roma ausgelöscht hatten – die Sprecher wurden zuerst deportiert – versuchten bereits Mitte der 50er Jahre verschiedene Sinti, durch die Gründung von Interessenverbänden diesen Verlust auszugleichen. Sie wollten einen festen Verband gegen die Bürokratie der Bundesrepublik bilden. Doch die verschiedenen Sippen mit ihren unterschiedlichen Interessen, Lebensbedingungen und Einstellungen zu den überlieferten Traditionen versagten den Verbänden regelmäßig die Gefolgschaft.
So verschwanden diese Versuche einer Selbstorganisation der Sinti schnell wieder in der Versenkung. Ein Beispiel dafür ist die „Internationale Zigeunerrechtskommission“: Der Hamburger Roma Rudolf Karway hatte diese Organisation 1958 vor allem mit dem Ziel gegründet, die bereits damals offenkundige Benachteiligung der Sinti und Rom in Sachen Wiedergutmachung auf einer breiten Basis einzuklagen. Bis 1970 erinnerte Karway mit seinem Verband regelmäßig an die Diskriminierung der „Zigeuner“ in der Bundesrepublik.
Die „Internationale Zigeunerrechtskommission“ betonte im Anschluß an ein internationales Zigeunertreffen am 31. Mai 1970 in Hamburg: „Trotz der Erklärung der Menschenrechte ist die Rechtsstellung der Zigeuner nach wie vor in keiner Weise gelöst. Es ist nicht feststellbar, daß Vorurteile gegenüber Zigeunern nachhaltig abgebaut worden sind!“
Öffentliche Aufmerksamkeit hatte Rudolf Karway bereits 1969 erregt, als er bei einem Gespräch mit dem damaligen Bundespräsidenten Gustav Heinemann die noch für Zigeuner ausstehende Wiedergutmachung anmahnte. Erfolg hatte er dabei nicht. Ebensowenig wie bei seinem Versuch, alle deutschen Zigeuner unter dem Dach seiner Organisation zu vereinigen. Karways gravierender „Fehler“ – den er selbst nicht zu verantworten hat: Er ist Roma, Mitglied der weniger einflußreichen Zigeuner-Gruppe in der Bundesrepublik. Für die Sinti war Karway deshalb als Sprecher nicht akzeptabel. Gerüchten zufolge stand hinter der „Internationalen Zigeunerrechtskommission“ lediglich eine Gruppe von rund 1000 Mitgliedern. Es wurde von Geschäftemacherei eines einzelnen gemunkelt und ähnlich

1972: Der Sinto Anton Lehmann wird in Heidelberg bei einer Polizei-Razzia erschossen.

NER
ON
CHMANN
ON POLIZISTEN
ERSCHOSS
Auch für uns
Grundgesetz-
Artikel 3

diffamierendes über die Organisation und ihren Sprecher in einer gezielten Kampagne in die Medien transportiert.
Ängste, die auf Erfahrungen während der NS-Herrschaft beruhen, spielten bei den Sinti eine große Rolle: Damals hatten es die Machthaber dank der „Erkenntnisse“ der Rassebiologischen Forschungsstelle perfekt verstanden, Roma gegen Sinti und umgekehrt auszuspielen. Zahllose Angehörige beider Sippen traten ihren Weg in den Tod auf Grund von Denunziationen durch Landsleute an. So werden öffentliche Aktivitäten einzelner Zigeuner von beiden Gruppen mit Argwohn betrachtet. Selbst dann, wenn sie in der Sache selbst mit ihnen durchaus einer Meinung sind.
Viele Sinti halten es darüber hinaus auf Grund der traditionellen Sitten für nicht schicklich, mit diesen Problemen an die Öffentlichkeit der „Gadje“ zu gehen. Dabei spielen die 500jährigen Erfahrungen eine Rolle, wo engere Kontakte zu der nicht-zigeunerischen Umgebung ausnahmslos zur Zerstörung von Kultur und Tradition der Sinti führten.
Die „Arbeit“ der Zigeunerforscher um Robert Ritter und Eva Justin ist dafür ein Beispiel. Sie mißbrauchten das ihnen entgegengebrachte Vertrauen, um die Sinti ihren Henkern auszuliefern. Diese Wunden sind noch nicht verheilt. Vielen scheint ein Verband für Bespitzelungen besonders anfällig und geeignet, interne Auseinandersetzungen zwischen den Sippen in breiter Öffentlichkeit auszutragen. Das aber verbietet Sitte und Anstand den Sinti.
So konnte sich die „Internationale Zigeunerrechtskommission“ auf Dauer nicht etablieren. Die Vorbehalte der eigenen Landsleute, verbunden mit der abweisenden deutschen Umgebung, veranlaßten Rudolf Karway, sich aus dieser Arbeit zurückzuziehen.
Ähnliche Erfahrungen machten auch Vinzenz und Oskar Rose, die zusammen mit anderen badischen Sinti, zum Beispiel Jakob Bamberger, bereits 1956 eine „Vereinigung der Verfolgten des NS-Regimes nichtjüdischer Abstammung“ gegründet hatten. Auch sie hofften mit einer Organisation gegenüber Staat und Ämtern bei Wiedergutmachungsansprüchen mehr zu bewirken als der einzelne. Mit beschwörenden Appellen forderten sie ihre Landsleute zu gemeinsamem Handeln auf. Die Resonanz war mäßig. Noch zurückhaltender wurde das Echo aus den eigenen Reihen, als sich zu Beginn der 70er Jahre aus der „Vereinigung“ der „Verband der Sinti Deutschlands“ formierte, eng verbunden mit der Person Vinzenz Rose. Der reiche Geschäftsmann aus Baden-Baden ist unter den Sinti umstritten. Das änderte sich nicht, nachdem Rose auf dem Gelände des ehemaligen Konzentrationslagers Auschwitz ein Mahnmal für die 40000 hier ermordeten Sinti errichten ließ. Die Kluft zur breiten Basis der Sinti wurde noch größer, nachdem er dafür das Bundesverdienstkreuz (als erster Sinti) erhielt.
In den nächsten Jahren wurde Vinzenz Rose weniger zu einer einigenden als zu einer trennenden Persönlichkeit innerhalb der Sinti. Er und sein Verband standen zeitweilig im Mittelpunkt heftiger Kontroversen, Verdächtigungen, und neuerliche Denunziationen machten die Runde.

1979: „Das Jahr der Zigeuner"

Der „Verband der Sinti Deutschlands“ wird inzwischen nicht mehr von Vinzenz, sondern von seinem Neffen Romani Rose repräsentiert, der engen Kontakt zu der in Bürgerrechtsaktionen geübten „Gesellschaft für bedrohte Völker“ fand. Als „zorniger junger Mann“ gelang es ihm in kurzer Zeit, die Medien zu mobilisieren: Romani Rose beschränkte sich nicht mehr allein auf moralische Appelle.
Im Juli 1979 lud er Journalisten zum Campingplatz Großwelzheim bei Aschaffenburg ein und übersprühte den zigeunerfeindlichen Zusatz auf der Camping-Platzordnung „Für Landfahrer verboten“ mit schwarzem Autolack. Zwar zeigte ihn die Polizei daraufhin an, ein Verfahren ist aber nie angestrengt worden.
Bereits einige Wochen vorher hatten der „Verband deutscher Sinti“ und die „Gesellschaft für bedrohte Völker“ auf dem Evangelischen Kirchentag Bundesjustizminister Vogel auf die anhaltende Diskriminierung der Sinti in der Bundesrepublik aufmerksam gemacht.
Im Herbst riefen die beiden Verbände zu einem Gedenkmarsch und einer Großkundgebung im ehemaligen Konzentrationslager Bergen-Belsen bei Celle auf. Zum Erstaunen der Veranstalter reiste hochkarätige politische Prominenz an. An der Spitze die Präsidentin des Europäischen Parlaments Simone Veil, die als Jüdin mehrere Jahre in Bergen-Belsen inhaftiert worden war. Für die Bundesregierung sprach der Parlamentarische Staatssekretär im Familienministerium, Björn Engholm. Er sagte unter anderem: „Noch immer werden Zigeuner mißachtet und abgelehnt, noch immer werden sie von Behör-

Plakat zur Kundgebung in Bergen-Belsen.

Auf dem Weg zum Mahnmal im ehemaligen KZ Bergen-Belsen.

Zum
Gedenken
an die
Opfer des
Faschismus
Die
Bremer
Sinti

den benachteiligt, noch immer werden sie verdrängt von angestammten Wohn- und Campingplätzen, noch immer enthält man ihnen Ausweise und Papiere vor, ohne die in Deutschland, wie man weiß, niemand ein richtiger Bürger sein kann. Und lange Zeit waren und sind die Zigeuner bei Fragen der Entschädigung und der Wiedergutmachung bedrükkend benachteiligt und arrogant behandelt worden. Die Zigeuner sind – dies möchte ich festhalten – bei der Bewältigung der faschistischen Vergangenheit unseres Landes zu großen Teilen benachteiligt worden. Ich glaube, dies zumindest für die jüngere Generation der Politiker sagen zu dürfen, daß es noch Zeit ist, sich zu besinnen. Politiker und Bürger in Bund, Land und Gemeinden müssen etwas tun und ich will nur sechs Dinge nennen, auf denen etwas getan werden muß:

1. Wir müssen den Bürgern und vor allem den jungen Bürgern in Deutschland erzählen, was mit den Zigeunern in der Periode des Faschismus passiert ist;
2. Wir müssen Anstöße geben zum Abbau der täglichen und entmenschlichenden Diskriminierung von Zigeunern in unserem Lande;
3. Wir sind zumindest in dem Ministerium, in dem ich tätig bin, bereit, praktische Hilfen in der Bildungsarbeit für Zigeunerkinder und bei der Vorbereitung auf das Berufsleben zu organisieren;
4. Wir müssen, auch wenn mancher das für sehr schwer halten wird, die Frage in Härtefällen bei der Entschädigung erneut aufwickeln und erneut lösen;
5. Wir brauchen eine schnelle, liberale und unbürokratische Lösung der Staatszugehörigkeitsfrage für alle Zigeuner, bei der sie nicht gelöst ist;
6. Wir müssen als reiches Industrieland es auch den Zigeunern, die nicht voll integriert werden wollen in unser Volk, ermöglichen, mit ihrer Eigenart, mit ihrer eigenständigen Kultur undiskriminiert in unserem Lande zu leben."

Das waren Töne aus den Reihen deutscher Politiker, wie sie die ungeliebte Minderheit der Zigeuner noch nicht gehört hatte. Für die CDU/CSU meinte der stellvertretende Ministerpräsident von Niedersachsen, Winfried Hasselmann, Vorfälle über eine Diskriminierung oder Benachteiligung von Sinti seien bisher noch nicht auf seinen Schreibtisch gekommen. Aber jetzt werde er sich aktiv darum bemühen, daß sich die Lage der Zigeuner in der Bundesrepublik zum Besten wende.

Vom Städtetagspräsidenten über einen Bischof bis zu den „Grünen" wurde Solidarität bekundet.

Eine Abordnung des „Verbands deutscher Sinti" wurde jedoch eine Woche später im Bundeskanzleramt ziemlich kühl empfangen, als sie dem Bundeskanzler ein zehn Punkte umfassendes Memorandum überreichen wollten, das folgenden Inhalt hat:

„1. Stellvertretend für die Bundesrepublik Deutschland muß die Bundesregierung eine Erklärung abgeben, die den Tatbestand des Völkermords, begangen vom Dritten Reich an den europäischen Roma, anerkennt. Die Bundesregierung muß sich verpflichten, eine besondere Verantwortung für den überlebenden Teil des Romavolkes zu übernehmen, wie sie auch die besondere Beziehung zum jüdischen Volk anerkannt hat. Analog zur materiellen Wiedergutmachung am jüdischen Volk, die neben der individuellen Wiedergutmachung eine Blockentschädigung an den Staat Israel vorsah, muß auch den europäischen Roma eine Blockreparation geleistet werden. In Übereinstimmung mit der Romabewegung muß ein Wiedergutmachtungsfond eingerichtet werden, der von internationalen unabhängigen angesehenen Persönlichkeiten in Zusammenhang mit Vertretern der Roma-Welt-Union kontrolliert wird.

(...)

Die Bundesregierung soll sofort eine Kommission einsetzen, die die Staatsangehörigkeitssituation der in der Bundesrepublik lebenden Roma überprüft, damit Schritte eingeleitet werden, daß deutsche Roma, denen das Dritte Reich oder die Bundesregierung die Staatsangehörigkeit entzog, diese umgehend zurückerhalten können. Die Bundesregierung wird aufgefordert, seit längerem in der Bundesrepublik lebende oder nach dem Krieg in die Bundesrepublik geflüchteten osteuropäischen Roma die deutsche Staatsbürgerschaft zu gewähren.

3. Die Bundesregierung wird aufgefordert, Bundes- und Landesgesetze sowie Gemeindeordnungen nach Bestimmungen zu untersuchen, die Roma diskriminieren. Die Bundesregierung wird aufgefordert, die Tätigkeit der angeblich 1970 geschlossenen bayerischen ‚Landfahrerzentrale', die bei den Landesentschädigungsämtern negativen Einfluß auf Wiedergutmachungsverfahren genommen hat, aufzudecken sowie etwaige Verbindungen zu entsprechenden Stellen der NS- und Weimarer Zeit zu enthüllen und deren gesammelte Akten ins Bundesarchiv nach Koblenz zu überführen.

4. Die Bundesregierung und die Länder sollen dafür sorgen, daß die Vernichtung der europäischen Roma als Thema in den Geschichtsunterricht einbezogen und die Erforschung des Schicksals der Roma in der NS-Zeit gefördert wird.

5. Die Bundesregierung und die Länder sollen Zusammenschlüsse und kulturelle Aktivitäten deut-

Die Präsidentin des Europäischen Parlaments, Simone Veil, spricht.

scher Sinti und Roma als ethnische Minderheit mit eigener Sprache, Kultur und Tradition fördern und die Sinti und Roma als seit Jahrhunderten in Deutschland lebende Volksgruppe anerkennen. Diese Anerkennung würde keine Sonderstellung begründen, sondern wie im Falle der Anerkennung der dänischen Minderheit in Südschleswig einer Volksgruppe Möglichkeiten gewähren, die die deutsche Mehrheitsbevölkerung als Selbstverständlichkeit genießt.

6. Schließlich soll die Bundesregierung gemeinsam mit den Ländern ein Wohnungsbauprogramm für bedürftige deutsche Roma finanzieren, das sich in Absprache mit ihnen an ihren kulturellen Traditionen orientiert. Derartige Programme sollten einerseits keinen Ghettocharakter haben, andererseits das Bedürfnis der Sinti und Roma auf Kommunikation respektieren.

7. Außerdem soll die Bundesrepublik endlich die Empfehlungen des Europarates für die Zigeuner und andere Nomaden aus dem Jahre 1969 verwirklichen: a) die Verunglimpfung der Roma in der Verwaltungspraxis abzuschaffen, b) die erforderlichen Wohnwagenplätze, ausgestattet mit sanitären Anlagen und Gemeinschaftseinrichtungen für Roma zu schaffen, c) Schulmöglichkeiten zu schaffen, die der Lebensweise nomadisierender Roma angemessen sind, d) Berufsbildungsmöglichkeiten zu schaffen, e) Organe einzurichten, in denen neben Vertretern der Regierung Vertreter der nomadisierenden Roma sitzen, die an der Vorbereitung von Maßnahmen zur Verbesserung ihrer Lage beteiligt sind, f) Gesetze so zu ergänzen, daß Fahrende die gleiche soziale Sicherheit und Gesundheitsfürsorge wie Ansässige erhalten.

8. Die Bundesregierung und die Länder sollen dafür sorgen, daß deutsche und europäische Roma auf deutschen Campingplätzen Zutritt haben und der weithin praktizierte Rassismus, Roma den Zutritt zu Campingplätzen zu verwehren, ein Ende findet.

9. In allen Ausschüssen und Institutionen, in denen Entscheidungen über Roma getroffen werden, sollen Angehörige dieser Volksgruppe paritätisch beteiligt sein.

10. Die Regierung der Bundesrepublik Deutschland wird aufgefordert, Sprecher der Roma-Welt-Union zu einem Gespräch zu empfangen."

Die Bundesregierung lehnte nicht nur das Gespräch mit der Roma-Welt-Union – einen seit 1972 auf internationaler Ebene existierenden Zusammenschluß maßgeblicher Roma und Sinti – ab, sondern auch weite Teile des Memorandums, das der Verband der Sinti Deutschlands federführend für die Roma-Welt-Union erarbeitet hatte. Auf die Veran-

Ein Teilnehmer der Kundgebung erkennt im Dokumentationsraum

ligen Konzentrationslagers Bergen-Belsen auf einem Foto einen nahen Verwandten wieder.

Bei der Kundgebung.

Ausdruck tiefer Religiosität und gleichzeitig Familientreffen: die Wallfahrten der Roma und Sinti; hier ein Gottesdienst in Altenberg.

staltung in Bergen-Belsen und das „Memorandum" reagierte erwartungsgemäß ein Großteil der deutschen Sinti reserviert. Eine Gegeninitiative beauftragte den Kölner Rechtsanwalt Paul Jochum, beim Bundeskanzleramt dagegen zu intervenieren und eine entsprechende Erklärung vorzulegen. Sie trug die Unterschrift von 1400 Sinti-Familien. Unterschriften, die nach einer Entgegnung des „Verbands deutscher Sinti" auf teilweise fragwürdige Art und Weise auf die Liste gekommen sein sollen. Zum Beispiel sei über den Verband erzählt worden, er setze sich für ein KZ-ähnliches Zigeunerghetto in der Lüneburger Heide ein. Auch Bergen-Belsen war in diesem Zusammenhang im Schwange.
In der Erklärung contra „Verband der Sinti Deutschlands" – an der auch die für die Betreuung von Zigeunern bei der Deutschen Bischofskonferenz zuständige Silvia Sobeck beteiligt gewesen sein soll – wird betont: „‚Die Gesellschaft für bedrohte Völker', die ‚Roma-Welt-Union' und der ‚Verband der Sinti Deutschlands' haben in letzter Zeit durch Öffentlichkeitsarbeit und Aktionen in Sachen Zigeuner große Aufmerksamkeit auf sich gezogen. Wir sehen eine Gefahr darin, daß diese Verbände den Anspruch erheben, für alle Sinti in der Bundesrepublik zu sprechen. Dies ist nicht der Fall. Der größte Teil der deutschen Sinti ist über Ziele und Aktionen der o.g. Verbände überhaupt nicht oder nur unzureichend informiert worden. Das Informationsbedürfnis ist auch nicht sehr groß, da die Sinti politisch weitgehend desinteressiert sind. (...) Der ‚Verband der Sinti Deutschlands', das muß ausdrücklich betont werden, kann nicht für sich in Anspruch nehmen, für die Sinti insgesamt zu sprechen; sie fühlen sich durch ihn nicht repräsentiert. Er vertritt lediglich die Interessen einiger weniger Familien. Die Art in der das von den drei Verbänden vorbereitete Memorandum formuliert ist, entspricht nicht dem Selbstverständnis der meisten Sinte. (...) Wir wollen nicht mehr und nicht weniger Rechte als jeder andere Bundesbürger auch. Für die Durchsetzung dieser Rechte gibt es genügend Anlaufstellen, die uns im Einzelfall beistehen. Wir halten es für unklug und schädlich, wenn die Sinte von den genannten Verbänden als militant fordernde Minderheit in der Öffentlichkeit dargestellt werden."
Diesen Vorwürfen hielt der Sprecher des „Verbands der Sinti Deutschlands", Romani Rose, entgegen, daß durch diese Zurückhaltung die Misere der Sinti in Deutschland bestenfalls festgeschrieben bzw. konserviert wurde. In einem Rundfunkinterview meinte Rose Ende Oktober 1979: „Bisher war unser Volk immer passiv, es war zufrieden, daß es das Dritte Reich überlebt hat. Wir, die junge Genera-

tion, sind mit dem Überleben in dieser Art und Weise nicht zufrieden. Wir sind Sinti, deutsche Sinti, und wollen trotzdem den Anspruch auf Artikel drei haben. Bis jetzt ist es aber in der Bundesrepublik immer noch so, daß wenn wir uns zu unserer Rasse bekennen, wenn wir sagen, daß wir Sinti sind, werden wir von bestimmten Dingen des Grundgesetzes ausgeschlossen. Die Bundesrepublik fühlt sich in der Welt als Gralshüter der Menschenrechte; sie weist andere Staaten auf Menschenrechtsverletzungen hin. Wir, deutsche Staatsbürger, deutsche Sinti, haben aber noch nie das Gefühl gehabt, in der Bundesrepublik eben diese Menschenrechte zu genießen ..."

Romani Rose will deshalb nach dem Vorbild der Indianer in Nordamerika in der Bundesrepublik Bürgerrechtsarbeit mit gezielten Aktionen betreiben, um so ein neues öffentliches Bewußtsein für die Belange dieser Minderheit zu schaffen.

Mit aktiver Unterstützung der „Gesellschaft für bedrohte Völker" begann er im Winter 1979/80 eine Kampagne gegen das Bayerische Innenministerium, dem Nachlaßverwalter der 1970 offiziell aufgelösten Landfahrerzentrale. Dabei sollte endgültig geklärt werden, ob und in welchem Umfang von dieser Behörde auf der Grundlage der NS-Akten erstellte Dossiers auch anschließend noch bei Ämtern und Kanzleien im Umlauf waren. Das angesprochene Ministerium war nicht in der Lage, auf die immer drängender werdenden Anfragen des „Verbands der Sinti Deutschlands" und der „Gesellschaft für bedrohte Völker" etwa über Ort und Zeitpunkt der Vernichtung dieser Akten Auskunft zu geben.

Mit ausweichenden Auskünften wollte sich Romani Rose und eine Gruppe jüngerer Sinti nicht abfinden und so traten sie am Karfreitag 1980 in der Kapelle des ehemaligen KZ Dachau in der Nähe von München in einen unbefristeten Hungerstreik. Ältere Sinti, die bereits als Verfolgte des NS-Regimes in Konzentrationslagern waren, schlossen sich der Aktion an; auch Jakob Bamberger.

Sie forderten eine öffentliche Erklärung des bayerischen Innenministers Gerold Tandler. Er sollte die Tätigkeit der Bayerischen Landfahrerzentrale als rechtswidrig verurteilen und zusichern, daß sämtliche noch vorhandene Akten – wie bereits im Memorandum gefordert – in das Bundesarchiv nach Koblenz überführt werden.

Die bayerische Staatsregierung weigerte sich kategorisch, diesen Forderungen auch nur annähernd zu entsprechen. Begründung: Die Landfahrerzentrale und mit ihr die Landfahrerordnung sei von einer rechtmäßigen Regierung eingerichtet worden. Und so könne, was einmal für rechtens befunden worden sei, im Nachhinein nicht als Unrecht bezeichnet werden. Tandlers Stellvertreter, Staatssekretär Franz Neugebauer, im Anschluß an ein Gespräch mit Romani Rose nach sechs Tagen Hungerstreik: „Die Sinti zeigten keine Einsicht, daß keinem Mitglied der amtierenden Staatsregierung zugemutet werden kann, allen bayerischen Staatsministern des Innern, unabhängig von welcher Partei sie gestellt worden sind, rechtswidrige Handlungen zu unterstellen oder gar dem Bayerischen Landtag zu bescheinigen, daß er in den fünfziger Jahren verfassungs- und grundgesetzwidrige Beschlüsse gefaßt habe."

Damit hatten die Hungerstreikenden gerechnet. Die öffentliche, auch internationale Resonanz auf ihre Aktion war noch größer als auf die Kundgebung in Bergen-Belsen. Die 12 hungerstreikenden Sinti wurden von den Massen-Medien regelrecht belagert; eine Welle der allgemeinen Solidarität wurde ihnen zuteil. Die Lage der Sinti und ihre Diskriminierung war zumindest für die Zeit des Hungerstreiks Tagesgespräch.

Nach weiteren Gesprächen mit der bayerischen Staatsregierung, bei denen noch einmal klar wurde, daß man den Forderungen der Sinti niemals nachkommen würde, wurde am Abend des 11. April 1980 der Hungerstreik abgebrochen. In einer dazu veröffentlichten Presse-Erklärung des „Verband deutscher Sinti" steht: „Hinsichtlich der Landfahrerzentrale im Bayerischen Landeskriminalamt war das Bayerische Staatsministerium des Innern und die CSU- und FDP-Fraktion nicht bereit, einer Verurteilung der diskriminierenden und rassistischen Tätigkeit dieser Zentrale gegenüber den Sinti in der Bundesrepublik generell zuzustimmen. Das Bayerische Staatsministerium des Inneren kam allerdings nicht umhin, sich zu verpflichten, allen vorgebrachten konkreten Fällen im Detail nachzugehen und nach dem Verbleib des NS-Akten des Reichssicherheitshauptamtes und des Rassehygieneinstituts, auf deren Grundlage Sinti jahrzehntelang bei anderen Behörden im Bundesgebiet diffamiert wurden, in seinem Geschäftsbereich zu erforschen."

Ein Teilerfolg also und die Gewißheit, zum erstenmals nach 500 Jahren als ethnische Minderheit von einer breiten Öffentlichkeit zur Kenntnis genommen zu werden, waren die Bilanz dieses Hungerstreiks.

Das allgemeine Wohlwollen gegenüber den Sinti hielt nicht lange an. Von der kurzfristigen Publizität des „Verbands der Sinti Deutschlands" einen grundsätzlichen Wandel im Bewußtsein der Westdeutschen und ihrer Behörden zu erwarten, war vermessen. Das Hessische Sozialministerium erklärte sich

Romani Rose nach dem Abbruch des Hungerstreiks der Sinti im ehemaligen KZ Dachau im Gespräch mit Bundesjustizminister Hans-Jochen Vogel.

Die junge Sinti-Generation in der Bundesrepublik, vor einer besseren Zukunft?

zwar bereit, die Organisation der Sinti finanziell zu fördern, im allgemeinen blieb aber alles beim Alten. So weigerte sich die Stadt Stuttgart im Sommer 1980 beharrlich, einen Lagerplatz für Zigeuner anzulegen, obwohl die entsprechende Empfehlung des Europarats inzwischen über 10 Jahre zurücklag. Als eine Gruppe von Sinti aus Protest auf einen ansonsten unbenutzten Volksfestplatz zog, wurde sie von der Polizei vertrieben. Als ihre Sprecher den Stuttgarter Oberbürgermeister Manfred Rommel zu einem Gespräch aufsuchten, erteilte er ihnen eine auf 14 Tage befristete Ausnahmegenehmigung.

Für den Stuttgarter Verkehrsdirektor Peer-Uli Faerber, der den Polizeieinsatz veranlaßt hatte, war die Angelegenheit damit nicht erledigt. Im „Informationsblatt für Mitglieder und Freunde des Verkehrsvereins Stuttgart", veröffentlichte er des „Stuttgarters Klage":

„... Ich möchte endlich die nüchterne Abschlußerkenntnis des phantastischen Gespinstes um Zigeunerkönige und Zigeunerfahrer erleben, das Ende der Mär vom ewigen natureingepflanzten Wandertrieb der Sintis, vom fröhlichen harmlosen Teppichhandel und vom lustigen Zigeunerleben. Will jemand bestreiten, daß diese Zigeunergruppen meist großartige Häuser und Wohnungen in der Bundesrepublik besitzen und ihre Luxuskarossen längst nicht mehr vom Teppichhandel finanzieren können, sondern von sehr viel gefährlicherem Handel, der allerdings nicht in Hotels abzuwickeln ist? In der Bundesrepublik gibt es über 40 Landfahrerplätze, so daß jeder Zigeuner, wenn er schon auf Handelsfahrt geht, täglich auf einem anderen nächtigen könnte. Diese Plätze sind allerdings, wenn sie nicht im dichtbesiedelten Gebiet liegen, für den dubiosen Handel uninteressant. Deshalb soll ein weiterer Platz im Ballungsgebiet erzwungen werden. Ist der wirklich nötig?

Ich möchte endlich lesen und hören, daß man es wenigstens durchschaut, wenn diese Gruppen den Namen Gottes für ihre Geschäfte mißbrauchen und auch das grauenvolle Leid, das ihre Väter und Großväter im Dritten Reich erdulden mußten. ...

Ich war noch nie ein Rassist und ebensowenig ein Nazi – ganz im Gegenteil – ich kann das auch beweisen, weil ich in Stuttgart geboren und aufgewachsen bin ... Wir Deutsche haben im Dritten Reich Zigeuner verbrannt. Schrecklich genug, solange Geschichte geschrieben wird. Jetzt die Zigeuner zu hätscheln und dadurch eigenes Profil zu suchen, ist zwar nicht so schrecklich, aber töricht."

Der „Verband der Sinti Deutschland" hat Verkehrsdirektor Faerber nach der Veröffentlichung dieses Artikels wegen Volksverhetzung bei der Staatsanwaltschaft Stuttgart angezeigt.

Die Anzeige wurde von der Stuttgarter Staatsanwaltschaft als unbegründet abgewiesen. Faerber veröffentlichte in Heft 10/80 des „Stuttgarter" unter anderem folgenden „Witz" aus dem Munde des Vorsitzenden des Stuttgarter Verkehrsvereins: „Herr Ober, bitte ein Zigeunerschnitzel!" „Pst, mein Herr, seien Sie vorsichtig! Bei uns heißt das jetzt bœuf à la sinti."

Waldenser auf der Flucht. Stich im Museum von Torre Pellice.

VON »GOLDFISCHEN« UND »WEISSFISCHEN«- HUGENOTTEN UND WALDENSER

Vorspiel aus der Gegenwart: von „bleu morant" zu „plümerant"

Fast 300 Jahre ist es her, als der große Kurfürst Friedrich Wilhelm von Brandenburg französische Protestanten einlud, in sein Land zu kommen, um eine neue Existenz zu gründen. 20000 Franzosen folgten dieser Offerte und prägten in den folgenden Jahrhunderten den Preußen-Staat entscheidend mit. Neben Straßennamen ist ihr Einfluß heute noch vor allem in Berlin in dem am Auffälligsten, was gemeinhin „Berliner Jargon" genannt wird. Ohne die französischen Einwanderer wäre dieser Dialekt sicher nicht entstanden.

Der ehemalige Rektor der Freien Universität Berlin und Nebenbei-Sprachforscher, Prof. Ewald Harndt, pflegt auf die französisch-deutsche Sprachentwicklung in der ehemaligen preußischen Hauptstadt angesprochen, folgende Anekdote zu erzählen: Bei seiner Emeritierung wurde ihm von der Universität eine antike Schale mit sogenanntem „Bleu-morant"-Dekor aus der Preußischen Porzellan-Manufaktur geschenkt. Da das wertvolle Stück allein ihm wenig nützlich erschien, suchte Prof. Harndt darauf in einem Porzellangeschäft etwas in „Bleu morant" zur Ergänzung. Auf seinen Wunsch reagierte die Verkäuferin sichtlich irritiert: „Bleu morant ... bleu morant, nein, nein, sowas führen wir nicht!" Und nach weiterem Überlegen: „Halt, Sie meinen wohl ‚plümerant', ja, ‚plümerant', das haben wir!" Aus dem französisch „sterbenden Blau" wurde also im Laufe der Zeit ein für alle Lebenslagen des Berliners gebräuchlicher Ausdruck des Unbehagens.

Ähnlich wie „plümerant" existieren im Berliner Wortschatz unzählige Begriffe und Sprachwendun-

gen französischen Ursprungs. Die Emigranten übernahmen nicht nur die Sprache des Gastlandes, sondern gaben ihre Sprache auch an die Deutschen weiter. Ewald Harndt hat das ausführlich in seinem kleinen Buch über „Französisch im Berliner Jargon" beschrieben und dabei die Entwicklung der französischen Worte zu ihrer Eindeutschung an Hand von zahlreichen Beispielen dargestellt. Eines davon ist „Mukefuk", womit Ersatzkaffee gemeint wird. Das Wort hat seinen Ursprung in „Mocca faux", dem falschen Kaffee. Die Berliner nahmen es mit des französischen Wortes wahrer Bedeutung meist nicht allzu genau.
Doch es war nicht nur die Sprache allein, die in Brandenburg-Preußen einen französischen Stempel aufgedrückt bekam, in allen Bereichen der Wirtschaft, Kultur und des Alltags hinterließen sie markante Spuren.

Der Hintergrund: nach Unterdrückung, Bürgerkrieg, Verfolgung – die Flucht der französischen Protestanten.

Zur Einwanderung der reformierten Hugenotten aus Frankreich nicht allein nach Preußen, sondern in nahezu alle evangelischen Staaten Deutschlands, führte ein nahezu hundertjähriger Religionskonflikt im Frankreich des 16. und 17. Jahrhunderts. Die Flüchtlinge waren Anhänger der Reformation Johannes Calvins, der als Gegenspieler Martin Luthers im vierten Jahrzehnt des 16. Jahrhunderts den Franzosen den Protestantismus brachte. Sie nannten sich „Hugenots" oder Hugenotten, Eidgenossen.
Obwohl zu ihrer Gemeinschaft zeitweise bis zu zwei Millionen Mitglieder gehörten, hatten sie dauernde Unterdrückung bis zur Vertreibung zu erdulden. Mehrere Bürgerkriege, die als Hugenotten-Kriege in die Geschichte eingegangen sind, brachten den reformierten Calvinisten nicht die ersehnte Gleichberechtigung. Die langjährige Verfolgung hatte bereits im 16. Jahrhundert Hugenotten außer Landes getrieben. In einer kurzen Zwischenphase wurde ihnen 1598 durch das Toleranz-Edikt von Nantes das grundlegende Recht auf Religionsfreiheit zeitweise zugebilligt. Der französische König Heinrich IV., der vor seiner Thronbesteigung der hugenottischen Bewegung angehörte, stellte in diesem Edikt fest, daß die Protestanten in Frankreich ihrem Glauben „frei leben dürfen", ohne deswegen „gefragt, bedrängt und belästigt noch genötigt zu werden, in Sachen der Religion etwas gegen ihr Gewissen zu tun oder in ihren Häusern und an den Orten, an denen sie leben, deswegen zur Rechenschaft gezogen zu werden."
Zu einem Miteinander von Katholiken und Protestanten ist es auch nach diesem, für damalige Verhältnisse großzügigen Edikt von Nantes nicht gekommen. Zwar konnte sich Heinrich IV. in den zwölf Jahren seiner Regentschaft für einen einigermaßen stabilen Religionsfrieden einsetzen, aber die

Reiterschlacht zwischen Hugenotten und Katholiken. Titelvignette aus „Le vray discours de la defaicts des Reitres". Lyon 1575.

Macht des katholischen Klerus war schließlich stärker. Die von den Kanzeln aus aufgehetzte Bevölkerung hielt an den gewohnten Schikanen gegen die Hugenotten fest. Weiterhin wurden Kinder der Protestanten entführt, Hugenotten vom Mob gesteinigt und die Gräber ihrer Toten in katholischen Gegenden geschändet.
Heinrichs Nachfolger auf dem französischen Thron gingen dann wieder mit unverminderter Härte gegen die Reformierten vor.
Erneut wurde mit Krieg und Massenmord ihre systematische Ausrottung betrieben. Allerdings gelang es auch diesmal nicht, die Hugenotten dem Diktat der katholischen Staats-Raison zu beugen. Ludwig XIV. sah in ihnen in der zweiten Hälfte des 17. Jahrhunderts vor allem eine die Einheit des Reiches gefährdende Kraft, die auch vor einer Infragestellung seines Absolutheitsanspruches kaum zurückschreckte. Er soll im Hinblick auf die Hugenotten einmal gesagt haben, „diejenigen, die sich gegen Gott und seine Kirche erhoben haben, neigen sehr dazu, das Joch ihres Herrschers abzuschütteln!"
Das wollte der Sonnenkönig nicht riskieren. Um es völlig auszuschließen, wurde am 23. Oktober 1685 das Toleranz-Edikt von Nantes durch Ludwig XIV. aufgehoben. Damit war die Praktizierung des protestantisch-reformierten Glaubens in Frankreich verboten. Die reformierten Geistlichen mußten unverzüglich abschwören oder das Königreich Frankreich innerhalb von zwei Wochen verlassen. Andernfalls drohte ihnen die Galeerenstrafe. Wer einen protestantischen Gottesdienst abhielt oder besuchte, dem drohte ähnlich harte Strafe. Das Verlassen des Landes war den übrigen Hugenotten aber strengstens untersagt. Nur ungern wollte man die Elite von

Wirtschaft und Kultur, die weitgehend aus den Kreisen der Hugenotten stammte, verlieren. Notfalls sollten sie mit Gewalt in Frankreich festgehalten werden.
Doch Paris hatte sich verschätzt: Nur ein Drittel der reformierten Pastoren schwor ab. Die übrigen und mit ihnen 200000 Gläubige emigrierten unter lebensbedrohlichen Umständen ins protestantische Ausland. Wie sich diese Flucht abspielte, hat der französische Historiker Daniel Rops beschrieben: „Es war eine schreckliche Flucht, eine erbarmungslose Austreibung. Man floh in Booten von den Küsten von Aunis und der Bretagne, im Sturm; man floh auf den steilsten Pfaden der Alpen und des Jura, mitten im Winter. Wieviele von diesen Flüchtlingen sind gestorben? Diejenigen, die von der Polizei aufgegriffen wurden, schickte man auf die Galeeren: glücklicher waren jene dran, die auf der Stelle erschossen wurden!"
Diese Massenflucht der Hugenotten aus Frankreich war damit eine der ersten großen Emigrationswellen in der Geschichte der Neuzeit.

Die Einwanderung der Franzosen. Stich von Daniel Chodowiecki.

Das Edikt von Potsdam: Menschlichkeit und staatspolitisches Kalkül.

Die Protestanten aus Frankreich hofften im Herbst 1685 auf Asyl in einem toleranteren Staat. Entsprechend dankbar nahmen sie die Einladung des Großen Kurfürsten von Brandenburg und weiterer deutscher Fürsten an. Bereits wenige Tage nach Ludwigs Aufkündigung des Ediktes von Nantes hatte Friedrich Wilhelm ein entsprechendes Aufnahme-Edikt in Potsdam erlassen. Darin stellte er fest, „nach den harten Verfolgungen und rigoreusen Proceduren, wo man eine Zeit hero in dem Königreich Frankreich wider unsere der evangelisch-reformierten Religion zugethanen Glaubensgenossen verfahren, was viel Familien veranlasset, ihren Stab zu versetzen und sich in andere Lande zu begeben. Wir aus gerechtem Mitleid, wegen des heiligen Evangeli bewogen werden, mittels dieses von Uns eigenhändig unterschriebenen Edicts denenselben eine sichere und freye retraite in alle unsere Lande und Provincen in Gnaden zu offeriren und ihnen daheneben Kund zu thun, was für Gerechtigkeiten, Freyheiten und Praerogativen wir ihnen zu concedieren gnädigst gesonnen seien."
Zu den Privilegien und Freyheiten, die den Hugenotten zugebilligt wurden, gehörte neben der freien Wahl des Wohnortes, Abgabenfreiheit, die Gewährung von Bürger- und Zunftrechten sowie die finanzielle Unterstützung bei der Neugründung von Unternehmen durch die französischen Emigranten, die sich selbst „Refugiés", Flüchtlinge, nannten. Darüber hinaus ist ihnen eine vom Staat unabhängige Gerichtsbarkeit und die Organisation einer französisch-reformierten Kirche unter eigener Regie bewilligt worden.
In der Zeit absoluter Potentaten waren das unerhörte Vergünstigungen für eine Minderheit, die damit in den Rang einer gesellschaftlichen Elite erhoben wurde. Für unmittelbare Kontakte zum preußischen Hof stand ein „Bevollmächtigter für Hugenottenangelegenheiten" zur Verfügung.
Viele Refugiés – vor allem in Berlin – stammten aus der gesellschaftlichen Oberschicht. In der Hauptstadt kamen vor allem ehemalige Beamte, Offiziere, Richter, Ärzte, Pfarrer, Lehrer, kapitalkräftige Kaufleute, Unternehmer und bessergestellte Handwerker.
Über die Bedeutung der Refugiés für den bis dahin weniger bedeutsamen preußischen Staat schrieb

Denkmal des Großen Kurfürsten von Andreas Schlüter in einer zeitgenössischen Darstellung.

Der Große Kurfürst empfängt französische Flüchtlinge. Gemälde von H. Vogel 1885.

Der Große Kurfürst sagt den Refugiés seine Unterstützung zu. Holzschnitt aus dem 19. Jahrhundert.

Mitte des 19. Jahrhunderts der Historiker Leopold von Ranke in seiner „Preußischen Geschichte", die Emigranten hätten Brandenburg mit dem fortschrittlicheren romanischen Europa in unmittelbaren Kontakt gebracht.

Das Leben der Hugenotten in der Fremde beschränkte sich zunächst auf die, gegen die deutsche Umgebung mehr oder weniger scharf abgegrenzten, „Colonien". Hier schufen sie sich eine neue Heimat auf dem Fundament ihres Glaubens und ihrer Kultur. Den Mittel- und Angelpunkt nicht nur in der Frühzeit der Einwanderung bildete die französisch-reformierte Kirche, die von der unbedingten Glaubenstreue der Refugiés gestützt wurde. Durch die Vertreibung, die Flucht und die Gefährdung ihres Glaubens waren sie unter ihrer geistigen Obhut zusammengerückt. Die Kirche verwaltete deshalb nicht nur ein pastorales Amt, sondern bestimmte maßgeblich das soziale und politische Alltagsleben. Die Grundlage bildete dafür die 1689 von den Hugenotten in Selbstbestimmung erlassene „Discipline des églises réformées de France". Consistorien überwachten ihre Einhaltung.

Des Kurfürsten Freunde, des Volkes Feinde

So wohlgesonnen zumindest anfangs der Hof den Hugenotten war, so ablehnend reagierte die Bevölkerung auf ihre Ankunft. Vor allem die Handwerker lehnten die neuen Dauergäste energisch ab.

Das deutsche Handwerk, das sich erst mühsam von den Strapazen des 30jährigen Krieges zu erholen begann, sah in den betriebsam um den Aufbau einer neuen Existenz bemühten Franzosen eine nur schwer zu verkraftende Konkurrenz.

Außerdem bangten die Zünfte angesichts der vom Hofe protegierten Hugenotten um ihren Einfluß. Die Refugiés waren nicht selten fleißiger, geschickter und fortschrittlicher als ihre deutschen Kollegen. Allein in der Technologie der Stoffherstellung- und bearbeitung hatten ihnen die Franzosen einiges voraus.

So reagierten die alteingesessenen Handwerker mit Kampfmaßnahmen auf die unliebsamen Franzosen. Zu den harmloseren Sanktionen gehörte beispielsweise die Weigerung, Hugenotten in die Zünfte aufzunehmen, obwohl ihnen der Beitritt fürstlicherseits zugesagt worden war. Bäcker erzwangen an mehreren Orten ein Verbot, das Franzosen untersagte, ihre Waren öffentlich auszulegen.

Die Auseinandersetzungen weiteten sich um 1690 zu einem regelrechten deutsch-französischen Handwerkerkrieg aus, wobei den Hugenotten in der Regel die defensive Rolle zufiel. In einer Chronik wird von einem französischen Schlossermeister berichtet, der einen deutschen Gesellen einstellte, nachdem er keinen geeigneten Landsmann gefunden hatte. Der Deutsche wurde darauf, trotz erwiesener Tüchtigkeit, in das schwarze Buch der Gilde eingetragen, was einem Berufsverbot gleichkam. Bauern weigerten sich in dieser Zeit – von den Zünften unter Druck gesetzt – französischen Webern Wolle und Garn zu verkaufen.

Es war nur eine Frage der Zeit, bis es zu Handgreiflichkeiten kam. Ein Beispiel dafür ist aus dem Jahre 1692 überliefert, als ein Kaufmann auf der Frankfurter Messe einen französischen Aussteller und dessen Waren mit Unterstützung seiner Lehrlinge auf „das Schändlichste" zugerichtet hat. An beinahe allen Orten, wo Hugenotten lebten, galt die Devise, den „Franzosen das Handwerk zu legen". Aus Lüneburg wird berichtet, 14 Zunftmeister seien in die Geschäftsräume erst kürzlich aus Frankreich geflohener Damenschneider eingebrochen, hätten das Inventar demoliert und die Besitzer schwer mißhandelt. Da die Meister die Macht in der Stadt hinter sich wußten, ließen sie die Ausländer anschließend von Stadtknechten barfuß und gefesselt ins Gefängnis abführen. Hier wurden sie weiter gefoltert. Ähnliche Szenen lassen sich in Ortschroniken vieler Städte und Gemeinden am Ende des 17. Jahrhunderts nachlesen.

Auf diese authentischen Quellen stützte sich Claus Back bei seinem dokumentarischen Roman über die Einwanderung der Hugenotten nach Berlin, der unter dem Titel „Das Fräulein an der Jungfernbrücke" vor einigen Jahren in der DDR erschienen ist. Den deutschen Pogrom, dem die französischen Flüchtlinge ausgesetzt waren, hat Back unter anderem in einer Szene beschrieben, in der aufgebrachte Deutsche die Hugenotten bis in ihre Kirche verfolgen:

„Schon hatten die meisten Refugiés ihre Plätze eingenommen, als sich draußen ein wüstes Lärmen und Schreien erhob. Die letzten Nachzügler stürzten herein, beschmutzt, zum Teil sogar blutend. Man hatte sie mit Kot und Steinen beworfen. Hinter ihnen versuchten die Verfolger die Kirche zu stürmen. ‚Man sollte sie allesamt rädern und henken!'

Der Große Kurfürst: „Man möge eher mein Tafelsilber verkaufen, als ihnen die Unterstützung verweigern!"
Kupferstich von Daniel Chodowiecki.

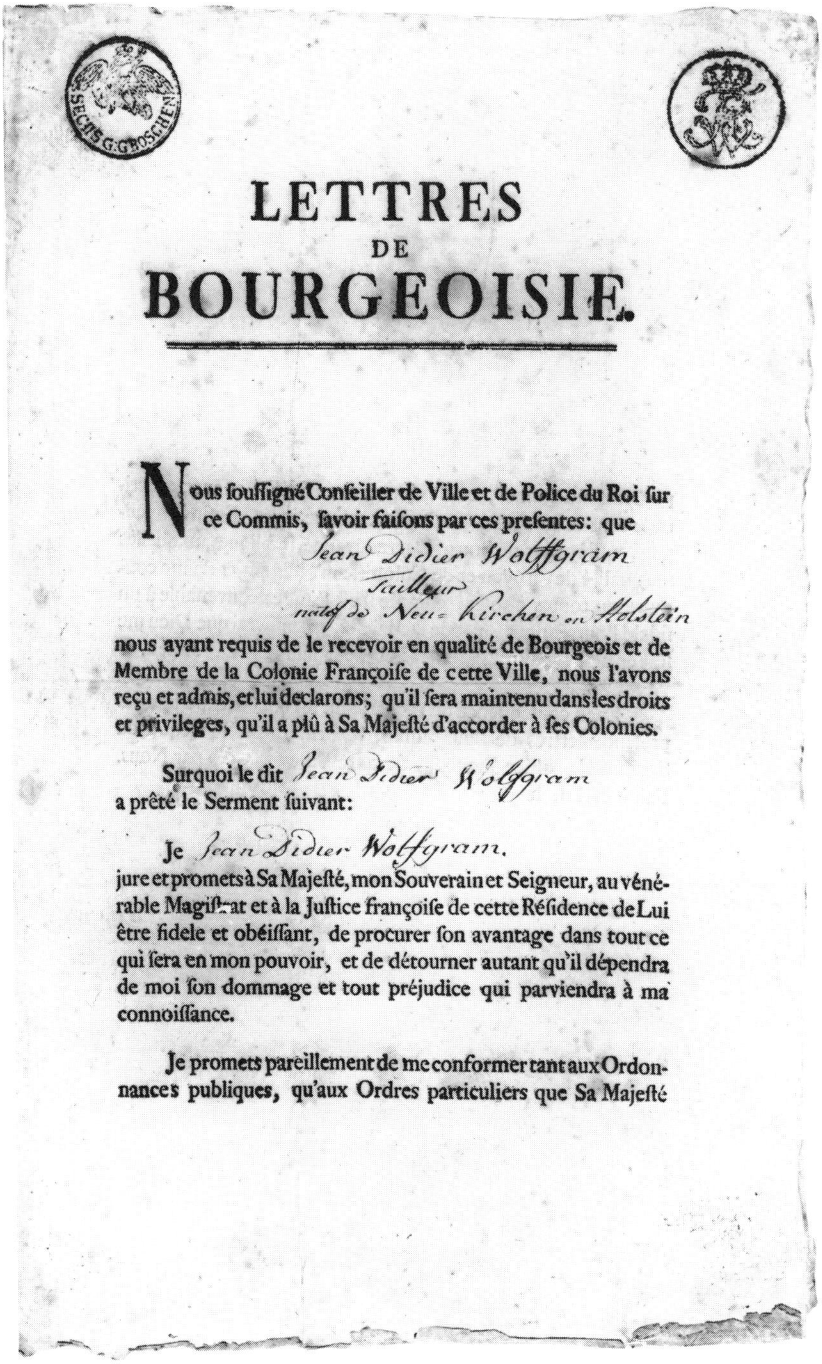

SECHS G. GROSCHEN

LETTRES
DE
BOURGEOISIE.

Nous soussigné Conseiller de Ville et de Police du Roi sur ce Commis, savoir faisons par ces presentes: que Jean Didier Wolffgram Tailleur natif de Neu-Kirchen en Holstein nous ayant requis de le recevoir en qualité de Bourgeois et de Membre de la Colonie Françoise de cette Ville, nous l'avons reçu et admis, et lui declarons; qu'il sera maintenu dans les droits et privileges, qu'il a plû à Sa Majesté d'accorder à ses Colonies.

Surquoi le dit Jean Didier Wolfgram a prêté le Serment suivant:

Je Jean Didier Wolfgram. jure et promets à Sa Majesté, mon Souverain et Seigneur, au vénérable Magistrat et à la Justice françoise de cette Résidence de Lui être fidele et obéissant, de procurer son avantage dans tout ce qui sera en mon pouvoir, et de détourner autant qu'il dépendra de moi son dommage et tout préjudice qui parviendra à ma connoissance.

Je promets pareillement de me conformer tant aux Ordonnances publiques, qu'aux Ordres particuliers que Sa Majesté

Bürgerbrief eines hugenottischen Handwerkers. Übersetzung:
„Wir, der Unterzeichner, Rat der Stadt und der Königlichen Polizei für dieses Amt, geben hiermit bekannt, daß Jean Didier Wolfgram, Schneider, gebürtig aus Neu-Kirchen in Holstein, uns ersucht hat, ihn als Bürger und Mitglied der französischen Siedlung dieser Stadt aufzunehmen, daß wir ihn aufgenommen und zugelassen haben und daß wir ihm versichern, in den Genuß der Rechte und Vergünstigungen zu kommen, die Seine Majestät ihren Siedlungen wohlwollend eingeräumt hat.
Daraufhin hat der besagte Jean Didier Wolfgram folgenden Eid geleistet: Ich, Jean Didier Wolfgram, schwöre und verspreche Seiner Majestät, meinem Gebieter und Herrn, ebenso dem ehrwürdigen Magistrat und der französischen Gerichtsbarkeit dieser Stadt, Ihm treu und gehorsam zu sein, seinen Nutzen in allem, was mir zu Kräften steht, zu mehren und, soweit es mir möglich ist, Schaden abzuwenden und jeden Nachteil, der mir zur Kenntnis gelangt.

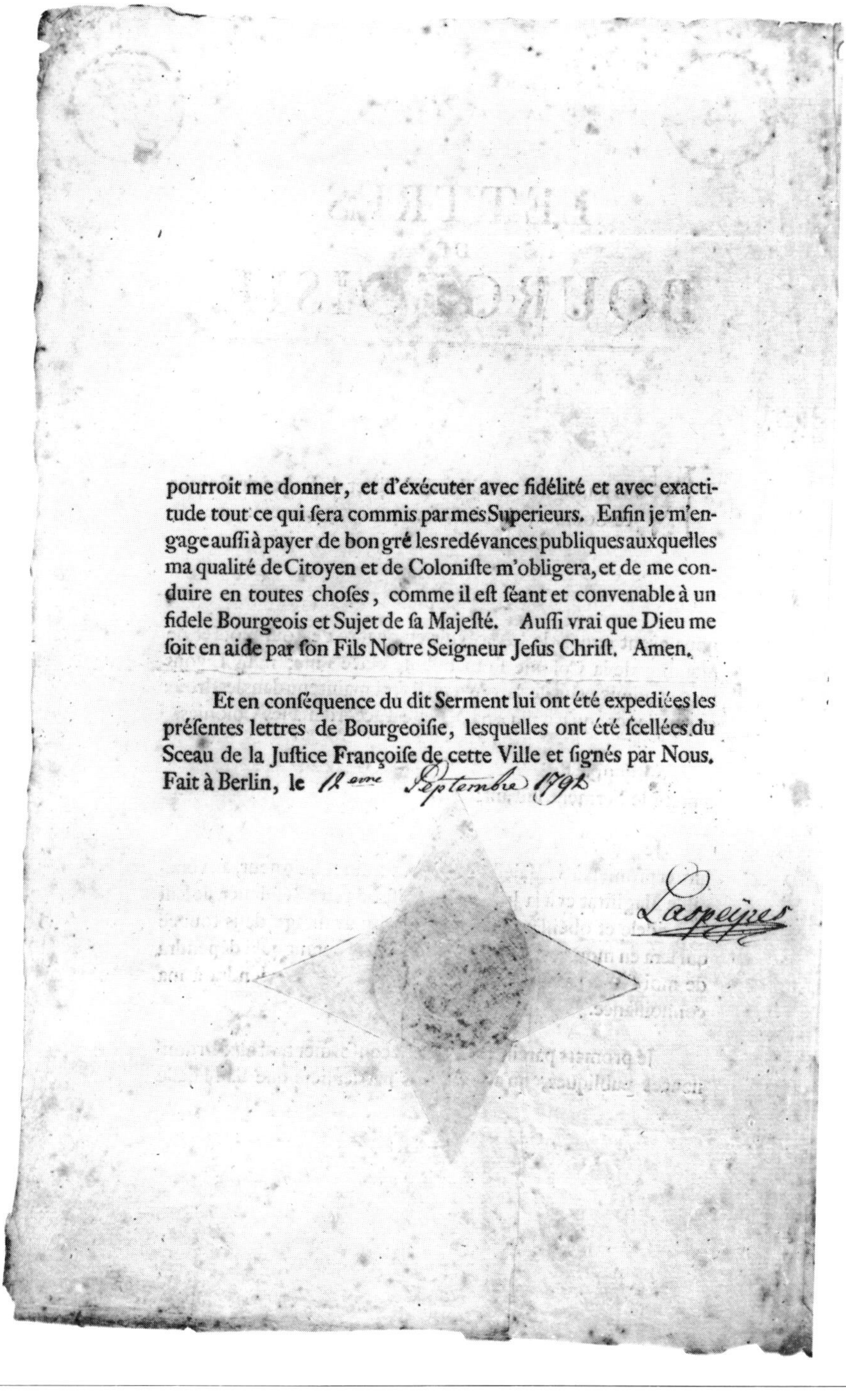

pourroit me donner, et d'exécuter avec fidélité et avec exactitude tout ce qui ſera commis par mes Superieurs. Enfin je m'engage auſſi à payer de bon gré les redévances publiques auxquelles ma qualité de Citoyen et de Coloniſte m'obligera, et de me conduire en toutes choſes, comme il eſt ſéant et convenable à un fidele Bourgeois et Sujet de ſa Majeſté. Auſſi vrai que Dieu me ſoit en aide par ſon Fils Notre Seigneur Jeſus Chriſt. Amen.

Et en conſéquence du dit Serment lui ont été expediées les préſentes lettres de Bourgeoiſie, lesquelles ont été ſcellées du Sceau de la Juſtice Françoiſe de cette Ville et ſignés par Nous. Fait à Berlin, le 12 eme Septembre 1792

Laspeyres

Gleichzeitig verspreche ich, sowohl den öffentlichen Anordnungen zu folgen als auch den besonderen Befehlen, die Seine Majestät mir geben könnte, und mit Treue und Genauigkeit all das auszuführen, welches mir von meinen Oberen aufgetragen wird. Schließlich verpflichte ich mich, freiwillig die öffentlichen Abgaben zu zahlen, die mir als Bürger und Siedler auferlegt sind, und mich bei allem so zu verhalten, wie es schicklich ist und sich für einen treuen Bürger und Untertan Seiner Majestät geziemt. So wahr mit Gott durch seinen Sohn Jesus Christus, unsern Herrn, helfe. Amen.
In Folge dieses Eides wurde ihm hiermit der Bürgerbrief ausgestellt, versehen mit dem Siegel der französischen Gerichtsbarkeit dieser Stadt und unterzeichnet von uns.
Berlin, den 12. September 1792“

Die französischen Flüchtlinge errichten unter dem Patronat von Friedrich III. Textilfabriken in Brandenburg. Kupferstich von Daniel Chodowiecki.

gellte es herein: „Jetzt haben wir sie alle auf einem Haufen. Nehmt Äxte und schlagt sie tot!".“
Den Hintergrund für die Episode bildeten die historisch belegten Ausschreitungen von Berliner Webern gegenüber den vom preußischen Staat subventionierten französischen Manufakturisten. Die nicht allein fremdenfeindlichen Motive für den antifranzösischen Terror erläutert Claus Back an einer anderen Stelle: „Der Aufruhr währte noch mehrere Stunden. Die erbitterte Volksmenge hatte ihre Wut abreagiert. Jedoch nicht an dem wirklichen Urheber ihrer Armut und Not, der sie mit Lasten und Steuern bedrängte und die Gewerbe nur förderte, um Armeen zu rüsten, Kriege zu führen, fremdes Land zu erobern, ein gewalttätige, selbstherrliche Hausmacht zu schaffen. Ihr Haß entlud sich gegen die bevorzugten Refugiés, die sichs auf Kosten der Einheimischen wohl sein ließen, wie man allgemein glaubte.“
In nahezu allen preußischen Landesteilen und später auch in den übrigen deutschen Staaten, die Hugenotten aufgenommen hatten, kam es vor allem dann zu bewaffneten Aufständen, wenn den Einwanderern Land zugeteilt werden sollte. Nicht alle Refugiés siedelten sich in den Städten an; viele auch auf dem Lande. Der Kurfürst setzte schließlich Militär ein, um den Transport der Neubürger und von dem, was sie mitbrachten, zu gewährleisten. Die Einheimischen weigerten sich vielfach, den Franzosen in irgendeiner Weise behilflich zu sein. Die Polizeiberichte aus der ersten Zeit der Einwanderung vermerken außerdem ungewöhnlich viele Brände in den neubezogenen Häusern der Emigranten.
Neben dem Ärger über die offensichtliche Bevorzugung der Fremden und der Angst vor einer Verschärfung der Konkurrenz hatte die Abneigung vieler Deutscher gegenüber den Flüchtlingen aber auch tieferliegende Gründe: Die Hugenotten brachten aus ihrer meist südfranzösischen Heimat Sitten und Gebräuche mit, die bisher unbekannt und damit Anlaß zu besonderem Argwohn waren. So wurde das für norddeutsche Verhältnisse ungewöhnlich lebhafte Temperament ebenso als unangenehm empfunden wie ihre dunklere Hautfarbe.
Über den raffinierteren Geschmack der Franzosen, ihr Essen, ihren Lebensstil und ihre Sprache wurde mehr oder weniger öffentlich und beleidigend hergezogen. Eine geistlich-lutherische Kampfschrift geißelte 1689 den „Teutsch-französischen Modegeist“ als Gipfel der Verderbnis. So wurden in jeder Beziehung die armen Refugiès angegriffen, gemeint war bei den Attacken jedoch die nach französischem Muster ihren Absolutismus und Alltag kultivierende höfische Gesellschaft.

Aus theologischen Gründen wurde von der evangelisch-lutherischen Kirche entscheidend zu einer Verschärfung des Konflikts zwischen deutscher Bevölkerung und französischen Flüchtlingen beigetragen. Der deutsche Protestantismus in der Tradition Luthers sah in den Hugenotten, den reformierten Calvinisten, eine ärgerliche Herausforderung. Durch sie wurden die alten Wunden im Streit zwischen Lutheranern und Calvinisten wieder aufgedeckt. So standen Hugenotten in manchen lutherischen Gottesdiensten neben den Türken auf der Liste der Bedroher des Abendlandes.
Als allerdings in Halle anonym die anti-calvinistische Hetzschrift „Kathechismus der Reformierten – aus ihren Schriften gezogen“ erschien und auf der Leipziger Buchmesse zum Bestseller wurde, schritt der Preußische König ein und ließ den noch verfügbaren Teil der Auflage vernichten.
Inzwischen sorgte sich also die höfische Bürokratie angesichts der feindseligen Haltung der Bevölkerung gegenüber den Hugenotten um den inneren Landesfrieden. 1705 wurde deshalb zumindest die Geistlichkeit angewiesen, den „refügierten Franzosen keine weitere Hinderung zu machen, sondern die Kirche allemal den Refugiés unweigerlich und bei der Vermeidung anderer euch nicht geflissenen Verordnungen öffnen zu lassen.“

Flüchtlinge werden Wirtschaftshelfer...

Den Hof störte an diesem unerwarteten Konflikt vor allem, daß er die Wirtschaftsentwicklung behinderte. Nicht nur in Berlin, auch in den anderen Residenzen sollten die Neubürger Handel und Gewerbe neue Horizonte eröffnen. Trotz der anfänglichen Widrigkeiten wurden diese Hoffnungen in Berlin nicht enttäuscht. Die Refugiés hatten zwar keine neuen Gewerbezweige oder gar Industrien mitgebracht, dafür verfeinerten und verbesserten sie das bereits Vorhandene. Sie modernisierten den gesamten Wirtschaftsverkehr und verliehen ihm zukunftsweisende Perspektiven, hin zum Frühkapitalismus. Ihr Schwerpunkt lag dabei auf dem Textilgewerbe. Sämtliche Befürchtungen der deutschen Konkurrenz wurden bestätigt: Die Franzosen waren in diesem Bereich führend. In der preußischen Hauptstadt stieg nach ihrer Ansiedlung die Zahl der Webstühle sprunghaft an.

Der preußische Export verbesserte sich von Jahr zu Jahr: vor allem von Tabak, Strümpfen, Seide, Tapeten und Handschuhen, den Schwerpunkten des hugenottischen Gewerbes. Aus Fabriken der Refugiés kamen zeitweise sogar die Uniformen der russischen Armee. Schließlich führten die Franzosen im Konsumgüterbereich in Deutschland Artikel ein, die bis dahin nicht zum täglichen Bedarf des Bürgertums gehörten. Die Bekanntschaft mit Kerzen und Glacéhandschuhen ist ebenso eine Errungenschaft der französischen Einwanderung wie Artischocken.

...und Mitarbeiter von Preußens Gloria

Die preußische Armee wurde durch hugenottische Militärs, die vor ihrer Flucht in französischen Diensten standen, „um eine hübsche Summe besonnener Tapferkeit, elastische Schnelligkeit und glänzender Schlachtenlenkung bereichert, welche Frankreichs Stolz und Bürgschaft seiner Siege in Europa war." So umschrieb der Historiker Henry Tollin 1893 in patriotischem Überschwang in seiner „Geschichte der französischen Kolonie von Magdeburg" die Bedeutung der Hugenotten für die Armee ihres Gastlandes. Bereits im Jahr des Potsdamer Edikts (1685) beantragten 500 ehemalige französische Soldaten die Aufnahme in preußische Dienste. Der Große Kurfürst übertrug ihnen umgehend Schlüsselpositionen. Militärhistoriker verweisen noch heute auf den Einfluß dieser Emigranten auf Preußens Gloria in den folgenden Jahrhunderten.
Den tüchtigen Hugenotten gelang somit vielerorts, in nahezu allen gesellschaftlichen Bereichen unersetzlich zu werden.
Im Jahr 1700 wurden sie per Gesetz preußische Staatsbürger. Ihren Sonderstatus behielten sie bis zum Beginn des 19. Jahrhunderts. Dabei fühlten sich die Refugiés allzeit als bewußte und loyale Bürger des Gastlandes, obwohl sie auf ihrer Sprache und Kultur weiterhin bestanden. So legten sie besonderen Wert auf eine entsprechende Erziehung ihrer Kinder. Ein Ersuchen der Hugenotten um ein französisches Bildungsinstitut wurde umgehend vom Großen Kurfürsten genehmigt. Mit seiner amtlichen Unterstützung gründeten sie in Berlin ein französisches Gymnasium, das bis in die Gegenwart in dem Ruf fortschrittlicher Pädagogik steht.

Der erste Chronist der französischen Einwanderung nach Brandenburg, Charles Ancillon, schrieb 1690 in seiner „Historie de l'etablissement des française Refugiés dans les etats de son altesse electorale de Brandenburg" zu diesem Collège français: „Der Kurfürst hat für das Gymnasium Lehrer verpflichtet, die nicht nur die Grundzüge der Religion, des Lesens, Schreibens und der Literatur lehrten, sondern auch der Philosophie. Der Lehrplan und die Disziplin gefällt auch vielen Deutschen, darum schicken sie gerne ihre Kinder in das französische Gymnasium." Das galt allerdings nur für das höhere Bürgertum. Im Gegensatz zu dem im College français praktizierten aufgeklärten Bildungsanspruch hatten auch die Hugenotten – was die weniger Privilegierten betraf – gemäß der herrschenden Auffassung ihrer Zeit keine Bedenken, Kinder anstatt in die Schule in Werkstätten und Fabriken zu schicken. Kinderarbeit wurde von ihnen sogar ausdrücklich mit dem nicht nur calvinistischen Grundsatz begründet, wonach Müßiggang aller Laster Anfang ist.
Die französischen Geschäftsleute waren darum bemüht, Kinder so früh wie irgend möglich, gewinnbringend zu beschäftigen. Hugenottische Manufakturisten ließen sich von Amts wegen die Erlaubnis erteilen, Waisenkinder als vollwertige Arbeitskräfte einzustellen. In dieser Beziehung waren sie also kaum fortschrittlicher als deutsche Fabrikanten.

Französischer Geist in Preußen

Für die geistige Aufklärung des 17. und 18. Jahrhunderts trugen die Hugenotten ein gerütteltes Maß bei. Vor allem um aufklärerische Breitenwirkung machten sie sich verdient. Zur Zeit Friedrich II. – der selbst allerdings wenig von den Hugenotten hielt, ihre Strenggläubigkeit störte ihn – waren von den 37 Mitgliedern der Société Litéraire der Deutschen Akademie der Wissenschaften Berlin acht französischer Herkunft. Der Berliner Kreis der deutschen Aufklärung um Gottfried-Wilhelm Leibniz stand in engem Kontakt zur französischen Kolonie und ihrem Geschichtsschreiber Charles Ancillon. Wobei dieses Engagement im Geist der neuen Zeit innerhalb der Kolonie nicht unumstritten war. Das Consistorium der französisch-reformierten Kirche betrachtete diese Kontakte und ihren möglichen

EIN THALER ACHT G. GROSCHEN

Wir zu Endes unterschriebene jetziger Zeit Gülde-Aeltesten bey der Deutsch- und Französischen combinirten Kaufmannschaft der Tuch- und Seiden-Handlung hiesiger Residenz, urkunden und bekennen nachstehend, so wie es auch von dem Kauf- und Handelsherrn Herrn Isaac Hertz Samson als gewesenen Lehrherren des nachbenannten Handlungsdiener hiemit geschiehet, daß nachdem der Albert Meyer gebürtig aus Strelitz seine geordnete Zeit der Lehr-Jahre, als von 1 Juny 1813 bis dato allhier ausgestanden und sich während dieser Zeit überall wohl verhalten hat, welches wir auch nach unserm Protocoll-Buch Lit E Fol. 691 als richtig befunden, wir gedachten Albert Meyer gebürtig aus Strelitz nunmehro für einen ordentlichen und rechtmäßigen Handlungsdiener erklären, ansehen und dafür halten wollen. Wir thun solches mit Bedrückung des gewöhnlichen Handlungs- und Gülde-Siegels hiedurch öffentlich und wünschen ihm zu seinem fernern Glück Gottes Gnade und Seegen. So geschehen Berlin, den 5 Juny 1817

C. J. Böhm. M. F. Becker. F. Jaede

Isaac Hertz Samson

Kaufmannsbrief eines Refugiés in Berlin 1817.

Einfluß auf die Gemeinde mit großem Argwohn. Ebenso wie die Lutheraner und die katholische Geistlichkeit sprachen französische Theologen angesichts der freimütigen Äußerungen der Aufklärer von „aufklärerischem Unkraut", das Glauben und Moral ankränkle. Es kam sogar vor, das Betroffene aus ihren Ämtern, etwa im Collège français, entfernt wurden.
Langfristig war der Einfluß des Consistoriums aber gering. Schon bald lud das Collège zu gemeinsamen deutsch-französischen Diskussionsrunden über literarische, philosophische und theologische Fragen ein.
Durch ihre europäischen Verbindungen trugen die Hugenotten maßgeblich dazu bei, die Werke der deutschen Aufklärer im Ausland bekannt zu machen. Eine wichtige Rolle spielte dabei die „Bibliothek Germanique", in der diese Autoren mit der französischen Übersetzung ihrer Werke vertreten waren. Sie erschien in Berlin und wurde von Refugiés herausgegeben.
Als „Noveau Journal des Sçavans" erschien außerdem eine Exilausgabe der ersten wissenschaftlichen Zeitschrift überhaupt, des seit 1665 in Paris herausgegebenen „Journal des Sçavans" in der preußischen Hauptstadt. Der erste französische Übersetzer von Goethes „Hermann und Dorothea", Jérémie Bitaubé, war ein Mitglied der französischen Kolonie Berlins. Der in der Emigration bereits geborene Schriftsteller Samuel Formey arbeitete 50 Jahre als „Ständiger Sekretär" und Histograph an der Akademie der Wissenschaften und war Korrespondent der französischen Aufklärer Denis Diderot und Jean Le Ronde D'Alembert. Er trug einiges zu der von den beiden herausgegebenen „Encyclopédie" bei. Die zwischen 1751 und 1780 in 35 Bänden erschienene „Encyclopédie ou dictionaire raisonné des sciences, des arts et des métiers" gilt als zentrales Werk der europäischen Aufklärung. In einer bis dahin unbekannten Ausführlichkeit wurde hier der Versuch gemacht, alle Bereiche des Lebens lexikalisch zu beschreiben. Die in der Emigration lebenden Hugenotten hatten also an dem Zustandekommen dieses Monumentalwerks einen gewissen Anteil.
Weniger schöngeistig als praktisch waren die „Werke" durch die sich gegen Ende des 18. Jahrhunderts François-Charles Achard einen Namen machte: Die Nachwelt verdankt ihm beispielsweise die industrielle Gewinnung von Rübenzucker. Seine dazu dienende „Anleitung zum Anbau zur Zuckerfabrication anwendbarer Runkelrüben und zur vorteilhaften Gewinnung des Zuckers" erschien 1803. Bereits mit 23 Jahren war Achard Mitglied der Akademie der Wissenschaften. Neben der Weiterentwicklung der Zuckerchemie beschäftigte er sich mit der Nutzung elektrischer Energie, mit meteorologischen Fragen, schrieb über Telegraphie und Luftschiffahrt. Zu seinen zahlreichen Erfindungen gehörte auch die Konstruktion eines Ballons, mit dem Achard im Dezember 1785 in Berlin Flugversuche unternahm.
Einer der wichtigsten deutschen Romantiker, Heinrich-August de la Motte-Fouquet, von dem heute freilich kaum mehr als sein wundersames Märchen „Undine" bekannt ist, war Nachfahre französischer Einwanderer. Ebenso wie der große Romancier des ausgehenden 19. Jahrhunderts, Theodor Fontane, der großen Wert darauf legte, daß sein Name als „Fontan" ohne „e" ausgesprochen wurde.

Französisch kommt in Mode

Bis Mitte des 19. Jahrhunderts wurden Hugenotten als Erzieher von Prinzen engagiert und junge französische Damen als „Mademoiselles" in bürgerliche Familien. Doch nicht nur dadurch gaben sie der deutschen Gesellschaft – vornehmlich wieder in Berlin – einen französischen Akzent; die französische Sprache setzte sich im 18. Jahrhundert allenthalben durch.
Sicher nicht allein durch den Einfluß der Refugiés, sondern das mächtige Frankreich wirkte auf den damaligen Zeitgeist ein. Die Hugenotten brachten ihn aber den Deutschen gewissermaßen ins Haus, so daß Französisch sogar in Erlasse Einzug hielt, die das Alltägliche regeln sollten. So unterzeichnete der preußische König Friedrich I. in der ersten Hälfte des 18. Jahrhunderts ein „Decret", das besagt: „Auff der frantzösischen Refugyrten wittib Conte allerdemütigstes Supplicatum hiermit consediert, ihre hierein Specificierte Limonade und andere Liqueurs, zur refraichierung der daselbst promenierenden Personen öffentlich feil zu haben." Das war der Versuch, die einfache Erlaubnis für einen Erfrischungsstand frankophil weniger gebildeten Menschen klar zu machen.
Diese französisch dilettierende Welt des Hofes und ihres Umkreises blieb selbst in dieser Zeit absoluter Machtentfaltung und Unterdrückung nicht ohne kritische Reaktionen, die sich allerdings angemessen im Rahmen hielten. Ein Kritiker meinte zum Beispiel sarkastisch: „Heute muß alles französisch sein.

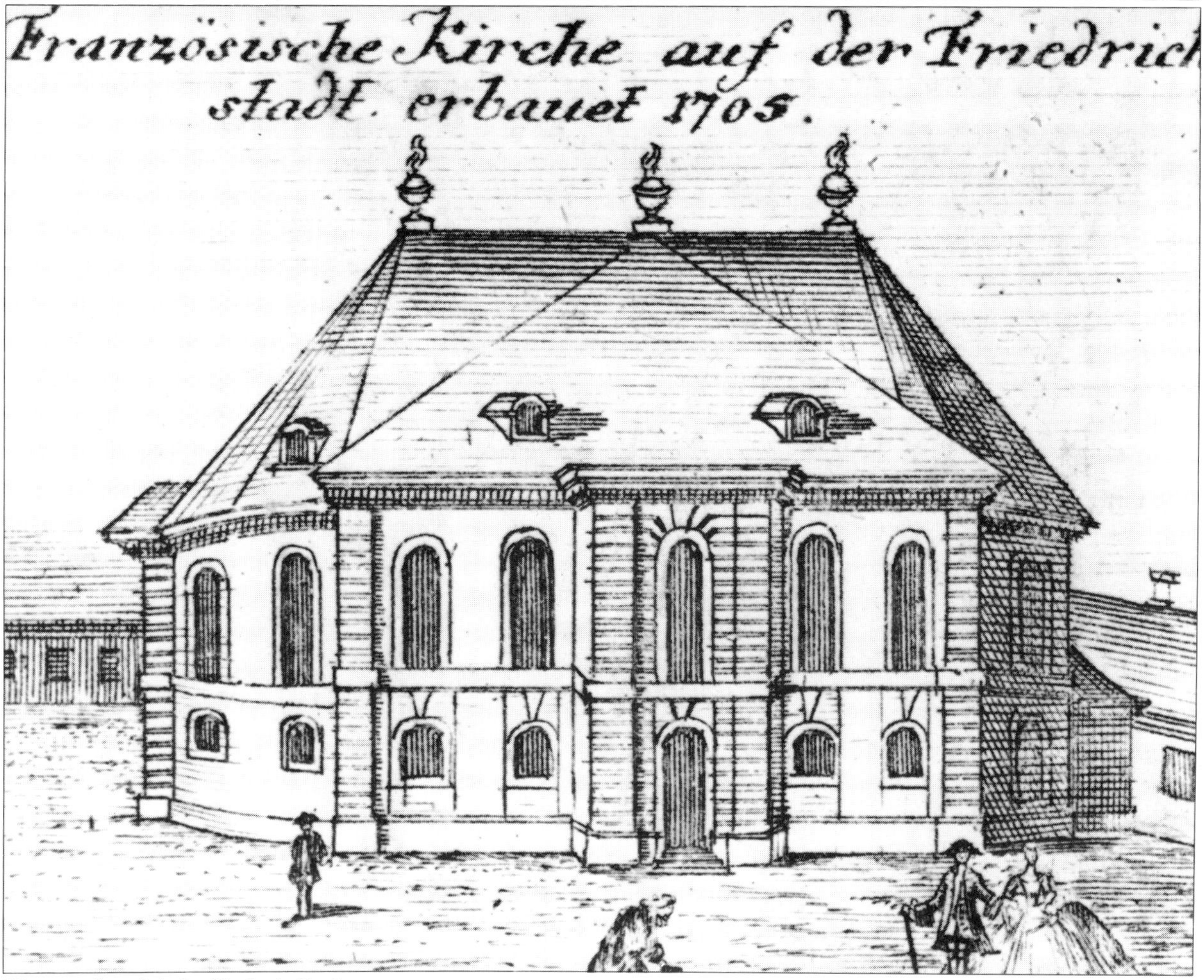

Die erste französische Kirche in Berlin.

Wer nicht französisch spricht, kommt zu Hofe nicht an. Die teutsche Sprache kommt ab, eine andere schleicht sich ein. Wer nicht französisch redet, muß ein Dummkopf sein!" Mit solchen Äußerungen wandte man sich aber nicht nur gegen den als „französisch" gebranntmarkten verschwenderischen Lebensstil der höfischen Gesellschaften, sondern schürte auch Ressentiments gegen die französischen Flüchtlinge. In ihrer Anwesenheit sahen viele die unmittelbare Ursache dafür, daß „die teutsche Sprache ab kommt".

Doch das „Französische" kam nach einem knappen Jahrhundert seinerseits wieder „ab": Mit der Revolution in Frankreich 1785 begann die Götterdämmerung des absolutistischen Europas und Napoleons Expansion am Anfang des 19. Jahrhunderts trieb schließlich auch den Herrschern in Deutschland ihr Faible für das Französische aus. Bereits vorher sanken die Refugiés in ihrer Gunst. Nach und nach wurde die organisatorische Selbständigkeit der französischen Kolonien eingeschränkt. 1809 ließ der preußische König Friedrich Wilhelm III. die durch das Edikt von Potsdam 1685 garantierte bürgerliche Selbstverwaltung der Hugenotten auflösen und die „Discipline" – ihre Kirchen- und Gemeindeordnung – durch die allgemeine preußische Gottesdienst-Ordnung ersetzen. Die Franzosen blieben jedoch eng mit der Tradition ihrer Väter verbunden und empfanden die Anordnung der Regierung in Berlin als Rechtsbruch. Ihr Protest gegen die neue Ordnung wurde mit Polizei-Gewalt beantwortet. Die Hugenotten beharrten über 100 Jahre auf ihrem kirchlichen Selbstbestimmungsrecht.

Dieses „Recht" der Französisch-Reformierten bestand vor allem im Gottesdienst in französischer Sprache. Die Predigt steht dabei noch mehr im Mittelpunkt als bei den Lutheranern. Organisatorisch unterscheidet sich die französisch-reformierte Kirche durch ihren Verzicht auf Hierarchien. Sie wird von einem Kollektiv, Consistorium, geleitet.

Die Pläne für die erste französische Kirche in Berlin entstehen. Stich von Daniel Chodowiecki.

1932 wurde den Hugenotten schließlich ihre alte Ordnung wieder zugestanden, die bis heute für die Französisch-Reformierten verbindlich ist.
Die französischen Kolonien als korrespondierender Bestandteil der deutschen Gesellschaft hörten im 19. Jahrhundert auf zu existieren. Sie waren integrierter Teil dieser Gesellschaft geworden. In den Revolutionsjahren um 1848 neigten die Hugenotten vorwiegend dem liberalen Bürgertum zu. Später schlossen sich dann viele dem restaurativ-konservativen Flügel in Preußen an. Theodor Fontane hat diese späten Nachkommen der Refugiés und ihr Leben im deutschen Kaiserreich gegen Ende des 19. Jahrhunderts beschrieben. Zum Beispiel in seinem 1882 erschienenen Roman „L'Adultera", wo er einen Scheidungs-Skandal in der Berliner Gesellschaft dieser Jahre zum Anlaß nahm, den Versuch einer jungen Frau aus den starren Konventionen auszubrechen, darzustellen.

Die Gemahlin des Großen Kurfürsten schenkt der französischen Gemeinde Berlin einen Meierhof im Kreis Oberbarnim. Nach einer Zeichnung von C. Wendling (1878).

General von Schomberg stellt dem Großen Kurfürsten französische Militärs vor, die sich um Aufnahme in die preußische Armee beworben haben. Kupferstich von Daniel Chodowiecki.

Refugiés im Heer des Großen Kurfürsten. Stich von Daniel Chodowiecki.

Der französische Dom in Berlin um 1785.

Am 28. Juli 1781 stürzte ein Teil des Turms des Französischen Doms noch während der Bauarbeiten ein.

Hugenotten-Renaisance im Hugenotten-Verein

Kurz vor dem Erlöschen der kulturellen und traditionellen Eigenständigkeit der hugenottischen Minderheit wurde 1885 mit der 200-Jahr-Feier zur Erinnerung an die Vertreibung aus Frankreich und die Aufnahme in Preußen in der Gründerzeit des deutsch-nationalen Überschwangs ein Zeichen gesetzt. Der Historiker Karl Manoury spricht sogar von einem Wendepunkt in der Geschichte der Hugenotten in Deutschland: „Es erwachte unter den Hugenotten wieder das Gefühl der Zusammengehörigkeit. Es zeigte sich geschichtliches Interesse. Man beschäftigte sich mit den Rechten der französisch-reformierten Kirche." In den 80er Jahren erschienen in der Folge dieses „Aufbruchs" so viele Bücher über die Refugiés, wie in den gesamten 100 Jahren davor nicht.

1890 entstand schließlich aus dieser Bewegung der „Deutsche Hugenotten-Verein", dessen Geschäftsstelle sich heute in Sickte befindet. Im Artikel zwei der Satzung des Vereins steht: „Er stellt sich zur Aufgabe, die deutschen Hugenottennachfahren zu gewinnen. Der Glaube der hugenottischen Vorfahren soll verständlich gemacht und ihre Geschichte historisch und genealogisch (familiengeschichtlich) dargelegt werden." Außerdem gehört der „Deutsche Hugenotten-Verein" zu den Gründern eines „Welt-Hugenotten-Zentrums" in Paris, dem „Centre International Huguenot". Mitglieder sind nicht nur Hugenottennachkommen, sondern auch „an den Zielen des Vereins interessierte natürliche und juristische Personen".

Im 44. Jahrgang erscheint die Vierteljahreszeitschrift des Vereins „Der deutsche Hugenott". Zusammen mit den „Geschichtsblättern des Deutschen Hugenotten-Vereins" blieb hier in den vergangenen Jahrzehnten kaum eine Facette hugenottischen Daseins in deutschen Grenzen ohne wissenschaftlich-penible Ausleuchtung. Mehrere tausend Mitglieder gehören dem Verein inzwischen an, von denen ein Großteil mit seiner Unterstützung private Ahnenforschung betreibt. Über die Ergebnisse wird eifrig korrespondiert. Und alle zwei bis drei Jahre lädt der Verein zu einem „Deutschen Hugenotten-Tag" in einem Ort mit besonderer hugenottischer Vergangenheit. Mit Gottesdienst, Vorträgen der Experten und Konzerten mit Werken von Hugenotten-Komponisten (z.B. Claudin Le Jeune oder Claude Goudimel) wird an die gemeinsame Vergangenheit erinnert.

Hugenottisch-protestantisches Leben in der Gegenwart am Beispiel Berlin

Für die Nachfahren der Refugiés ist aber auch das kirchliche Gemeindeleben vor Ort von großer Bedeutung. So kann sich beispielsweise das Consistorium der französisch-reformierten Kirche in Berlin nicht über mangelndes Interesse von seiten der Gemeindemitglieder beklagen. Seit dem Zweiten Weltkrieg ist die französische Hugenotten-Kirche Bestandteil der Evangelischen Landeskirche Berlin-Brandenburg, wobei sie allerdings über eigene administrative und gottesdienstliche Rechte verfügt. Grundlage ist dafür immer noch das im „Edikt von Potsdam" 1685 verankerte Recht auf Selbstverwaltung in kirchlichen Dingen.

Im Gegensatz zu den sonst üblichen kirchlichen Ortsgemeinden ist die französisch-reformierte Kirche Berlin deshalb eine sogenannte Personalgemeinde, die allein aus eingeschriebenen Mitgliedern besteht, die in allen Berliner Stadtteilen leben. Mitglied der Kirche kann jeder werden – so steht es in der Kirchenordnung – „der selbst oder dessen Ehefrau hugenottischer Abstammung ist oder wer durch den Besuch der Gottesdienste seine Vorliebe für das reformierte Bekenntnis und Denken gezeigt hat."

Aus dieser Organisation der Kirche ergibt sich, daß die seelsorgerische Betreuung der Gemeinde mit verhältnismäßig hohem zeitlichen Aufwand verbunden ist. Aber gerade der enge Kontakt zum Pfarrer wird von den Reformierten besonders hoch veranschlagt, gilt als unverzichtbarer Bestandteil des kirchlichen Lebens. Deshalb kommt auch dem Gemeindezentrum im Westberliner Stadtteil Halensee als Treffpunkt für die Mitglieder der französisch-reformierten Kirche besondere Bedeutung zu. Hierher kommt man nicht nur zum Gottesdienst, sondern auch zu Gesprächskreisen wie der traditionellen „Mittwochsgesellschaft", Informationsveranstaltungen und – französischen Sprachkursen.

Der ursprüngliche Mittelpunkt der Berliner Hugenottenkirche war der zwischen 1780 und 1785 von dem bedeutenden französischen Architekten Carl Philipp Christian Gontard gebaute Französische Dom, der jetzt zu Ost-Berlin gehört. Der Hugenott Gontard gilt neben Georg Wenzelslaus von Knobelsdorff (dem Erbauer von Schloß Sanssoucis) als bedeutendster Berliner Architekt der friderizianischen Epoche des 18. Jahrhunderts.

Der Dom wurde 1944 beim Bombardement Berlins stark beschädigt. Er war aber im Gegensatz zu seinem Pendant, dem „Deutschen" Dom und dem ebenfalls am früheren Gendarmenmarkt liegenden Deutschen Schauspielhaus noch teilweise benutzbar. Das Kirchenschiff und der Turmhelm brannten zwar aus, aber die Räume im Turm blieben dank einer in den dreißiger Jahren eingezogenen Zwischendecke aus Beton erhalten. Der im Erdgeschoß liegende sogenannte „Rote Saal", in dem früher das Consistorium tagte, wird seitdem für Gottesdienste benutzt, denn für die Reformierten in Ost-Berlin ist der Französische Dom nach wie vor das Zentrum der Gemeinde. In den übrigen Räumen befindet sich neben den Büros der Kirchenleitung ein kleines „Hugenotten-Museum", in dem liebevoll die Geschichte der Hugenotten dargestellt und auf bedeutende Gemeindemitglieder der Vergangenheit an Hand von Dokumenten hingewiesen wird. So auf Philipp Reclam, den Erfinder der Reclam-Hefte.

Seit Anfang der 50er Jahre wird am Französischen Dom und dem gesamten Areal des ehemaligen Gendarmenmarkts, der jetzt Platz der Akademie heißt, restauriert. Der damalige Pastor, Karl Manoury, schrieb 1953 in dem Mitteilungsblatt der französisch-reformierten Kirche, „Die Hugenottenkirche":

„Die Besucher der Gottesdienste im Dom haben bereits mit Freude die Baugerüste bemerkt. Der Magistrat von Groß-Berlin bessert die unseren Gemeindemitgliedern bekannten Bombenschäden aus. Es handelt sich um die weggerissene Ecke, in der sich früher unser Büro befand, und um die fehlende Säule. Die Ecke ist fast fertig, um die zukünftige Säule steht bereits das Gerüst. Außerdem stehen auch Gerüste im Innern des Turmes. Hier soll oben ein Notdach errichtet werden, damit Regen und Schnee nicht mehr eindringen können."

Dann kam der Bau allerdings ins Stocken und die Arbeiten wurden erst nach der deutsch-deutschen Entspannung 1974 wieder aufgenommen. 1977 steht in „Die Hugenottenkirche": „Im Sommer dieses Jahres begannen die Aufräumungsarbeiten, und Studenten – darunter auch Moskauer Studentinnen – rodeten den in der Kirchenruine gewachsenen Buschwald. Als Bestandteil der Gesamtplanung für den Wiederaufbau des ‚Platzes der Akademie' wird der ganze französische Dom rekonstruiert." An der Finanzierung beteiligt sich die „Evangelische Kirche in Deutschland (EKD)" in der Bundesrepublik.

Theodor Fontane

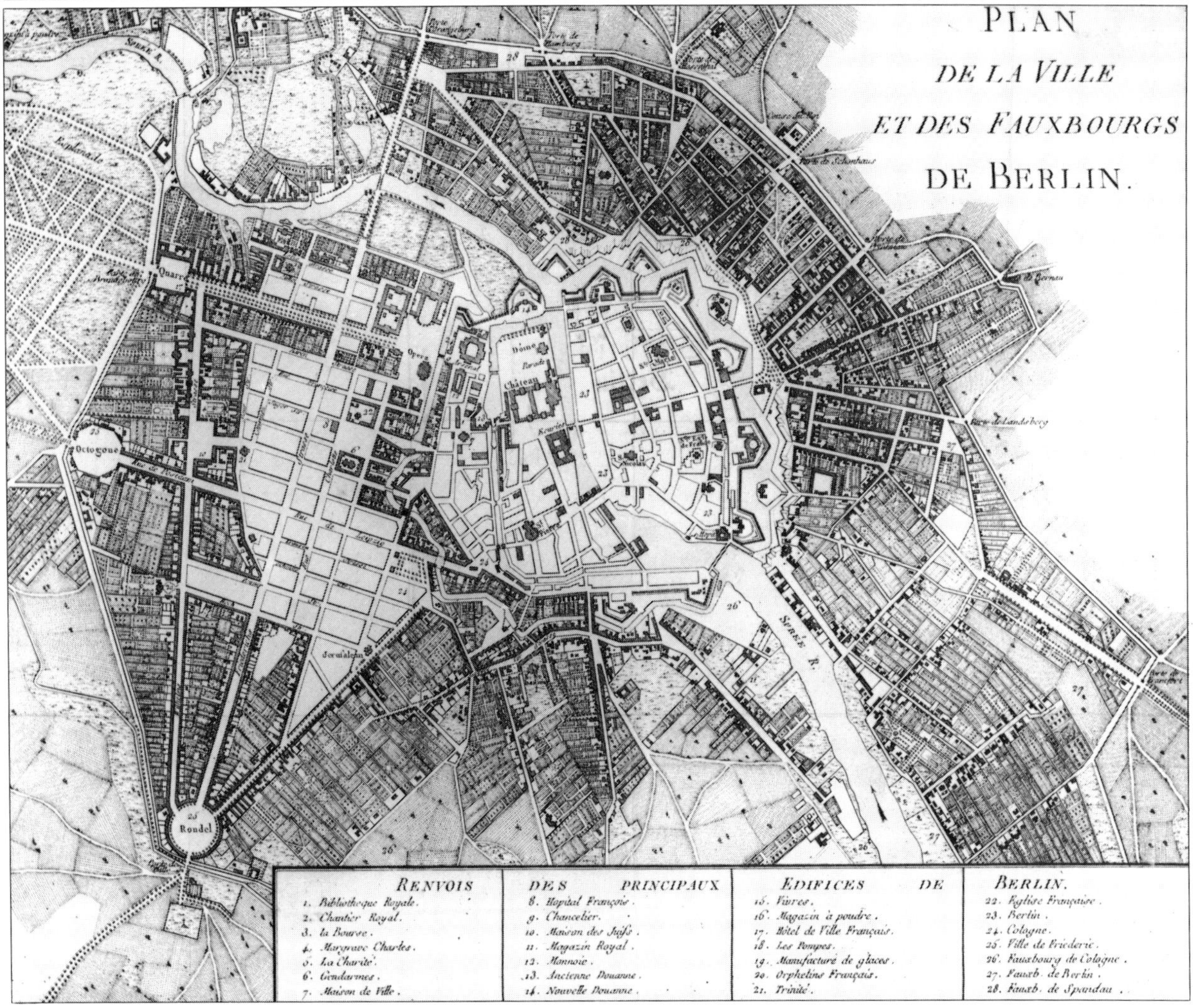

Stadtplan von Berlin um 1700.

Im Winter 1978 konnte Richtfest gefeiert werden und bis 1985 soll der Dom wieder voll zur Verfügung stehen. Nach der Wiederherstellung werden hier ein umfassendes Museum über die Geschichte der Hugenotten eingerichtet und Räume für die große Bibliothek der Hugenottenkirche, die den Weltkrieg zum Teil überstanden hat, zur Verfügung stehen.

Zwischen den beiden französisch-reformierten Kirchen von Ost- und Westberlin bestehen ungewöhnlich enge Kontakte. Es gibt gemeinsame Veranstaltungen und den Austausch der Pastoren.

„Die Hugenottenkirche“ ist eine der wenigen westlichen Zeitungen, die in der DDR direkt über die Post bezogen werden kann. Zum Selbstverständnis der Berliner Reformierten und ihrer Kirche schrieb Albrecht Prüfer von der westlichen Kirchenleitung kürzlich, auf dem Gebiet des geistig-geistlichen Lebens scheine die Hugenotten-Kirche heute besonders dazu berufen zu sein, die Ansätze des Ur-Protestantismus neu zu entdecken. Noch weiter geht Horsta Krum, die Pastorin an der französisch-reformierten Kirche in Berlin, wenn sie sagt, diese Kirche müsse etwas von der Vergangenheit der Hugenotten in ihrer französischen Ur-Heimat bewahren. Das waren unbedingte Toleranz und der Glaube an eine Entwicklung zum Besseren auf der Basis zwischenmenschlicher Beziehungen. Verständnis ist dabei ein wichtiges Wort. In der Praxis der reformierten Gemeinde von Horsta Krum bedeutet das, zu einem besseren Verständnis von Franzosen und Deutschen beizutragen, aber auch zu einem weiteren Dialog zwischen den beiden deutschen Staaten.

Ein protestantischer Pfarrer aus Frankreich hat vor diesem Hintergrund seine Empfindungen bei einem Besuch in Berlin so beschrieben: „Wir waren in unserer Unwissenheit nicht darauf vorbereitet, eine so lebendige, der Vergangenheit so treue und der

Der französische Dom nach der Teilzerstörung 1944. Zustand in den 50er Jahren.

Zukunft so aufgeschlossene Gemeinde anzutreffen! Es ist zweifellos dieses gewisse „Etwas“, das bewirkt, daß der „Reformierte“, der „Calvinist“, der zum Berliner gewordene Franzose, sich durch Kritik auszeichnet, es aber auch versteht, milde Nachsicht zu üben. Da gibt es Einvernehmen mit einem Wort, einer unmittelbaren Reaktion, einem Lächeln oder einem Augenzwinkern.“

Noch einmal Vergangenheit: vom kargen Los der armen Refugiés

Durchaus nicht jeder Hugenott war dem Großen Kurfürsten und seinen Kollegen in Deutschland willkommen. Die preußischen Agenten, die das Asylangebot nach 1685 in geheimer Mission in den französischen Hugenottenkreisen bekannt machten, hatten Weisung, vor allem finanzkräftige Hugenotten ins Land zu bitten. Denn die deutschen Fürsten suchten Helfer für den Aufbau des noch weithin unter den Folgen des 30jährigen Krieges leidenden Landes.

Insgesamt kamen dann auch nur relativ wohlhabende Emigranten aus Frankreich; dreiviertel von ihnen waren Städter. Sie hatten vor ihrer Flucht als Handwerker, Kaufleute, Gewerbetreibende und Fabrikanten ihren Lebensunterhalt verdient. Sie lebten nicht schlecht in der Emigration. Anders die armen Bauern und Tagelöhner. Sie spürten kaum etwas von den Privilegien und Freiheiten, die das Edikt von Potsdam versprochen hatte. So sahen viele von diesen Refugiés schon bald keine andere Möglichkeit, um ihre Lage zu verbessern, als nach Norden weiterzuwandern. 1719 waren beispielsweise 43 Familien aus Groß- und Kleinziehten bei Berlin im Begriff, nach Dänemark aufzubrechen. Das Consistorium der französischen Kirche Berlin, durch die neuerliche Auswanderung von Glaubensbrüdern alarmiert, wandte sich mit einem Protestschreiben an König Friedrich I. Darin wurde betont, zumindest bei diesen Refugiés seien die versprochenen Privilegien nicht eingelöst worden. Im Gegenteil, man habe sie zur Fron gezwungen, ihnen das einmal zugeteilte Land wieder abgenommen und ihnen unter Strafandrohung verboten, sich über diese Vorfälle zu beschweren. Mit „Empörung“ verwies das Consistorium in diesem Zusammenhang auf Aussagen des königlichen Finanzrats Thielen. Nach seinen Worten sei es dem König gleichgültig, ob Türken, Heiden oder Franzosen in sein Land kämen. Im übrigen könne das Consistorium sicher sein, daß es in Brandenburg in 20 Jahren überhaupt keine Franzosen mehr gäbe. Schließlich bestätigte der König den Hugenotten in den Ortschaften Groß- und Kleinziehten nach der massiven Intervention der einflußreichen Französischen Kirche von Berlin noch einmal die versprochenen Privilegien. Die Refugiés wanderten nicht aus.

Es waren dennoch harsche Töne, die der Preußische Hof anschlug, wenn es um tatsächliche materielle Hilfe für die Emigranten ging. Bei den weniger Begüterten störten die mit der Ansiedlung verbundenen Kosten, weil kaum Aussicht bestand, daß die Flüchtlinge sie wieder einbrachten. Ähnliches galt für die angeblich von ihnen verursachte innerstaatliche Unruhe.

In späteren Jahren, als die Bürokratie bereits Erfahrung mit Emigranten hatte, wurden offensichtlich arme Hugenotten umgehend des Landes verwiesen. Wie glücklos vor allem in ländlichen Gebieten das Leben für Refugiés in Brandenburg auch sein konnte, geht aus einem Gesuch hervor, das der Pastor einer solchen Gemeinde 1710 an die französisch-reformierte Kirche in Magdeburg schrieb:

„Die großen Anstrengungen, denen ich bei diesen traurigen Verhältnissen, die die Pest bewirkt, unterliege, und mein Herzweh erlauben es mir nicht, eine lange Rede zu machen. Ich begnüge mich, liebe Herren und hochgeehrte Brüder, Ihnen zu sagen, daß der Zustand meiner Herde jämmerlich ist. Mehrere sind schon dem Tode erlegen. Die Seuche wächst jeden Tag. Die Lebensquellen unserer Colonie sind vertrocknet durch den vollständigen Verfall des Handels. Mehrere Private und selbst der Schulmeister werden große Not leiden, wenn man uns nicht die Hand reicht.“

Diese „Hand“ wurde selten gereicht. Die Reaktionen auf solche Eingaben und Hilferufe aus der Provinz blieben meistens frostig. Die Gebote der Menschlichkeit und die Solidarität mit den verfolgten Glaubensbrüdern aus Frankreich waren dann endgültig vergessen und die Asylangebote für die Hugenotten häufig nicht mehr als der Ausdruck einer Laune der absolutistischen Herrscher. Eine Laune, die allerdings auch eine außenpolitische Dimension hatte. Die Aufnahme der Emigranten galt als Affront gegenüber Ludwig XIV.

Friedrich III. von Brandenburg erlaubt Refugiés, sein Land wieder zu verlassen. Kupferstich von Daniel Chodowiecki.

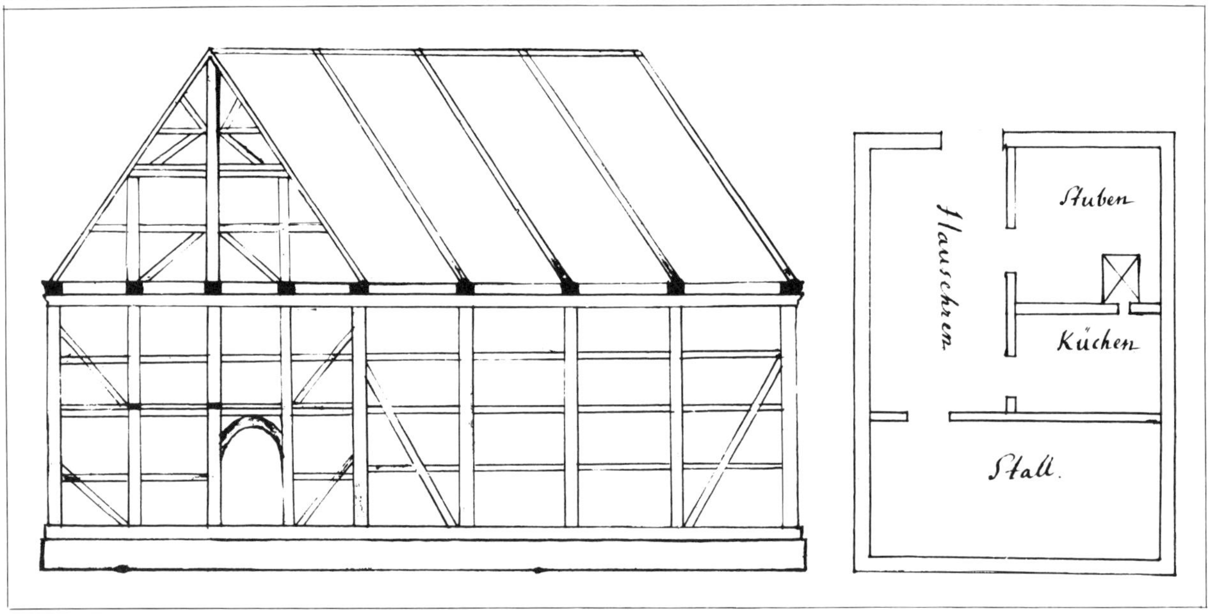

Ein Haus, in dem die Flüchtlinge mit ihren Großfamilien auf engstem Raum lebten.

Von Goldfischen und Weißfischen

Im Vergleich zu den anderen deutschen Staaten, die französische Flüchtlinge aufgenommen hatten, wurden die Refugiés in Brandenburg-Preußen den Wünschen nach nützlichen Neubürgern noch am ehesten gerecht. In den Dokumenten des ausgehenden 17. Jahrhunderts wird im Zusammenhang mit den Hugenotten häufig von „Menschenfischerei" gesprochen und davon, daß sich die Preußen dabei „Goldfische" geangelt hätten, den übrigen Staaten aber nur die „Weißfische" geblieben seien.
Eine Sonderstellung bei der Hugenotteneinwanderung nahmen die hessischen Kleinstaaten ein. Hier waren lange vor 1685 Glaubensflüchtlinge aus den angrenzenden Ländern aufgenommen worden. Bereits 1554 hatte die Stadt Frankfurt einer Gruppe von Protestanten aus den Niederlanden, Wallonen, die Ansiedlung ermöglicht. Nach einer mehrjährigen Flucht waren sie ins Hessische gekommen. In seiner „Geschichte der Stadt Frankfurt am Main" stellte Friedrich Bothe 1923 fest: „Außer dem Mitleid mit den armen, um ihrer Religion willen verfolgten Flüchtlinge ließ die Hoffnung dem Rat (der freien Reichsstadt Frankfurt) ihre Einbürgerung angebracht erscheinen, daß mit ihnen ein kräftiges Reis dem Baume des heimischen Gewerbelebens aufgepropft werden könne. In der Tat waren sie Träger frischen Unternehmensgeistes; alle möglichen Handwerke waren unter ihnen vertreten, vornehmlich aber das Textilgewerbe."
Damals waren die Fremden bereits zur Wirtschaftsförderung aufgerufen. Aber ebenso wie 150 Jahre später kam es dazu nicht. Die Reformierten wurden von der lutherischen Kirche des Gastlandes als unerwünscht angesehen und die Zünfte sprachen von einer Zumutung, da die Niederländer – so Friedrich Bothe – „Neuerungen einführten, die dem zünftigen Brauche widersprachen. Offenbar fühlten sich die gemütlich innerhalb ihres Nahrungsspielraumes tätigen Zünftler durch den Wettbewerb der Fremdlinge in ihrer Ruhe und Behäbigkeit gestört und fürchteten überflügelt zu werden." Ähnliches sollte sich bei den Hugenotten in Brandenburg später wiederholen. Nur, daß die Zünfte jetzt – in der Mitte des 16. Jahrhunderts – den Höhepunkt ihrer Macht erreicht hatten. So gelang es ihnen, den Frankfurter Rat zu veranlassen, den reformierten Gemeinden die Abhaltung von Gottesdiensten innerhalb der Stadt zu verbieten. Damit wurde deren Lebensnerv getroffen, so daß ihnen nichts anderes übrig blieb, als weiterzuziehen.
Sie gründeten Kolonien, zum Beispiel in Frankenthal und Hanau, wo sie in Graf Philipp Ludwig II. von Hanau-Münzenberg einen zum Calvinismus konvertierten Fürsten fanden. Mit seiner Unterstützung bauten die reformierten Flüchtlinge mit „Neustadt Hanau" die erste geschlossene Stadtanlage von Ausländern in Hessen. Grundlage dafür war die am 1. Juni 1597 zwischen Philipp Ludwig II. und dem Beauftragten der 150 reformierten Familien geschlossene „Kapitulation".

Hessisch-hugenottische Beziehungen

Seit Beginn der Reformation bestanden enge Kontakte zwischen den hessischen Fürsten und den Führern der Hugenottischen Bewegung in Frankreich. So korrespondierte beispielsweise der hessische Landgraf Philipp mit dem Oberhaupt der Hugenotten, Gaspard Coligny, bis zu dessen Ermordung im Sommer 1572 bei der berüchtigten Bartholomäusnacht.
Dieser Tradition folgte im besonderen Maße Landgraf Karl von Hessen-Kassel, der bereits ein halbes Jahr vor der Aufkündigung des Ediktes von Nantes durch Ludwig XIV. mit der „Hessischen Freiheitskonzession“ im Frühjahr 1685 sein Land den Refugiés öffnete. Ähnlich wie durch das im selben Jahr verabschiedete Edikt von Potsdam wurde den Flüchtlingen darin Schutz vor Verfolgung, wirtschaftliche Unterstützung, Glaubensfreiheit und Französisch als Amts-, Kirchen- und Schulsprache zugesagt. Vor allem aber betont, „es werden all diejenigen, welche in dem Fürstentumb Hessen sich niederzulassen gemeinet und der reformierten Religion beygethan sein, in dero sonderlichen Schutz genommen!“
Frankfurt entwickelte sich für den hessischen Raum zum Zentrum der Flüchtlingseinwanderung. Die in der Freien Reichsstadt existierende französische Kolonie übernahm die Organisation der Ansiedlung in den Staaten der Umgebung. Unterstützung erhielt sie dabei von Pieter Valkenier, der als ursprünglich niederländischer Gesandter in der Schweiz mit der Koordinierung der Asylmöglichkeiten für französische Emigranten in Deutschland und Europa betraut war. Den protestantischen Niederlanden lag sehr an der konkreten Hilfe für die Hugenotten; durch den gemeinsamen Glauben und den gemeinsamen Kampf gegen eine katholische Übermacht fühlten sich die Niederländer den Refugiés in Solidarität verbunden. Über Frankfurt wanderten zwischen 1685 und 1705 rund 100000 französische Flüchtlinge nach Hessen ein.
Die Stadt selbst verhielt sich ihnen gegenüber jedoch weiterhin reserviert und erlaubte lediglich den wohlhabenderen Emigranten die endgültige Ansiedlung. Bis in die Neuzeit wurde die französische Gemeinde in Frankfurt eben geduldet. Nach Angaben des Karlsruher Hugenottenforschers Erwin Mülhaupt ist in Frankfurt mit den Hugenotten nach der Devise zusammengelebt worden: „Die Katholiken haben die Kirchen, die Lutheraner die Macht, die Reformierten das Geld – und die Stadtverwaltung laviert dazwischen.“ In und um Kassel sollten die Refugiés in großem Stil Fabriken einrichten und betreiben. Genauso wie es im Berlin des Großen Kurfürsten vorzüglich funktionierte. Auch „nutzliche Hand-Arbeit sowie als da sind Kauff- und Handelsleute“ wünschte sich der hessische Staat als Gegenleistung für die Aufnahme von den Religions-Flüchtlingen. Nach Plänen des bedeutenden hugenottischen Architekten Paul du Ry ließ Landgraf Karl dafür 1688 sogar in der Nähe von Kassel „Oberneustadt“ als Fabrik- und Handelskolonie für die Refugiés bauen. Doch eine Hugenottenstadt zur Staatssanierung ist daraus nie geworden. Es kamen nämlich vorwiegend kleine französische Handwerker und die ließen sich in der Nähe ihrer potentiellen Kunden in der Altstadt von Kassel nieder. Die übrigen Refugiés waren Bauern und für das Projekt ebenfalls ungeeignet. In Oberneustadt zogen deshalb die wohlhabenden deutschen Bürger aus Kassel ein.
Ebensowenig brachten die an mehreren Orten mit staatlicher Subvention eingerichteten Manufakturen den gewünschten Erfolg. Die simple Gleichung des Fürsten: Hugenotten sind grundsätzlich Fabrikanten – ging nicht auf. Nach relativ kurzer Zeit mußten die Fabriken wegen mangelnder Rentabilität wieder aufgelöst werden. Nur ein kleiner Kreis von Emigranten brachte es in Hessen zu großbürgerlicher Macht und Ansehen. So bildeten beispielsweise die Brüder Landré, die Herren über den größten Textilbetrieb in Kassel waren, noch im 18. Jahrhundert eine Ausnahme.
Den Kleinbauern und Viehhirten unter den französischen Emigranten wurde Ödland zugeteilt, das seit dem 30jährigen Krieg zumindest amtlich brach lag. Was aber nicht bedeutete, daß sich von der deutschen Bevölkerung niemand darum kümmerte. In der Regel wurden diese Ländereien als Weiden benutzt. Gegen eine Verteilung an die Neubürger wehrten sich Bürger und Gemeindeverwaltungen deshalb mit vereinten Kräften. Erst nach „vielerlei Streitigkeit und Verdruß“ – so ein zeitgenössischer Bericht – fand man sich mit den neuen Nachbarn ab, die dann aus den kärglichen und knapp bemessenen Äckern und Wiesen herauszuholen versuchten, was eben herauszuholen war. Von der großen Bedrängnis der Emigranten ist regelmäßig in den Ortschroniken zu lesen. Neben der feindseligen Umgebung machten Krankheiten und Mißernten ihnen das Leben bis zur Unerträglichkeit schwer.
Eine der bis in die Gegenwart bedeutsamsten Hugenottengemeinden in Hessen war die von Neu-Isenburg. Die Emigranten machten aus der bäuerli-

I.

WErden alle diejenigen / welche in dem Fürſtenthumb Heſſen / derenzugehörigen Graff- und Herſchafften ſich niederzulaſſen gemeinet / und der Reformirten Religion beygethan ſein / in dero ſonderlichen Schutz genommen / dero geſtalt / daß dieſelbe ſobald nach abgelegtem gewöhnlichem Homagio von niemand dero Unterthanen in ſolchen Fürſtenthumben / bedränget / verdrieben / oder mit Unrecht gehindert werden ſollen / doch daß ſie Ihro HochFürſtl. Durchl. Geſetzen beſchriebenen gemeinen Rechten und andern außgelaſſenen Ordnungen ſich gemäß verhalten / unddarjegen nicht muthwillig freveln.

II.

Soll denſelben zu Caſſel / Homberg / Gudensberg / Felßberg / Hoff-Geißmar / Grebenſtein / Melſungen / oder wo ihnen ſonſt im Lande beliebet / entweder gewiſſe Orthe und Plätze / welche ſie aufs neue bebauen / oder daß ſie auchalbereit auffgebauete Häuſer an ſich kauffen mögen / verſtattet werden.

III.

Dafern ſie der deutſchen Sprache nicht kündig ſeyn / ſoll ihnen entweder / eine eigene Kirche auf ihren Koſten auffzubauen / und darin in ihrer Sprache / fromme Gottsfürchtige Prediger und Schulmeiſtere / doch mit Ihr HochFürſtl. Durchl. oder dero nachgeſetzten Conſiſtorii vorwiſſen / und auff vorher Gegangenes Examen und Approbation, zu beruffen / frey gelaſſen werden / welche aber doch Ihro HochFürſtl. Durchl. daß Homagium zuleiſten ſchuldig ſein ſollen.

IV.

Wann ſie auch gantze Plätze zu Ihrer Wohnung und Anrichtung ihrer Manufacturen zubebauen verlangen / ſollen ihnen dieſelbe auff ihr Nachſuchen angewieſen und darauf auff ihre Koſten zu bauen verſtattet werden.

Titelblatt der „Freiheits-Concession und Begnadigung“ für die Stadt Karlshafen.

chen Siedlung Philippsdorf im Laufe der Jahrzehnte und Jahrhunderte die Industriestadt in der unmittelbaren Nachbarschaft zu Frankfurt. Zunächst war das Konzept einer landwirtschaftlichen Kolonie fehlgeschlagen. Der Hugenottenforscher Wilhelm Beuleke schrieb über die ersten Jahre der Ansiedlung von Refugiés in Neu-Isenburg: „Bedingt durch die ungünstigen landwirtschaftlichen Voraussetzungen (zu klein bemessene Äcker, die außerdem schlechte Erträge brachten) und infolge der häufigen Einquartierungen blieb die soziale Lage der Neugründung in den ersten Jahrzehnten stets etwas angespannt. Diese Entwicklungstendenzen wurden noch dadurch verstärkt, daß Neu-Isenburg, gelegen unmittelbar vor den Toren der Mainmetropole, wegen seiner „Anbindung" an die große Verkehrsachse nach der Schweiz hin immer aufs neue Zuwanderer anzog, so daß der Ort durch den ständigen Zuzug immer etwas übervölkert war, wodurch die Lebensgrundlagen noch einmal geschmälert wurden."

Aus dieser Zwangslage heraus wandten sich die Einwohner schließlich dem Gewerbe zu. Laut Wilhelm Beuleke wurden in nahezu jedem Haus von Neu-Isenburg Web- und Wirkstühle installiert. Neben dem Textilgewerbe waren es später vor allem Gerbereien, die der Bevölkerung in begrenztem Rahmen eine Verbesserung ihres Einkommens ermöglichten. Mit der Industrialisierung verdingten sich viele aber auch als Lohnarbeiter.

Refugiés in der Pfalz

Ein weiteres wichtiges Einwanderungsland für Hugenotten aus Frankreich war die Pfalz. Doch nicht allein auf Grund ihrer geographischen Nähe zu Frankreich bot sie den französischen Protestanten von Anfang an Schutz vor Verfolgung. Historiker nennen die Kurpfalz den „Angelpunkt" für den Calvinismus in Südwestdeutschland. Dabei spielt der pfälzische Kurfürst Friedrich III. eine wichtige Rolle. Er übernahm 1559 die Regierung, in dem Jahr, als in Paris mit der „Confession de foi" und den „Articles de discipline" die Grundlagen des reformierten calvinistischen Glaubensbekenntnisses geschaffen wurden. Der Kurfürst setzte sich aktiv für die Religionsflüchtlinge ein. Seine Auffassung von Asyl und die sich daraus ableitende Verpflichtung faßte er einmal mit den Worten zusammen: „Ich dacht, die Ursach sei, daß wir Deutschen bisher in Rosen gesessen, die anderen aber im Blut." Friedrich III. kommentierte damit auch die Zurückhaltung des deutschen Protestantismus gegenüber der Verfolgung der Hugenotten in Frankreich.

In der Kurpfalz fand unter anderem auch ein Großteil der 1561 aus Frankfurt vertriebenen wallonischen Flüchtlingsgemeinde Aufnahme. Außer in Frankenthal bildeten sich in Heidelberg, Schönau, Lambrecht und Otterberg Kolonien der Reformierten. Am Heidelberger Hof Friedrichs III. lebten neben den bedeutendsten französischen Reform-Theologen, die bereits in der zweiten Hälfte des 16. Jahrhunderts in die Emigration gingen, auch zahlreiche Mitglieder des Hugenottenadels. So zum Beispiel die Schwester von Gaspard Coligny.

Durch diese enge Verbindung zu den Hugenotten war es unvermeidlich, daß die Kurpfalz über kurz oder lang in die innerfranzösischen Religionskriege hineingezogen wurde. In der Zeitschrift des „Hugenotten-Vereins", der „Deutsche Hugenott", wurde dazu 1974 in einem Aufsatz festgestellt: „Die Führungsrolle, die Friedrich III. im deutschen Calvinismus seit 1562 übernommen hatte, brachte es nun freilich mit sich, daß die Kurpfalz auf den Gedanken der militanten Durchsetzung konfessioneller Ziele einging. (...) Die Folgen stellten sich sofort ein. 1562 schickte der Hugenottenführer Prinz Condé den angesehenen Protestanten André Spifame als Kurier nach Frankfurt, wo die deutschen Stände zum Reichstag versammelt waren. Im selben Jahr nehmen am Hugenotten-Krieg in Frankreich bei der Schlacht von Dreux neben 5000 französischen Hugenotten 8000 ausländische Hilfstruppen teil. Darunter sind die wegen ihrer grenzenlosen Brutalität berüchtigten deutschen „Reitres" aus der Pfalz und Hessen. Im Frühjahr 1563 reiste die Schwiegermutter Condés nach Heidelberg, um sich beim Kurfürsten für die deutschen Truppen zu bedanken."

Auch zu den Freiheitskämpfern, die sich in den Niederlanden gegen die spanisch-katholische Okkupation unter Herzog Alba wehrten, hatte Friedrich III. von Kurpfalz Verbindungen. Immerhin war er der Schwager des Grafen Egmont, einem der Führer des niederländischen Freiheitskrieges. Mit Heinrich von Navarra, dem späteren Heinrich IV. und Verfasser des Toleranz-Edikts von Nantes, bestanden Kontakte. Knapp 100 Jahre später ändert sich jedoch die politisch-kirchliche Landschaft in

Deutschland entscheidend. Jetzt herrschte im eigenen Land ein Bürgerkrieg, der 30jährige Krieg. Durch ihn wurde die reformierte Vormachtstellung der Kurpfalz und anderer Staaten aufgelöst. Zwar wurden um 1650 wieder Flüchtlinge aus Frankreich aufgenommen, wo die Repression gegenüber den Hugenotten im Zuge der Aushöhlung des Ediktes von Nantes wieder zunahm, aber den „Flüchtlingsgemeinden war kein Blühen und Reifen beschieden". Das schrieb Helmut Kimmel in der „Festschrift zum Deutschen Hugenotten-Tag in Landau 1973". Der zwischen 1690 und 1710 regierende pfälzische Kurfürst Jan Willem erklärte schließlich zu den Protestanten, die nach der Aufhebung des Ediktes von Nantes 1685 auch in sein Land kamen, im krassen Gegensatz zu den Fürsten von Brandenburg und Hessen-Kassel: Es sei verlaufenes Gesindel, das die Pfalz in kürzester Frist mitsamt ihren Predigern zu räumen habe, da man nicht gesonnen sei, das Land von ihnen aussaugen zu lassen und zudem noch die Krone Frankreichs zu beleidigen.

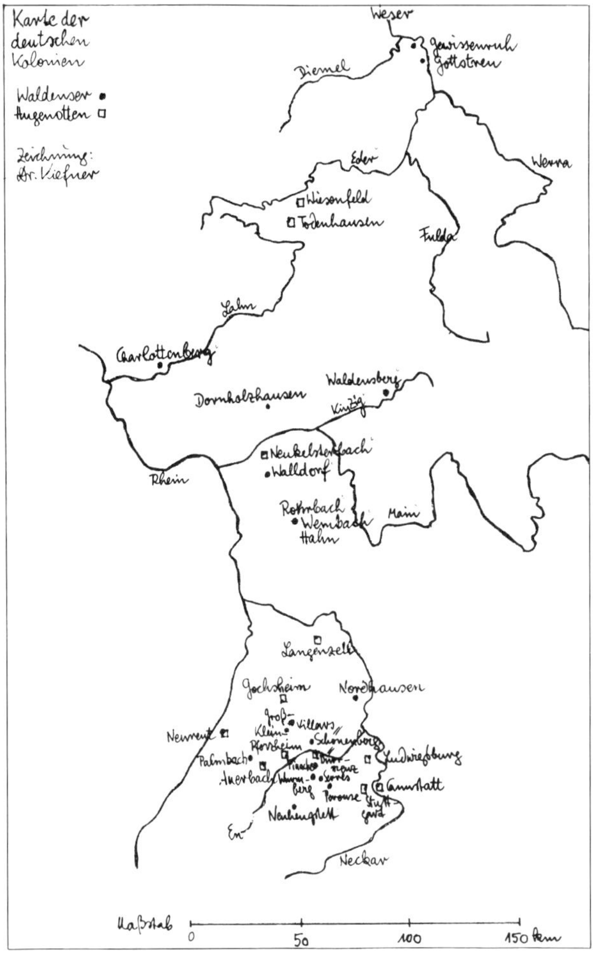

Die Waldenser-Orte in Deutschland. Karte des Waldenserforschers Dr. Theo Kiefner.

Die Nachfahren Petrus Waldus in Württemberg

In Zurückhaltung übte sich auch das Herzogtum Württemberg bei der Gewährung von Asyl für französisch-reformierte Flüchtlinge aus Frankreich. Nach 1685 wurde nur vergleichsweise kleinen Kolonien der Hugenotten die Ansiedlung gestattet. Als später sogenannte reformierte Waldenser in Stuttgart Aufnahme suchten, wurden sie zunächst abgewiesen. Bei diesen Flüchtlingen war zu offensichtlich, daß sie dem Land nur bedingt wirtschaftlichen Nutzen bringen würden. Die Heimat der Waldenser lag teils in Frankreich teils in Savoyen. Durch die zeitweilige Abhängigkeit dieses Staates von Frankreich traf sie ebenfalls die Aufhebung des Edikts von Nantes. Die Anhänger des mittelalterlichen Religionserneuerers Waldes hatten sich 1532 der Genfer Reformation angeschlossen. 1685 wurde der savoyische Herzog Victor Amadeus II. von Ludwig XIV. aufgefordert, mit den Waldensern so zu verfahren wie er in Frankreich mit den Reformierten. Als das Verbot des reformierten Glaubens von den Waldensern nicht einfach hingenommen wurde, sorgte Militär in einem kurzen Vernichtungskrieg für die Erfüllung der Direktiven aus Paris. Wer sich von den überlebenden Waldensern nicht in die Schweiz retten konnte, wurde entweder zwangskatholisiert oder eingekerkert. 1688 lud der savoyische Herzog die Waldenser zur Rückkehr bzw. Einwanderung in sein Land ein. Sein Verhältnis zu Frankreich war abgekühlt. Doch 1698 wurden sie auf neuerlichen Druck Frankreichs endgültig ausgewiesen.

Die Waldenser zogen zunächst wieder in die Schweiz, wo ihnen nur übergangsweise der Aufenthalt gestattet wurde. Eine Delegation unter der Führung des geistigen Oberhauptes der Waldenser, Henry Arnaud, machte sich nach Deutschland auf, um hier die Möglichkeiten für eine Gründung waldensischer Kolonien zu sondieren. Mitte Oktober 1698 sprachen sie am Stuttgarter Hof vor und baten um die Aufnahme von 3000 Landsleuten in Württemberg.

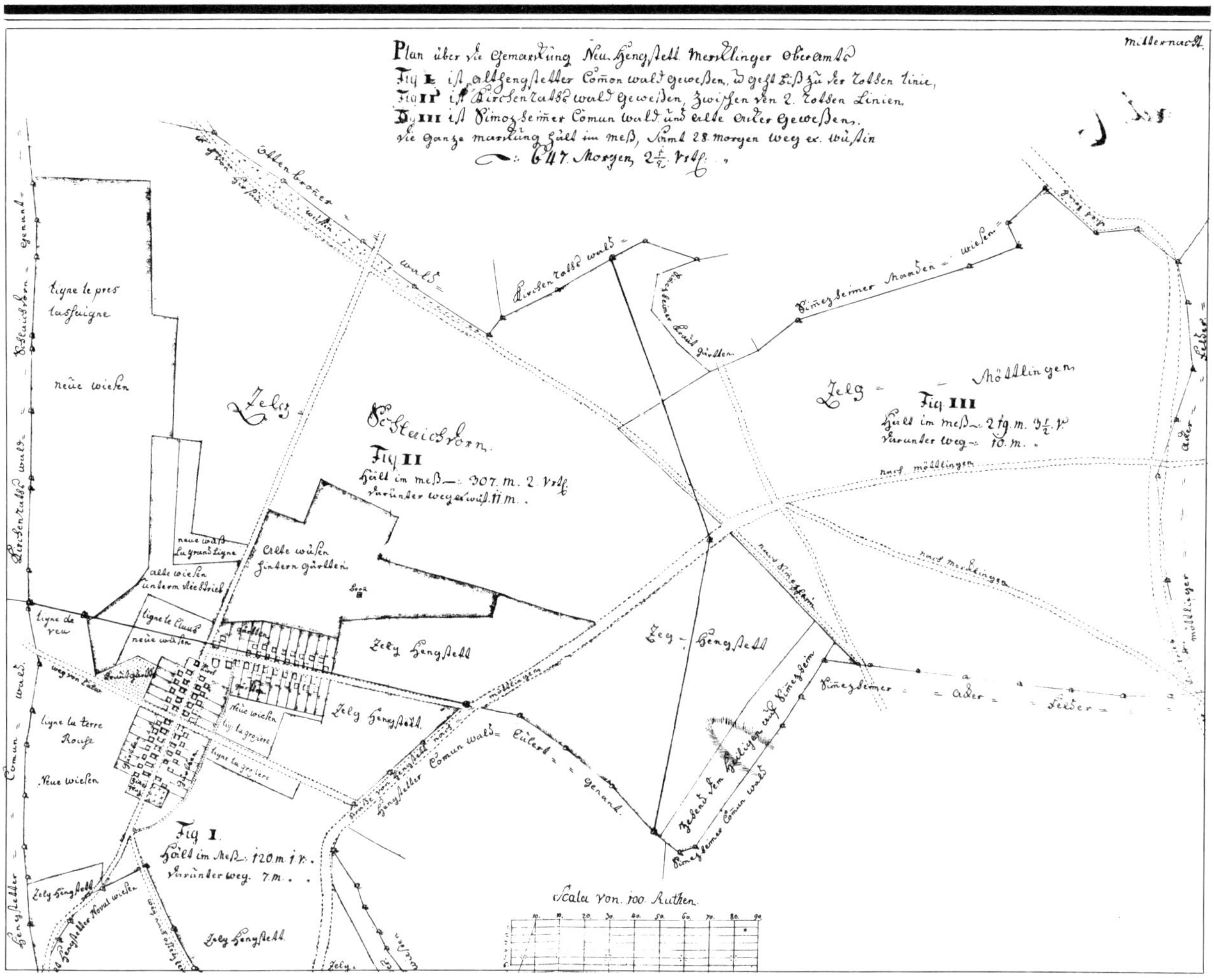

Plan für den Waldenserort Neuhengstett.

Rein äußerlich hinterließen sie bei ihrer Mission einen wenig ermunternden Eindruck: Ihrer Armut wegen konnten sie die Zechen in den Gasthäusern nicht bezahlen. Der junge württembergische Herzog Eberhard Ludwig hatte dabei im Prinzip nichts gegen die Ansiedlung von Waldensern einzuwenden. So reich wie die ohnehin armen Württemberger würden sie allemal sein, befand er.

Der pietistisch-lutherisch gestimmte Geheime Rat der württembergischen Regierung meldete dagegen große Bedenken an. Neben den unbezahlten Zechen ihrer Vorhut machte er vor allem das calvinistische Glaubensbekenntnis die Waldenser suspekt. Der Kanzler der Universität Tübingen, Osiander, warnte den Herzog, indem er auf die schillernde kirchengeschichtliche Vergangenheit der Fremden verwies. Dem gegenüber hat der angesehene pietistische Theologe Philipp Jakob Spener mit missionarischen Hintergedanken empfohlen: „Die Aufnahme der verjagten armen Waldenser wird eine Bereitung sein, daß sie unsere Wahrheit immer völliger erkennen. So ist sie mir eine rechte Freude, daher ich auch hoffe, daß sie einem Lande Segen bringen werden, welches ihnen Barmherzigkeit erweist.“

In Württemberg war diese Barmherzigkeit schließlich eine finanzielle Frage. Die Argumente überwogen, wonach diese Emigranten allein der Armenkasse zur Last fallen und dem Land somit nur von geringem Nutzen sein würden. Diese Haltung änderte sich erst, als England und Holland ihre Bereitschaft erkärten, bei einer Ansiedlung der Waldenser die Besoldung der Pfarrer zu übernehmen. Henry Arnaud hatte vorher in London entsprechende Verhandlungen geführt, in den Niederlanden verfügte der streitbare Waldenserführer bereits über gute Kontakte zu Wilhelm von Oranien.

Erst nach dieser Zusage erließ Herzog Eberhard Ludwig 1699 ein Edikt, das im Prinzip dem von Potsdam und Kassel entsprach. Auch er drückte darin seine Hoffnung aus, daß die Emigranten

Waldenser-Oberhaupt Henry Arnaud nach einem zeitgenössischen Ölgemälde.

Das Innere der Kirche von Schönenberg zur Zeit der Einwanderung.

„allerhand Manufacturen in Seide, Leinen, Wolle und Baumwolle und dergleichen zurichten und betreiben und ehedessen in diesen Landen nicht practizierte Manufacturen einführen und stabilisieren würden."
Angesichts der Tatsache, daß es sich bei den einwandernden Waldensern ausnahmslos um Bergbauern aus den Alpen handelte, war das ein frommer Wunsch, der sich kaum erfüllen sollte. Immerhin wurde den Waldensern Steuerfreiheit für zehn Jahre und die Befreiung von der Fron für alle Zeiten zugesagt.

Enttäuschte Hoffnungen

Der mit der örtlichen Organisation der Ansiedlung von Waldensern beauftragte Vogt Martin Greber meldete zunächst noch zuversichtlich, „die Waldenser machen Hoffnung, daß durch sie nicht allein die äußeren Grenzen des Landes wieder bevölkert, sondern auch die dem Land noch abgehenden Commercien einen Anfang nehmen möchten. Sie möchten nicht allein die Tabacs Culturen übernehmen, sondern auch Maulbeerbäume häufig pflanzen und Seidenwürmer einführen".
Die Seidenraupenzucht – in die alle deutschen Fürsten im Zusammenhang mit den französischen Emigranten besondere Hoffnungen setzten – mißlang in Württemberg ebenso wie in Brandenburg und Hessen. Das Klima und die landwirtschaftlichen Gegebenheiten machten einen Strich durch diese Blütenträume deutscher Herrscher. Zumal den Emigranten Ländereien zugewiesen wurden, die erst rekultiviert werden mußten. Über ihren Zustand klagte Henry Arnaud in einem Brief an Pieter Valkenier, der sich intensiv um das Schicksal der Waldenser in der Fremde kümmerte: „Es ist wahr, unser Volks wird fürs erste Jahr viel Mühe haben, denn man gibt uns Ländereien, welche man erst frisch umbrechen muß. Es gibt Strauchwerk und Bäume, welche umgehauen, dicke Baumstrünke, welche aus dem Boden entfernt werden müssen."
Den Flüchtlingen wurden auch in Württemberg so knapp bemessene Ländereien zugeteilt, daß die Kolonien von Anfang an unter Überbevölkerung litten. Da es sich bei ihnen vorwiegend um Großfamilien handelte, reichten die landwirtschaftlichen Erträge kaum für den Lebensunterhalt. Darüber hinaus war den Waldensern die in Württemberg übliche Feldarbeit mit Pflug und Ochsengespann unbekannt. Bei den steilen Alpenwiesen ihrer Heimat war solches Gerät nicht benutzbar gewesen. Vogt Greber teilt dazu inzwischen weit weniger freundlich mit, man müsse den Ansiedlern erst zeigen, wie sie den Pflug zu führen, die Ochsen anzuspannen und dieselben gewöhnen sollten. Und dabei stellten sie sich schon sehr dumm an.
Ein weiterer Mangel der Emigranten wird in der Chronik der Waldensergemeinde Nordhausen beschrieben: „Die armen Leute fanden in ihren Reihen keinen Maurer und keinen Zimmermann. Sie hatten keine Bausteine, kein Bauholz, nur Lehm, den sie mit Ästen und Zweigen von wild gewachsenem Gebüsch vermischten. Sie bauten in ebenerdiger Bauweise Hütten, die zum Teil mit zwei oder mehr Familien besetzt wurden."
In der ersten Zeit dienten Erdlöcher als Wohnraum. Die Regierung sah sich nur zum Nötigsten veranlaßt, um das kärgliche Dasein der Emigranten zu verbessern. In Unkenntnis der Bedeutung des Waldes für das Land, in dem sie jetzt lebten, begannen die Waldenser, ihren Lebensraum durch Kahlschlag angrenzender Wälder zu vergrößern. Mit einem Aufschrei allgemeiner Empörung reagierte die deutsche Bevölkerung. Die Gemeinden wurden bei der Regierung in Stuttgart vorstellig und verliehen bei dieser Gelegenheit ihrem Ärger darüber Ausdruck, daß sie nicht nur Teile ihrer Markung den Neubürgern abtreten, sondern für die Flüchtlinge auch noch Steuern bezahlen mußten. Den Waldensern war zwar Steuerfreiheit zugesagt worden, der absolutistische Staat wollte jedoch auf die Einnahmen nicht verzichten. Die deutsche Dorfgemeinschaft mußte deshalb den Fehlbetrag aufbringen. Sie hatten damit die Ansiedlung der Flüchtlinge doppelt zu bezahlen.
Der Waldenserforscher Theo Kiefner hat in seiner grundlegenden Untersuchung über ihre Einwanderung und Ansiedlung festgestellt, daß zum Beispiel der Ort Hausen an der Zaber noch für brachliegendes Land nach der Neubesiedelung durch Waldenserfamilien die teuere Steuer für Weinberge bezahlen mußte, weil das Land vor dem 30jährigen Krieg dafür genutzt worden war. In der entsprechenden, von Kiefner zitierten Beschwerde der Hausener Dorfverwaltung heißt es dazu: „14 Jahre mußten wir für das abgetretene Land hohe Steuern und Kontributionskosten bezahlen, zusammen über 9000 Gulden!" Und das war ein Vermögen.

Leben mit der Feindschaft

Diese Politik des württembergischen Hofes verhinderte eine friedliche Ko-Existenz zwischen Alteingesessenen und Neu-Bürgern bereits im Ansatz. Handfeste Auseinandersetzungen zwischen beiden Gruppen gehörten zur Tagesordnung. Als sich die Nachrichten von Zwischenfällen bei den Neuansiedlungen im ersten Jahr der Einwanderung häuften, wurden die Vögte im Juni 1699 in einem herzoglichen Erlaß aufgefordert, der deutschen Bevölkerung klar zu machen, daß „sie gar nicht Ursach hätten, die Waldenser anzufeinden“ und es „dem Herzog zu sonderbarem gnädigsten Gefallen gereichen würde“, wenn sie den Ansiedlern „mit aller christlichen Hilfe nach ihrem Vermögen und Kräften beispringen“ wollten.

Für die Württemberger, die dem Herzog und seinem Staat mit Fron und drückenden Abgaben zu dienen hatten, war das eine Zumutung: Sie mußten für die in ihren Augen privilegierten Waldenser nicht nur Land abtreten und bezahlen, sondern auch noch Frondienste leisten. Da die Emigranten bei ihrer Ankunft weder manuell noch finanziell dazu in der Lage waren, hatte die deutsche Bevölkerung befohlenermaßen bei Bau der Häuser und der Bestellung der Felder mitzuhelfen.

In die abgeschiedenen armen württembergischen Dörfer kamen Ausländer, die von einer zehnjährigen Flucht gezeichnet waren, die das Leben in einem festgefügten Gemeinde- und Ortschaftsverband erst mühsam wieder erlernen mußten. Einer ihrer späteren Pfarrer hat sie so charakterisiert: „Die Waldenser waren keine den Deutschen an Bildung überlegene Hugenotten, sondern arme und einfache, durch beispiellose Entbehrungen und Verfolgungen am Rande der Verzweiflung angekommene Bauern, welche ziemlich tief unter dem Bildungsgrad der schwäbischen Bevölkerung standen. Sie waren allerlei zerrüttenden Einflüssen ausgesetzt gewesen, durch das wilde Kriegsleben in Piemont, durch den tatenlosen Aufenthalt in der Schweiz, durch die fremden württembergischen Verhältnisse. Auf die Begeisterung der Glaubenstreue und des unvergeßlichen Heldenmuts war eine Zeit des Nachlassens gefolgt. Die sittlichen und natürlichen Kräfte der Verjagten zeigten sich erschöpft und fanden in der neuen Heimat weder die rechte Pflege noch Zeit zur Erholung.“

Dazu bittere Armut, die noch unter der Kärglichkeit deutscher Verhältnisse lag. In einer Chronik steht dann auch über ihre Ankunft in Württemberg: „Ihren ganzen Besitz brachten die Fremden in Tragkörben mit. Einmal hatte die gesamte Habe von 35 Familien auf zwei Wagen Platz. Unterwegs waren die Waldenser, denen die Ämter Fuhrwerke stellten, ungern gesehen. Immer häufiger wurde über das greuliche Ungeziefer der Piemonteser geklagt. In Stuttgart selbst durften sie deshalb nicht rasten, mit der Begründung, man wolle sich von ihnen die Spitäler nicht verderben lassen; sie sollten über Böblingen und Leonberg ziehen. Die Welschen bekamen aus holländischen Kollektengeldern ein Zehrgeld. Doch sie zogen es vor, das Geld zu sparen und vom Betteln oder Felddiebstahl zu leben.“

Für die schwäbischen Bauern waren die äußere Erscheinung, die Begleitumstände der Ankunft und die finanzielle Belastung Grund zur entschiedenen Ablehnung der Waldenser. Häufig zwang man sie mit Prügeln zum Weiterziehen, immer mehr Orte weigerten sich, wie Stuttgart, die Fremden durchziehen zu lassen. Außerdem galten sie vielen ihrer Sprache wegen als „Franzosen“. Durch die Überfälle der Heere Ludwigs XIV. nach Württemberg wurde in diesen Jahren von der Bevölkerung mit Franzosen wenig Gutes verbunden.

Die Waldenser empfing in Württemberg noch größere Ablehnung als die Hugenotten in Norddeutschland. Ein aus dem Ort Heimsheim überlieferter Vorfall war typisch für die Stimmung im Lande, als es hieß, „die Welschen kommen“. Die Gemeindechronik vermerkt am 6. Juni 1699: „Der Bürger Mathes Mann hat auf der Straße überlaut geschrien, er oder der Waldenser müsse vorher durchs Messer erstochen werden, ehe er diesen auch nur vorübergehend in sein Haus lasse.“ Hintergrund für dieses ortsbewegende Ereignis war die bevorstehende zwangsweise Einquartierung der Flüchtlinge für die erste Zeit nach ihrer Ankunft.

„Lux lucet in Tenebris“

Trotz der unglücklichen Umstände ihrer Ankunft und ihres späteren Daseins in Württemberg begannen die Waldenser getreu ihrer Losung „Lux lucet in Tenebris“ (Das Licht leuchtet in der Finsternis) damit ihr „Zion zu bauen“, wie Henry Arnaud befohlen hatte. Vielen gelang es schnell, die größte Not zu überwinden. Allerdings dauerte es über 100

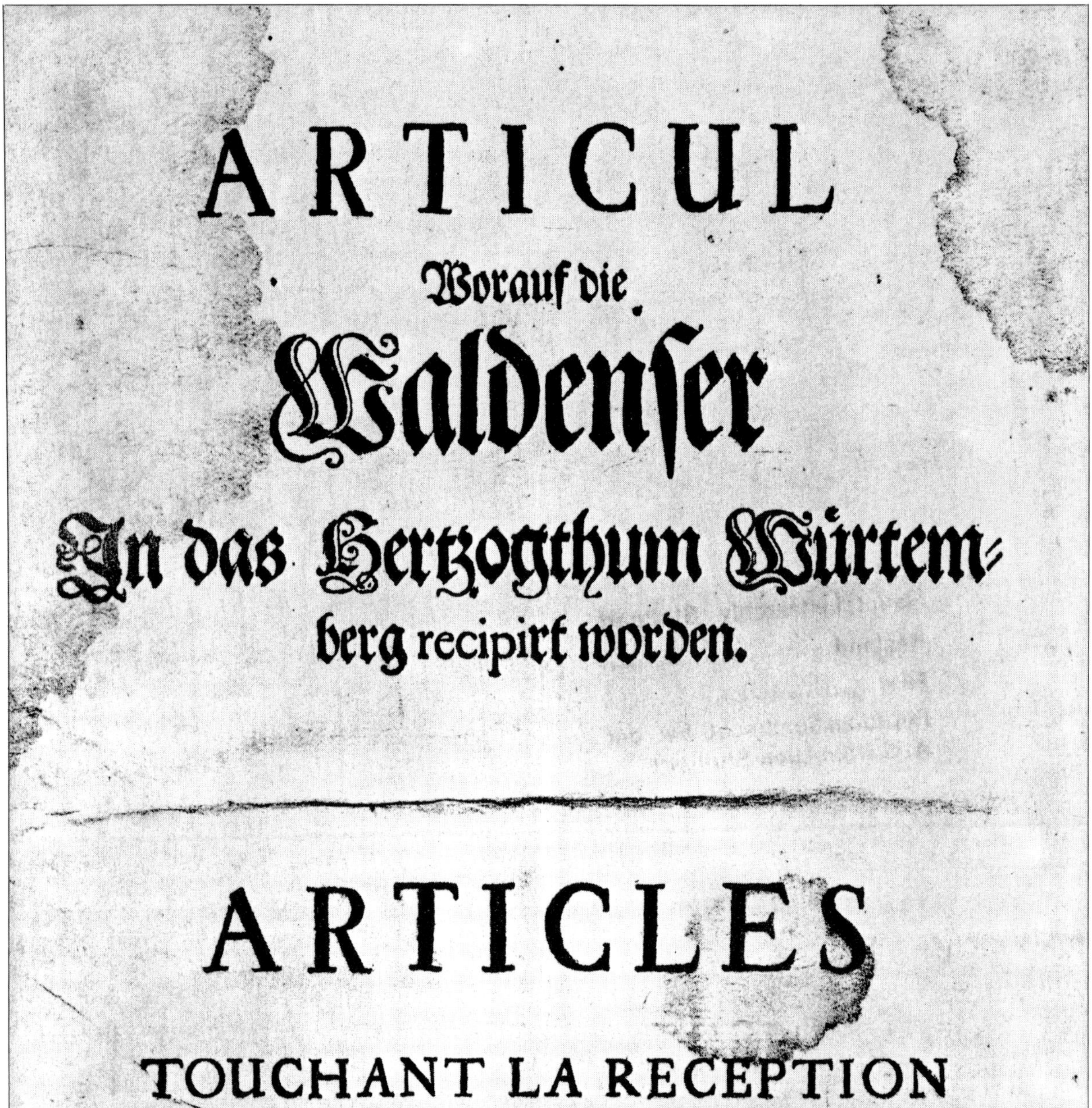

ARTICUL

Worauf die

Waldenser

In das Hertzogthum Würtem-
berg recipirt worden.

ARTICLES

TOUCHANT LA RECEPTION

DES VAUDOIS

dans le Duché de Wirtemberg.

Titelblatt des Edikts, das der Württembergische Herzog Eberhard Ludwig 1699 erlassen hat.

Jahre, bis zum Beispiel in einer Oberamtsbeschreibung zur Waldensergemeinde Nordhausen festgestellt wird: „Nordhausen ist ein blühender Ort in einem Garten aus Obstbäumen!“
Waldenser waren es auch, die 1701 die Kartoffel als Grundnahrungsmittel einführten. In diesem Jahr erhielt Henry Arnaud von einem Vetter aus Piemont zur Probe 200 Exemplare, die er – ertragreich – in seinen Pfarrgarten in Schönenberg bei Mühlacker pflanzte. Eine Hinweistafel erinnert jetzt noch an dieses „Ereignis“.
Den meisten waldensischen Flüchtlingen in Württemberg gelang jedoch der Ausbruch aus der Not nicht. Als 1720 Preußen den Waldensern die Übersiedlung in die Mark Brandenburg offerierte, sah der Württembergische Hof darin eine Möglichkeit, diese armen und damit für das Land wenig nützlichen Flüchtlinge auf elegante Weise loszuwerden. Die Vögte wurden diesmal angewiesen: „Du sollst aufzeichnen die Zahl der Familien, welche zuviel seynd und diejenigen benamsen, welche du glaubst, daß man könnte laufen lassen. In Benanung sind aber diejenigen auszusuchen, welche unruhige Leute oder Verführer der anderen gewesen und allzugroßer Armuthey halber nicht bestehen können.“ Bessergestellten wurde das Weiterziehen nach Norden verboten. Aber gerade auf sie hatte die Preußische Regierung spekuliert, arme Flüchtlinge waren bereits genügend da. So wurde der Auszug für jene Waldensergruppe aus Württemberg, die sich schließlich zu einem vermeintlich besseren Leben im Brandenburgischen aufmachten, zu einer tragischen Odyssee. Sie kamen zwar nach Berlin, aber als man dort feststellte, wie armselig sie waren, wurde ihnen zur Bedingung gestellt, entweder 300 Gulden vorzuweisen oder das Land wieder zu verlassen. Natürlich verfügten die Flüchtlinge nicht annähernd über eine derartige Barschaft und so zogen sie weiter. Theo Kiefner hat bei seinen Forschungen festgestellt, daß diese Gruppe bis ins Baltikum wanderte, wo sie wie Sklaven gehalten wurden. Die Waldenser flohen dann per Schiff über die Ostsee nach Fredericia in Dänemark. Auch hier mißlang die Ansiedlung. So blieb ihnen nichts anderes übrig, als der Weg zurück nach Deutschland. In der Nähe von Hannover verhandelten die Flüchtlinge ein knappes Jahr über die Möglichkeiten, hier eine Bleibe zu finden. Ohne Ergebnis. Sie zogen weiter nach Süden; in Hessen-Kassel nahm man die Waldenser schließlich 1722 auf. Sie gründeten die Orte Gewissensruh und Gottstreu.

Deutsch oder Patois

Im Gegensatz zu den Hugenotten, deren Französisch als gesellschaftsfähig galt, bestanden für die Waldenser über Jahrhunderte kaum zu überwindende Sprachbarrieren. Ihr Patois, ein provenzalischer Dialekt, halb französisch, halb italienisch, wurde von den Deutschen als „Welsch“ abqualifiziert und umgab sie mit dem Ruf des Unverständlichen, Unzivilisierten. In ihrer Rolle als gesellschaftliche Randgruppe legten die Waldenser großen Wert auf ihre Sprache und die damit verbundene heimatliche Tradition als einzigem Halt. Das brachte ihnen noch zu Beginn des 19. Jahrhunderts den staatlichen Vorwurf ein, zwar fleißige und arbeitssame Leute zu sein, aber „größtenteils an einem unvernünftigen Stolz auf ihre Abstammung“ festzuhalten.
Der erste Biograph der waldensischen Einwanderung nach Württemberg, Andreas Keller, kam 1796 in seinem „Kurzen Abriß der Geschichte der Waldenser“ ebenfalls zu dem wenig schmeichelhaften Ergebnis: „Die Wirtembergischen Waldenser stehen auf einer sehr niedrigen Stufe der Cultur. Unwissenheit herrscht bei ihnen in hohem Grade, woran nicht ihre Unfähigkeit schuld ist. Sie hätten vielmehr Kopfs genug, daß aus ihnen bei besserer Einrichtung und unter günstigeren Umständen etwas werden könnte; hauptsächlich der schlechte Schulunterricht und der Mangel an Sprache sind daran schuld.“
Die Umstände änderten sich jedoch nicht. Für die Waldenser wurde kein Collège français eingerichtet. Im Gegenteil: Der Staat, der sie als Fremde aufgenommen hatte, drängte auf ihre möglichst rasche und nahtlose Eingliederung. Dem stand zwar in gewissem Grade die vom Herzog genehmigte kirchliche und damit auch schulische Selbstbestimmung entgegen, aber damit alleingelassen führte sie bei den Betroffenen häufig zur weiteren kulturellen und sozialen Verelendung. Die Administration stellte sich auf den Standpunkt, seht allein zu, wie ihr zurecht kommt.
Die schulische Situation war – wie Andreas Keller feststellte – selbst für die damaligen Verhältnisse äußerst mangelhaft. Die Zahl der Analphabeten ist bis zum Beginn des 19. Jahrhunderts bei den Waldensern groß. Allein aus finanziellen Gründen war es den waldensischen Kolonien nur selten möglich, qualifizierte Lehrer für die Kinder zu finden. Meist reichte die Schulbildung selbst bei ihnen gerade für das Mindeste aus. Eine Unterrichtung in Deutsch fand überhaupt nicht statt.

Bereits Ende des 17. Jahrhunderts, wenige Jahre nach der Einwanderung von Waldensern, hatte die Juristische Fakultät der Universität Tübingen in einem Gutachten eine rigorose Germanisierung der Emigrantenkinder empfohlen. Darin heißt es: „Es möchten die Recipierende künftighin angewiesen seyn, ihre Kinder in deutsche Schulen zu schicken, um nicht allein die von ihrer Muttersprache nach und nach, zumahlen von der welschen Sitte abzugewöhnen, sondern auch die schöne Gelegenheit zu bekommen, neben Erlernung der deutschen Sprache einerley principia pietats et religionis mit unserer Jugend a primis incunabulis zu fassen!"

Weder die deutsche noch die waldensische Seite waren dazu bereit. Die Deutschen fürchteten den fremden Einfluß und die Waldenser den Verlust der heimatlichen Sprache und Kultur. 1701 betonte die Synode der Waldenser deshalb nachdrücklich den alleinigen Unterricht nach französisch-reformierten Gesichtspunkten in Patois bzw. Französisch. Dieser „Unterricht" bestand allerdings meist im Auswendiglernen des französisch-reformierten Kathechismus.

Ein gewichtiges Wort sprachen in den waldensischen Kolonien, zumindest in der Anfangsphase der Emigration, die Kirche bzw. die Pfarrer. Unter dem ständigen Druck der Verhältnisse konnten sie ihren Gemeindemitgliedern nur noch bedingt den notwendigen geistigen Halt vermitteln. Vor der enormen Armut selbst der Pfarrer kapitulierte die Kirche. Die Finanzhilfen aus England und Holland flossen immer spärlicher und die lutherische Landeskirche Württembergs erklärte sich für die Calvinisten nicht zuständig. Häufig waren die Pfarrer keine Waldenser, sondern reformierte Franzosen. Sie wurden aus allen Teilen Europas in die Gemeinden verpflichtet. Geistliche aus dem begrenzten Gebiet der piemontesischen Täler gab es selten. Die Pfarrer sprachen kein Patois, sondern Französisch, das die wenigsten Waldenser verstanden. Die Fehden zwischen den einzelnen Gemeindepfarrern füllen Bände in den Pfarrgeschichten der Waldensergemeinden. Dabei ging es vorwiegend um Kompetenzen und Finanzen. Nach dem Tode Henry Arnauds 1722 zerfiel das Kollegium der Waldenser-Pfarrer vollends.

Die waldensischen Kolonien lebten in strikter Abgrenzung zu den deutschen Nachbarn. Die Beziehungen beschränkten sich auf das Notwendigste. In der ersten Zeit war der Zuzug von Deutschen generell untersagt, obwohl die Waldenser in verschiedenen Bereichen des alltäglichen Lebens auf deutsche Mithilfe angewiesen waren. Sie verfügten in ihren eigenen Reihen beispielsweise fast nie über Handwerker. 1720 verabschiedete die Stuttgarter Regierung sogar einen Erlaß, wonach jeder Waldensergemeinde ein deutscher Friseur, Wagner- und Schmiede-Meister verordnet wurde. Der Männerüberschuß bei den Waldensern machte darüber hinaus Kontakte zu Nicht-Waldensern unumgänglich ...

Der vergebliche Kampf für eine Sprache

Im Laufe des nächsten Jahrhunderts lösten sich die durch den Glauben und die Sprache bedingten Grenzen zwischen Waldensern und Deutschen weiter auf, die Folge einer zwangsläufigen Entwicklung. Zu Beginn des 19. Jahrhunderts beendete ein bürokratischer Staatsakt, ähnlich wie in den anderen deutschen Staaten, die organisatorische Selbstverwahltung der reformierten Gemeinden. Am 18. März 1806 hob die Stuttgarter Regierung die „Waldenserdeputation" von 1699 auf. Äußerer Anlaß war die endgültige Kündigung der finanziellen Unterstützung der Waldenser durch England und Holland. Die Waldenser sollten damit endgültig Württemberger werden. Als unmittelbare Folge dieser Entscheidung wurde die Einführung von Deutsch in der Amts-, Schul- und Kirchensprache auch bei den Waldensern angeordnet. Außerdem durften sie künftig ihre Pfarrer nicht mehr in eigener Regie wählen, die Evangelische Württembergische Landeskirche benannte sie. Die noch amtierenden reformierten Geistlichen wurden einem Dekan unterstellt.

Damit waren hundertjährige Befürchtungen der Reformierten Wirklichkeit geworden. Pfarrer und Gemeinden wehrten sich dagegen mit öffentlichen Protesten. Die Württembergische Staats- und Kirchenbürokratie versuchte darauf, den Waldensern die neue Lage mit Güte nahezubringen. Den Geistlichen wurde Gehaltserhöhung zugesagt, wenn sie deutsch predigten. Das wagten jedoch nur die wenigsten aus Angst vor dem Zorn der Gemeinde-

mitglieder, die auf einer Predigt in Patois oder zumindest in Französisch bestanden. Für sie, die Reformierten, war eine Praktizierung des Glaubens in einer anderen Sprache als Französisch undenkbar.
In einer württembergischen Waldensergemeinde warfen die Bürger nach einer deutschen Predigt die Fensterscheiben des Pfarrhauses ein und bedrohten den Pfarrer. Die Auseinandersetzungen um die Beibehaltung der französischen Kirchen- und Amtssprache zwischen Regierung und Waldensern dauerten nahezu zwei Jahrzehnte, bis die Verwaltung des von Napoleon gekürten Königsreichs zu keiner weiteren Diskussion mehr bereit war. Die Waldenser hatten sich zu fügen. 1823 wurde die endgültige Vereinigung der reformierten Gemeinden mit der evangelischen Landeskirche vollzogen. In der Schlußbegründung hieß es, die „unbedeutenden Verschiedenheiten zwischen calvinistischen und lutherischem Protestantismus in einigen Lehrsätzen sind für ein Zusammenleben kein Hindernis." Die Auflösung der waldensischen Kirche ist einige Wochen später durch ein offizielles Verbot der französischen Sprache in Kirche und Schule durch den Württembergischen König Wilhelm I. ergänzt worden. Wie sich dieses Verbot vor Ort auswirkte, berichtete der Nordhausener Schulmeister seiner Dienstbehörde mit den Worten: „Nachdem ich gestern den Befehl erhalten habe, in Zukunft nur noch Deutsch zu unterrichten, ist heut' am frühen Morgen schon die ganze Gemeind vorm Rathaus gestanden und hat von mir gar bös' verlangt, das Deutsche in der Schule sein zu lassen, sonst würden sie ihre Kinder nimmer schicken. Als Mindestes wollen sie jetzt für den Unterricht reformierte Bücher ..." Die bekamen sie natürlich nicht.
Eine Minderheit hatte damit in Württemberg zumindest amtlicherseits aufgehört zu existieren. Mit den Jahren verschwand auch ihre Sprache, das Patois, über das der Romanist Ernst Hirsch in diesem Jahrhundert schrieb, um sie habe sich wissenschaftlich eigentlich nie jemand gekümmert. Im Patois sei als ein bis zur Unkenntlichkeit verstümmeltes Französisch oder eine italienisch-französische Mischsprache ohne kulturgeschichtliche Bedeutung, ein Kauderwelsch, gesehen worden, das keinerlei Beachtung verdiente.
Erst als in Deutschland diese Sprache niemand mehr beherrschte, wurde dieser Irrtum – nicht zuletzt durch Ernst Hirsch – revidiert. Bereits 1899 hatte die Waldenserin Anna Gille die Tragik der verlöschenden Sprache als endgültiges Verlorengehen der kulturellen Vergangenheit in einem Gedicht beschrieben, das den Titel trägt: „Seufzer über das Erlöschen der Sprache und der Art der Waldenser". Es beginnt mit den Zeilen:

„Patois, du herrliche Sprache unserer Väter, der alten Waldenser.
Inmitten der Deutschen erhielten sie sich zweihundert Jahre, nicht achtend des beißenden Spottes böswilliger Menschen, den Haß der Schlimmen nicht fürchtend.
Wehmütig stimmt mich's zu denken daran,
wie du so nah bist dem Erlöschen."

1932 starb die letzte Waldenserin, die noch Patois sprach und verstand. Kurz vor dem Zweiten Weltkrieg und anschließend in den 50er Jahren wurde damit begonnen, die Geschichte der waldensischen Minderheit systematisch zu erforschen. Erst 1980 erschien mit der mehrbändigen Untersuchung über Herkunft und Leben der Waldenser von Theo Kiefner zum erstenmal eine umfassende Darstellung dieser Fremden in Deutschland. Weitgehend auch von seiten der Evangelischen Kirche gefördert, existiert seit einigen Jahrzehnten die „Deutsche Waldenser-Vereinigung", die ähnliche Ziele wie der „Deutsche Hugenotten-Verein" verfolgt. Sitz der Vereinigung ist das Henry-Arnaud-Haus in Schönenberg bei Mühlacker.
Sie bemüht sich neben der Waldenserforschung um die Förderung des Kontakts zu den Bewohnern der piemontesischen Alpentälern, die heute zu Italien gehören und in denen es noch zahlreiche reformierte Waldensergemeinden gibt.
In Baden-Württemberg erinnern lediglich Ortsnamen wie Perouse im Kreis Böblingen an das Dasein der Waldenser.

Heimkehr.

VON »WASSERPOLACKEN« UND HÜTEKINDERN WANDERARBEITER DER JAHRHUNDERT-WENDE

Wirtschaftswunder nur für wenige: die Gründerzeit

Nach dem gewonnenen Krieg gegen Frankreich 1870/71 erlebte das Deutsche Reich einen bis dahin nicht gekannten wirtschaftlichen Aufschwung – die Reparationen, die das besiegte Frankreich bezahlen mußte, waren dabei eine Starthilfe. Damals entstanden die großen Industrie-Imperien, Krupp und Thyssen wurden groß. Später nannte man diese Epoche „Gründerzeit".

Etwas zu gründen gab es in diesen knapp viereinhalb Jahrzehnten bis zum Ersten Weltkrieg allerdings nur für wenige.

Den meisten wuchs die Armut über den Kopf. Sie zahlten den Preis für eine Industrialisierung, die die kleinen Handwerker oder Gewerbetreibenden ruinierte und die Landwirtschaft von den Städten abkoppelte. Von den Ansätzen einer sozialen Revolution in den Jahren um 1848 war nicht einmal mehr die Erinnerung geblieben. Ob nun an der Spitze des Staates ein „eiserner Kanzler" Bismarck oder ein Hohenzollern-Kaiser stand, das Elend der Masse der Bevölkerung blieb unverändert. Wer zu Geld gekommen war, richtete sich mit Plüsch und hoch-

mütigem Patriotismus hinter klotzigen Sandstein-Fassaden ein.
Damit der Garant dieses relativen Wohlstands, die Industrie, nicht ins Stocken geriet, wurde die Arbeitskraft jener Menschen gebraucht, die die absolute Armut zwang, sich als moderne Sklaven in den „Dienst" dieses Wohlstandes zu stellen. Vor allem in den Kohlebergwerken, den rheinland-westfälischen Stahl- und Eisenwerken waren Arbeitskräfte rar. Zwischen 1850 und 1870 konnte die westdeutsche Kohleförderung und Roheisenproduktion die größten Zuwachsraten aller Zeiten verzeichnen. Dabei blieb von dem einstmals angesehenen Handwerk des Bergmanns mit seiner jahrhundertealten Tradition nicht viel mehr als billige Lohnarbeit übrig. Das Ethos dieses Berufsstandes wich brutaler Ausbeutung.
Die Arbeiter und ihre Familien lebten in der zweiten Hälfte des 19. Jahrhunderts unter Bedingungen, die in der Gegenwart in den Slums der Dritten Welt eine Fortsetzung finden.
Zur Bewältigung der gestiegenen Produktion reichten deutsche Arbeiter allein schon bald nicht mehr aus. Das betraf sowohl die Industrie in den Ballungszentren als auch die Betriebe der feudalen Landjunker auf dem Lande. Ausländische Arbeiter wurden gebraucht: In den armen Gegenden Europas warb man sie mit dem Versprechen auf ein besseres Leben im „goldenen Westen" des Deutschen Reiches an. Wurden 1861 bei einer Volkszählung im rheinisch-westfälischen Industriegebiet nur 16 Polen gezählt, so lebten 1890 allein in den Regierungsbezirken Arnsberg, Münster und Düsseldorf bereits 30290 Einwohner mit polnischer Muttersprache. Zusammen mit den Polen lebten bis zum Beginn des Ersten Weltkriegs 1914 rund zwei Millionen Arbeiter aus Rußland, Österreich-Ungarn und Italien im Deutschen Reich.

So sah die Arbeit im Bergbau an Rhein und Ruhr in der zweiten Hälfte des vorgegangenen Jahrhunderts aus. In der rücksichtslosen Ausbeutung ihrer Arbeitskraft durch die Unternehmen waren die Ausländer den Deutschen zumindest gleichgestellt.

Wo die polnischen Wanderarbeiter herkamen: Eisengießerei bei Gleiwitz. Lithographie 1841.

Ausländer als Konjunktur-Puffer

Ausländer waren von Anfang an ein fester Bestandteil der Arbeitsmarktpolitik im Deutschen Reich, teils als Saisonarbeiter, teils als ständige Arbeitskräfte. Öffentlichkeit und Behörden beschäftigten sich mit diesen Ausländern. Dabei wurde weniger die menschliche und soziale Seite diskutiert, als die Frage, wie diese Fremden den Deutschen am Nützlichsten sein könnten. Wie die preußische Arbeitsverwaltung die Ausländerbeschäftigung beurteilte, geht aus dem Protokoll des „VI. Deutschen Arbeitsnachweis-Kongresses" in Breslau 1910 hervor. Dabei betonte ein Referent:

„Die Möglichkeit für die deutsche Industrie, ausländische Arbeiter heranzuziehen, ist besonders wertvoll in den Zeiten der Hochkonjunktur, wenn es gilt, den sprunghaft gesteigerten Bedarf des heimischen wie des ausländischen Marktes zu befriedigen. Andererseits ist die Industrie bei dem Abflauen der Konjunktur und einer Erleichterung des Arbeitsmarktes in der Lage, zunächst die ausländischen Arbeiter abzustoßen, die somit für die einheimischen Arbeiter sozusagen als Konjunktur-Puffer, als Sicherheitsventil für deren kontinuierliche Beschäftigung dienen."

Fünfzig Jahre später sprach man von den ausländischen Arbeitern in der Bundesrepublik zwar nicht mehr direkt von „Konjunkturpuffern", führte aber, wie beispielsweise der ehemalige Ministerpräsident von Baden-Württemberg, Hans Filbinger, den Begriff von der „Rotation" der Ausländer ein. Andere westdeutsche Politiker und Funktionäre betonen, die „Rückkehrbereitschaft" der sogenannten „Gastarbeiter" in ihre Heimatländer müsse erhalten bleiben.

1891 schrieb der Sozialist Karl Kautsky in seinem Buch „Das Erfurter Programm" angesichts der Beschäftigungspolitik bei Ausländern von einer je nach Konjunkturlage manövrierbaren „industriellen Reservearmee" und stellte sarkastisch fest:

„Dampfschiffe und Eisenbahnen, diese gepriesenen Träger der Kultur, bringen nicht bloß Gewehre, Schnaps und Syphilis zu den Barbaren, sie bringen auch die Barbaren zu uns, und mit ihnen die Barbarei. Diese fremden Arbeiter sind zum Teil Kleinbauern und Kleinbürger, welche die kapitalistische Produktionsweise ruiniert, von Haus und Hof verjagt, und denen sie nicht nur ein Heim nimmt, sondern auch ihre Heimat."

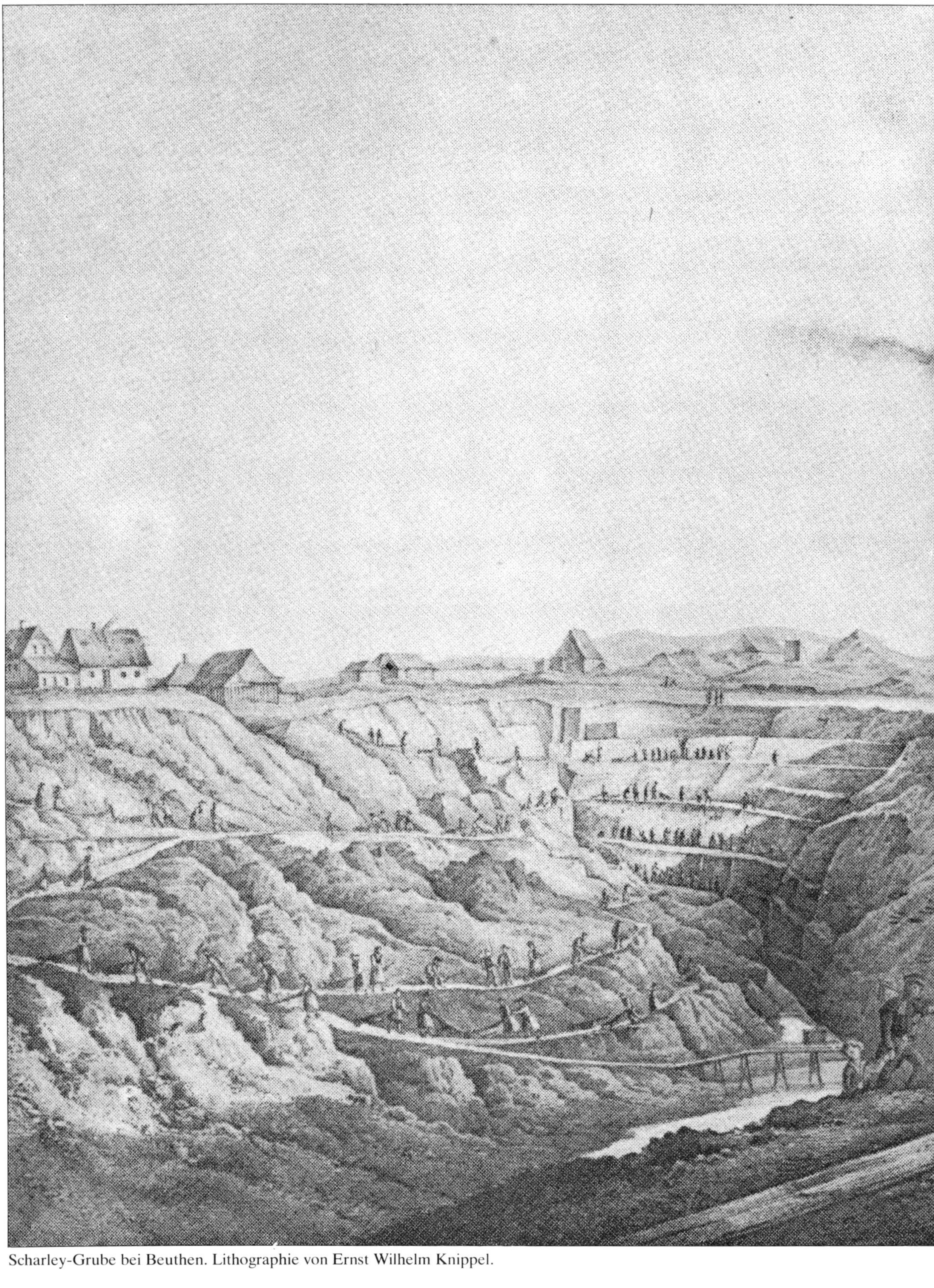

Scharley-Grube bei Beuthen. Lithographie von Ernst Wilhelm Knippel.

Polnische Arbeiter an Rhein und Ruhr

Es waren Polen, die ihre Heimat in der Umgebung der ostelbischen Kohlenreviere gegen die Nachbarschaft zu den Kohlengruben in Herne, Bochum oder Gelsenkirchen eintauschten. Sie kamen aus einem Land, das als selbständiger Staat nicht existierte. Polen war von Preußen, Rußland und Österreich nach dem Wiener Kongreß 1815 annektiert worden. Erst nach dem Ersten Weltkrieg entstand wieder ein quasi-polnischer Staat.

Im „Revier" stellten Polen bereits nach wenigen Jahren einen Großteil der Zechen-Belegschaft. An der Spitze lag 1899 die Zeche Ewald in Recklinghausen mit einem Polen-Anteil von 85 Prozent der Mitarbeiter. Die Belegschaft war dabei einer ständigen Fluktuation unterworfen. In seinem Standardwerk „Die Bergarbeiter" stellte der Historiker Otto Hue fest: „Es steht aber fest, daß viele Tausende ostelbische Zuwanderer wieder in ihre Heimat zurückkehrten, sei es alsbald, nachdem sie erkannten, wie wenig die Wirklichkeit mit den glänzenden Schilderungen des Werbeagenten übereinstimmte, sei es nach Jahren, um mit erspartem Gelde daheim ‚selbständig' zu wirtschaften. Immer neuer Ersatz zieht heran, aus eigenem Antrieb, auf Einladung von schon ausgewanderten Verwandten oder durch die Versprechungen der geschäftsmäßigen Werber zur Abwanderung veranlaßt. Ständig sind solche Agenten auf eigenes Risiko oder im Zechenauftrag tätig. In großen Trupps, die manchmal mehrere Eisenbahnwaggons füllen, werden die Angeworbenen auf den Zechen abgeliefert. Dazu herrscht im rheinisch-westfälischen Kohlenrevier selbst ein grandioser Arbeiterwechsel von Werk zu Werk. Wir berechneten, daß in den Jahren 1900 bis inclusive 1912 hier 765995 Bergleute die Arbeitsstelle wechselten. Im Jahre 1912 allein gingen den Zechen 259067 Arbeiter zu, 232122 kehrten ab! Die Hauptursache dieses ungeheuren Arbeiterwechsels, der ohne Zweifel die Unfallgefahren stark erhöht und in verderblicher Weise mithilft, den kollegialen Zusammenhalt der Arbeiter zu verwüsten, ist die schroff ablehnende Haltung der Werksherrn gegenüber dem Verlangen der Arbeiterschaft, in gleichberechtigter Weise an der Festsetzung der Lohn- und sonstigen Arbeitsbedingungen mitzuwirken."

Der Arbeiterschriftsteller Hans Marchwitza (1890–1965) hat in seiner Autobiographie „Meine Jugend" die eigene Anwerbung durch einen Zechenagenten beschrieben:

„In Beuthen stellte sich alle paar Wochen ein Agent von der Ruhr ein, der nicht viel zu locken brauchte. Hunderte Unzufriedene umlagerten das schmutzige Hotel. Der Agent betrog die Angeworbenen, das wußte man; er betrog erst recht jene, die sich ihm mit Gewalt aufdrängten, mit dem kleinen Zehrgeld, mit den lumpigen Fahrkosten und mit dem Kontrakt, den jeder unterschreiben mußte. Wenige fanden den Mut, sich den Vertrag auch durchzulesen. Der Agent betrachtete jeden eine Weile kritisch, brummte: ‚Daß ihr dann drüben ja nicht stöhnt. Da gibts kein Nörgeln, Kontrakt ist Kontrakt!'

‚Kontrakt ist Kontrakt', natürlich ... Auch ich hätte weiß Gott in diesem Augenblick jedes Urteil unterschrieben, nur nicht die Schande, wieder dableiben zu müssen, nach allen Hoffnungen und unserem Prahlen."

Für Hans Marchwitza und Tausende polnischer Wanderarbeiter mit ihm war „drüben" kein „goldener Westen". Sie fanden dasselbe Elend, das sie hinter sich ließen:

„Der Zug rollte. Unser armes Land flog vorbei. Staubige, feuerspeiende, schweißtriefende Städte, traurige Straßen, abgefetzte, barfüßige Kinderscharen, bleiche Frauen und ausgemergelte, uns anstarrende Männer. Die alte Heimat entblößte noch einmal ihr ganzes trostloses Gramgesicht, wie eine Seuchenkranke: Kommt ja nicht wieder her – nie wieder! ... Verflucht! Noch einmal brennende Höllen, an Karren und Eisen schleppende Gestalten, welke Augen, die bleiche Schwindsuchtswelt. Fenster ohne Scheiben, mit Pappe, Brettern und Zeitungspapier verschlagen und verklebt."

Und dann die Ankunft im Rheinland:

„Mir schien es, als führen wir zurück. Wir hatten Hannover und einige längere Landstrecken hinter uns, und vor unseren Augen tauchte langsam eine bekannte Rauch- und Feuerwelt auf. Den Geruch kannte ich seit meinem ersten Atemzuge.

‚Wir sind da', erklärte mir Schneider, ‚wenigstens ich', und ich sah, daß er heimlich seine Vorbereitungen traf. Er drückte mir die Hand: ‚Also, laß dich da unten ja nicht unter ihre Kontraktfuchtel zwingen. Ist's schlimm, und schlimm wird's, dann laß einfach deine Fleppen Fleppen sein und dampf ab ...' In Hamm war er dann plötzlich verschwunden.

Der Agent lief auf dem düsteren Bahnhof wild und drohend an den Wagen entlang. – ‚Verschwindet mir noch einer, dann schicke ich ihm die Polizei nach. Und ohne Papiere kommt hier keiner weiter, der wird sowieso gleich gekapert.'"

Mit diesen Verträgen traten die Arbeiter sämtliche Rechte an die Zeche ab. Ein Wechsel der Arbeitsstelle wurde unmöglich, da der Arbeitgeber ihre

Ausweispapiere einbehielt.
Wen sich die Zechen als potentielle Arbeiter wünschten, geht aus einem Schreiben hervor, das die Gelsenkirchener Zeche „Hiberia" noch 1906 „an alle Gastwirte der Provinz Ostpreußen" schrieb: „Streng vertraulich! Wir bitten die Herrn Gastwirte, dafür zu sorgen, daß möglichst viele Arbeiter unter 26 Jahren, möglichst unverheiratete, hierher ziehen. Für jeden aus Ihrer Ortschaft Zuziehenden zahlen wir Ihnen drei Mark."
Erst zu Beginn des 20. Jahrhunderts wurde die Anwerbung von Arbeitern aus dem Ausland durch private Agenten verboten. Die von ihnen „angeworbenen" jungen Polen erwartete im Revier Arbeit bis zur totalen Erschöpfung, bei einer Entlohnung, mit der kaum der tägliche Grundbedarf gedeckt werden konnte.
Über die Arbeit der polnischen Arbeiter in den westdeutschen Bergwerken schrieb Hans Marchwitza:
„Unten tobte die Staubhölle. Auch hier hetzte jeder nach dem Lohn, der, mit Schweiß und Blutstropfen verdient, kaum von Zahltag zu Zahltag ausreichen wollte. Ich traf auch hier alle wieder, die verlorenen Glückssucher, die aus Ost- und Westpreußen, aus Posen und Sachsen und von überallher angewandert kamen, im Glauben, hier eine sichere Insel in dem Strom der Not zu finden. Viele hatten gleich einen Trupp Fresser mitgebracht und ganze Schwägerfamilien, und alles quetschte sich und heckte in den Zechenpferchen. Oft sah es aus, als hinge wie bei Ertrinkenden einer auf dem anderen.
Während einer Schicht fand man einen Kattowitzer, einen sehr stillen, stets grübelnd umhergehenden Jungen, auf einem Streckenholz an seinem Leibriemen erhängt. Man schnitt ihn noch rechtzeitig ab, rüttelte ihn wieder ins Leben.
Jede Schicht wurden Wagen wegen ‚unreiner Kohle' gestrichen. Der ‚Kranz' war eingeführt worden: Der vollgeladene Wagen mußte am Rand mit Stückkohle umkränzt und noch dreiviertel Fuß hoch darüber beladen werden. Das gab blutige Finger und abgerissene Nägel, wenn man unter den niedrigen Hölzern anhakte. ‚Baut aus' sagte Dallhaus. ‚Baut aus!' – dann blieb man mit dem Fördern zurück. Machte man keinen ‚Kranz' oder schüttelte sich die Kohle ein, war es ‚Mindermaß', und auch diese Wagen konnten gestrichen werden. Gestrichen – gestrichen. Und wir schufteten und hetzten einander."
Ein Teil des Verdienstes floß sogar wieder an den Betrieb zurück; als Bezahlung für Kost und Unterkunft. Für Ledige reichte der Verdienst zum Nötigsten.
Unerträglich wurde die Lage, wenn eine Familie ernährt werden mußte: Unterernährung, Krankheiten und eine hohe Kindersterblichkeit begleiteten das Leben der Polen in der neuen Heimat. Sie teilten damit das Los ihrer deutschen Arbeitskollegen, die ihnen allerdings mit allgemeiner Ablehnung begegneten. Die deutschen Arbeiter sahen in den Polen Lohndrücker und keineswegs Garanten zur Sicherung des eigenen Arbeitsplatzes, wie beim „Deutschen Arbeitsnachweis-Kongreß" verkündet wurde. Auch die preußische Arbeitsverwaltung bezweifelte den „Nutzen" der Beschäftigung von Ausländern für die Volkswirtschaft. Der Geheime Hofrat Prof. Stieda, vom Leipziger „Verein für Arbeitsnachweis" fand bei dem Kongreß 1910 kritische Worte: „Privatwirtschaftlich mag für den Unternehmer der Bezug ausländischer Arbeitskräfte vorteilhaft sein – für die Gesamtheit bedeutet er einen Schaden. Auf der einen Seite eine nicht wegzuleugnende Schar Arbeitsloser, die arbeiten wollen und keine Arbeit finden und auf der anderen Seite jährlicher Zuzug von hunderttausenden Personen aus dem Auslande, denen es bei uns sehr gut gefällt und von denen ein nicht unerheblicher Teil dauernd seinen Wohnsitz bei uns aufschlägt. So nimmt jeder Ausländer tatsächlich durch Unterbieten einem Deutschen die Arbeit fort. Die Fremden erheben durchschnittlich keine so hohen Lohnforderungen, weil sie auf einer anderen Kulturstufe stehen, faktisch weniger Bedürfnisse haben."
Einerseits „Konjunkturpuffer", andererseits „Lohndrücker": die ausländischen Arbeiter im Deutschen Reich lebten zwischen Ablehnung und Ausbeutung. Der preußische Staat sah sich gegenüber den Fremden zu keinem Entgegenkommen veranlaßt. Für ihn war die Ausländerbeschäftigung allein eine Frage der Wirtschaft, der sogar nahegelegt wurde, den Ausländern „mit aller gebotenen Strenge zu begegnen". Damit keiner das Gefühl bekomme, er sei den Deutschen willkommen. Otto Hue dazu aus der deutschen Gewerkschaftsperspektive in „Der Bergarbeiter":
„Daß die massenhafte, sich immer wieder erneuernde Zuwanderung aus Gebieten mit viel niedrigeren Löhnen und an vergleichsweise weit schlechtere Lebenshaltung gewöhnter Bevölkerung keinen verbessernden Einfluß auf die wirtschaftlichen Verhältnisse der Ruhrgebietsarbeiter ausüben konnte, ist leicht begreiflich. Ehe sich die Einwanderer einleben, werden sie als die ‚musterhaft' willigen und genügsamen Arbeitskräfte ausgenutzt.
Indessen ist es nach unseren Erfahrungen falsch, die Zuwanderer schlichtweg als ‚Lohndrücker' zu bezeichnen. Man muß vor allen Dingen einen Unterschied machen zwischen den von Jugend auf an die

miserabelsten Lebensverhältnisse gewöhnten, in der Furcht vor dem Gutsherrn erzogenen Zuzüglern aus den landwirtschaftlichen Bezirken und den vorher schon industriell tätigen Zuzüglern. Wenn die ersteren in erheblicher Zahl herankommen, gänzlich mittellos, land- und betriebsfremd, dann ist es ganz selbstverständlich, daß diese Leute seitens des Werkes oft vorläufig wenigstens behaust, manchmal auch beköstigt werden und die Zechenverwaltungen diese Situation ausnützen, solange es eben geht. In sich immer riesenhafter ausdehnenden Zechenkolonien erhalten die Herangeschleppten Unterkunft. Hier herrscht der Kolonievogt und wacht über das Fernhalten der ‚verhetzenden Agitatoren'. Die herangeschleppten Leute selbst haben gewiß selten das Bewußtsein, Lohndrücker zu sein. Bewußte Lohndrücker, also Leute, die ihren Berufsgenossen die Arbeitsbedingungen absichtlich verschlechtern, gibt es unter den Deutschen wie unter den Slawen und Romanen. Daß sich besonders die nicht Deutsch sprechenden Arbeiter durch unkollegiales Verhalten in der Kameradschaft hervortäten, haben wir noch nicht gehört. Ebenso unrichtig ist es, namentlich den Polen nachzusagen, sie eigneten sich nicht für Arbeiten, die eine höhere Intelligenz erfordern. Wir wissen von vielen sehr tüchtigen deutschen Bergleuten, daß sich deren polnische Arbeitskollegen durch große Intelligenz und handfertige Geschicklichkeit auszeichnen."

Die ambivalente Haltung der damals noch jungen gewerkschaftlichen Bewegung gegenüber den ausländischen Wanderarbeitern, die Otto Hue hier formulierte, hat Ähnlichkeit mit den Beziehungen des Deutschen Gewerkschaftsbundes nach dem Zweiten Weltkrieg zu den Ausländern in der Bundesrepublik. In manchen Gewerkschaftskreisen fällt es nach wie vor schwer, deutsche und ausländische Arbeiter als in jeder Beziehung gleichberechtigte Partner zu akzeptieren.

Zum Grundsätzlichen der Beschäftigung von ausländischen Arbeitern faßte Otto Hue schließlich zusammen: „Es soll nicht bestritten werden, daß die einheimische Bevölkerung nicht in der Lage war, der kolossalen Arbeiternachfrage voll zu genügen. Aber es ist leicht nachweisbar, daß gerade in der altansässigen Bergarbeiterbevölkerung die Neigung, die Nachkommenschaft Bergwerksarbeit verrichten zu lassen, stark abgenommen hat. Die Bergwerksarbeit ist eben nicht mehr wie früher besonders geachtet …"

Polnische Arbeiter werden zum Politikum

Der Soziologe Hans-Ulrich Wehler machte 1966 in einer Untersuchung über die „Polen im Ruhrgebiet bis 1918" darauf aufmerksam, daß die westdeutschen Polen ein Beispiel dafür waren, „wie eine sprachliche Minderheit die soziale Desintegration zu bewältigen versucht hat, der sie durch den freiwilligen Überwechsel aus ihren vorherrschend statisch und agrarisch strukturierten Heimat in die andersnationale Umgebung einer dynamischen Industriegesellschaft mit städtischem Gepräge ausgesetzt war."

Nachdem im Laufe der Zeit klar wurde, daß die Beschäftigung von Polen keine vorübergehende Episode sein würde, reagierte der preußische Staat auf die Neubürger zunehmend gereizter. Weite Kreise in der deutschen Öffentlichkeit sprachen von einer „Gefahr für das Deutschtum".
Den Polen blieb also nichts anderes übrig, als sich in der eigenen nationalen Gruppe solidarisch zu stützen. Diese Bemühungen der Polen um die Bewahrung heimatlicher Tradition wurden von Staats wegen mit restriktiven Maßnahmen beantwortet. Wer dem Gastland nicht kurzfristig wieder den Rücken kehrte, hatte sich nach der Maxime des Staates der absoluten Germanisierung zu unterwerfen. In einer entsprechenden Denkschrift betonte das preußische Innenministerium in Berlin 1898: „An den Polen selbst wird damit ein gutes Werk vollzogen, denn es tritt dann an die Stelle eines minderwertigen, stets zu Exzessen geneigten, namentlich auch in den weiblichen Teilen mit bedenklichen Eigenschaften ausgestatteten Elementes die wirtschaftliche und sittliche Überlegenheit des Deutschtums."
Das ließ den Nationalsozialismus Adolf Hitlers erahnen. Anfang 1899 erließ das Oberbergamt Dortmund eine ergänzende „Bergpolizeiverordnung" – aus „sicherheitspolitischen Interessen". Diese „Interessen" wandten sich unmißverständlich gegen die ausländischen Bergarbeiter; einer der markantesten Paragraphen der Verordnung machte ohne Umschweife deutlich: „Fremdsprachige Arbeiter dürfen beim Betrieb von Bergwerken und den dazugehörigen Aufbereitungsanstalten und Brikett-Fabriken nur beschäftigt werden, wenn sie genügend deutsch verstehen, um mündliche Anweisungen ihrer Vorgesetzten und Mitteilungen ihrer Mitarbeiter richtig aufzufassen." Die höhere Unfallrate bei Ausländern, die mit auf Sprach- und Verständigungsschwierigkeiten zurückzuführen war, nahm die Bürokratie bei dieser Verordnung zum Anlaß, Polen den beruflichen Aufstieg zu versagen. Dafür waren nach dieser Verordnung Sprachprüfungen notwendig. Über Umfang und Qualität der deutschen Sprachkenntnisse existierten keine bindenden Richtlinien. Die Unternehmen entschieden nach ihrer Interessenlage. Eine von den Gewerkschaften geforderte polnische Übersetzung der Arbeitsschutzbestimmungen lehnten die Zechen mit dem Hinweis auf die Haltung der preußischen Regierung ab.
Als besonders wirksames Mittel zur rigorosen Germanisierung der Polen setzte der Staat schließlich die Schulpolitik ein. Dazu gehörte, polnische Privatschulen – die zur Selbsthilfe gegründet wurden – auszuschalten. Mit verschiedenen Einzel-Aktionen sollte dieses Ziel erreicht werden. So verbot der spätere preußische Kultusminister Heinrich Konrad von Studt 1889 die aktive Beteiligung polnischer Kinder an – so wörtlich – „öffentlichen Aufführungen und Lustbarkeiten aller Art". In einem Beamten-Erlaß hatten preußische Lehrer einige Jahre später den Grundsatz zu beachten:
„In den Provinzen gemischtsprachiger Bevölkerung und nationaler Gegensätze legt die Aufgabe der Staatsregierung, das deutsche National- und preußische Staatsbewußtsein in der Bevölkerung zu stärken und lebendig zu erhalten, auch den Beamten des Staates und der Gemeinden, einschließlich der Lehrer, besondere Pflichten auf."
Alles, was mit Polen oder polnischer Sprache auch nur in entfernter Beziehung stand, galt als suspekt. Die Kinder der polnischen Arbeiter waren die Hauptleidtragenden dieser Politik. Ihren Eltern gelang nur unter Schwierigkeiten, die entsprechenden Defizite auszugleichen. Für die deutsche Bevölkerung wurde das Schimpfwort „Polacken" zum gebräuchlichen Umgangston im Zusammenleben mit der polnischen Minderheit. Die Unterdrückung der Polen hatte neben innenpolitischen Gründen auch rassistisch-ideologische Ursprünge, die auf der Ebene des militanten Nationalismus zusammenfanden. Die wesentlichen Anstöße zu den zahlreichen Anti-Polen-Kampagnen gingen dabei von der ursprünglich kleinen, aber einflußreichen Gruppe der sogenannten „Hakatisten" aus. So nannten sich die Mitglieder des 1894 gegründeten „Deutschen Ostmarken-Vereins" nach den Anfangsbuchstaben der Namen der Gründer Hansemann, Kennemann und Tiedemann. Dieser Nationalisten-Verein setzte sich für eine massive Verstärkung der deutschen Interessen in Posen bzw. dem als „Ostmark" bezeichneten Teil Polens ein. Er profilierte sich durch gezielte Hetzkampagnen gegen Polen und die polnische Kultur und säte damit bereits um die Jahrhundertwende den Geist, der 1939 den Überfall auf Polen für die deutsche Führung begründbar machte. Die „Hakatisten" verfügten über enge Bindungen zur Regierung in Berlin und hatten direkten Einfluß auf entsprechende Entscheidungen. Zusammen mit den ihnen im Geiste verwandten „Alldeutschen" bzw. den ihnen nahestehenden Politikern vermieden sie keine Gelegenheit, um die Poleneinwanderung als nationale Bedrohung zu bezeichnen. In der deutschen Öffentlichkeit fanden sie damit großen Anklang. Über die deutsch-nationale Presse wurden die in der Bevölkerung bestehenden Ressentiments gegenüber Fremden im Zeichen des anti-polnischen Chauvinismus aktiviert.

Den Höhepunkt der Anti-Polen-Agitation bildete 1909 die Einrichtung einer „Zentralstelle für die Überwachung der Polenbewegung im rheinisch-westfälischen Industriegebiet“ in Bochum. Sie hatte die Aufgabe, die von jeher stattfindende Observierung der polnischen Bevölkerung durch die Polizei zu koordinieren und in halbjährlichen Berichten das Berliner Innenministerium, die örtlichen Dienststellen sowie die Regierungspräsidien über die Ergebnisse zu informieren. Besonderes Interesse galt dabei den polnischen Wortführern, Vereinen und den Veröffentlichungen in polnischer Sprache.
Die zentrale Überwachungsstelle arbeitete bis 1914, die von ihr angelegten Akten wurden noch von der Geheimen Staatspolizei des NS-Regimes benutzt.

Polnische Selbstorganisationen als Selbstschutz

Unter dem Druck dieser Verhältnisse zogen sich die polnischen Arbeiter in ihren rheinisch-westfälischen Enklaven zumindest im Privatleben in eine polnische „Subkultur“ zurück. In der angefeindeten Umgebung der Deutschen erhielten sie sich so heimatliche Sprache und Kultur. Als strenggläubige Katholiken legten sie auf enge Bindungen zur Kirche großen Wert. Die Katholische Kirche Preußens reichte den Ausländern deshalb anfangs geschmeichelt die seelsorgerische Hand, um sie ihnen schon bald brüsk wieder zu entziehen. Die Polen wünschten sich nämlich polnisch sprechende Geistliche aus ihrer Heimat. Das schien der deutschen Kirchenführung politisch unvertretbar. So kühlte das Verhältnis zwischen Polen und Kirche schnell ab.
Den Einwanderern blieb im kirchlichen Bereich nichts anderes übrig, als sich auch in diesem Bereich selbst zu organisieren. Präses Edmund Forycki, vom heute noch in Bochum bestehenden „Bund der Polen in Deutschland“, faßt das Verhältnis von polnischen Arbeitern und Kirche gegen Ende des 19. Jahrhunderts mit den Worten zusammen: „Polonia semper fidelis, heißt es. Unser Polentum hat seine gewissen Quellen auch im Christentum. In den über 170 Jahren der Teilung Polens war die Kirche das einende und einigende Element. Das sahen unsere Leute, die hierher emigrierten und wollten sich deshalb auch in die christlichen, katholischen Gemeinschaften finden, siehe kirchliche Vereine, nachdem die deutschen Gemeinden ihnen mit großer Zurückhaltung begegneten.“
Kirchliche Vereine mit den verschiedensten Zielsetzungen wurden in den ersten Jahrzehnten der Einwanderung von den Polen in großer Zahl gegründet. Der erste hieß „Jedność“ (Einigkeit), Polen in Dortmund gründeten ihn um 1870. Für das Gemeindeleben der Polen im Ausland waren sie von ausschlaggebender Bedeutung, das Rückgrat dieser Arbeitsemigration. Sie besorgten den Zusammenhalt zwischen den Polen und versuchten – gelegentlich sogar militant – deren Interessen nach außen zu vertreten.
Der Historiker Hans-Ulrich Wehler entgegnet auf den gelegentlich in diesem Zusammenhang erhobenen Vorwurf, die Polen seien besondere „Vereinsmeier“, mit der Feststellung, diese negative Umschreibung werde der wichtigen sozialpsychologischen Funktion nicht gerecht, die diese verschiedenen Vereinigungen ausübten, „indem sie ihren im Ruhrgebiet völlig fremden Landsleuten den alltäglichen Lebensbereich stabilisieren halfen“.
Bei der Anwerbung von polnischen Geistlichen stießen die Organisationen auf erhebliche Schwierigkeiten, da sie auf eine Vermittlung durch die deutschen Kirchen verzichten mußten. So wurde beim ersten polnischen Katholikentag am 3. Juni 1894 mit großer Bitterkeit an die deutschen Behörden appelliert:
„Wir sind von polnischen Eltern geboren und können nicht soviel deutsch, um deutsch beichten und deutsche Predigten verstehen zu können. Daher brauchen wir polnische Seelsorger. Indem wir den hohen geistlichen Behörden für die bereits erfolgte Anstellung polnischer Geistlicher danken, flehen wir demütig um die Sendung von noch mehr Priestern.“
Diese Wünsche blieben unerfüllt. Mit dem Elan von „Pilgervätern“ entstand aber ein funktionierendes System polnischer Gegenkultur. 1894 wurde zum erstenmal ein „Bund der Polen“ gegründet, der gegenwärtig noch mit Sitz in Bochum arbeitende Bund 1924. Als Reaktion auf die eher flaue Unterstützung der Gewerkschaften, die sich in erster Linie ihren deutschen Mitgliedern verpflichtet fühlten, bildeten die Polen zu Beginn dieses Jahrhunderts eine eigene Gewerkschaft. Der deutsche Gewerkschaftler Otto Hue bemerkte dazu: „Für die am 9. November 1902 in Bochum erfolgte Gründung der Polnischen Berufsvereinigung fehlte aber auch jedes andere Bedürfnis als das der national-polnischen Parteiführer, die polnischen Arbeiter aus partei-politischen Gründen möglichst streng von ihren an-

Fahne der polnischen Rosenkranzbruderschaft in Gelsenkirchen-Schalke. Gegründet 1895.

Prawdy Polaków!

Prawda pierwsza:

Jesteśmy Polakami!

Prawda druga:

Wiara Ojców naszych jest wiarą naszych dzieci!

Prawda trzecia:

Polak Polakowi bratem!

Prawda czwarta:

Co dzień Polak narodowi służy!

Prawda piąta:

Polska Matką naszą – nie wolno mówić o Matce źle!

1922 - 1977

III Kongres
Związku Polaków w Niemczech T. z.
z okazji 55-lecia jego istnienia

III. Kongress
des Bundes der Polen in Deutschland e. V.
anläßlich seines 55-jährigen Bestehens

Programmheft zum Jubiläumskongress des Bunds der Polen 1977.

dersprachigen Klassengenossen abzusondern. Weder gegen den Bergarbeiterverband noch gegen den Gewerkschaftsverein christlicher Bergleute hat jemals ernstlich der Vorwurf der antipolnischen Haltung erhoben werden können. Der Verband suchte schon seit Jahren durch Herausgabe einer polnischen Zeitung die gewerkschaftliche Verständigung zwischen deutschen und polnischen Kameraden zu fördern. Die Verbandszeitung hat stets wider die sogenannte ‚alldeutsche', ‚hakatistische' Polizeipolitik gekämpft, soweit dies im gewerkschaftlichen Rahmen überhaupt möglich ist."

Die deutschen Gewerkschaften hatten trotzdem Schwierigkeiten im Dialog mit den polnischen Arbeitern. Das getrübte Verhältnis zu Knappschaftsverein und Gewerkschaft wurde auch bei der Gründungsversammlung des „Zjednoczenie Zawodowe Polskie" (ZZP) deutlich.

Christoph Kleßmann zitiert in seinem Standardwerk „Polnische Bergarbeiter im Ruhrgebiet 1870–1945" aus der Rede des späteren ZZP-Vorsitzenden Mankowski:

„Als wir unser Vaterland verließen, nahmen wir zwei große väterliche Perlen mit, unsere polnische Sprache und den Glauben der Väter, den wir in unserer Sprache bekennen. Wir, die wir hier versammelt sind, zählen zu denen, die diese Schätze nicht verloren, sondern im Herzen bewahrt haben, und wir wünschen sie unseren Nachkommen zu überliefern. Da gibt es die deutsche Gewerkschaftsbewegung, die immer größere Kreise zieht, und obwohl sie sich in zwei einander bekämpfende Lager gespalten hat – die sozialistische und die christlich-soziale Bewegung –, wünschen doch beide Richtungen, unsere Arbeiter in ihren Schoß aufzunehmen, und beide Richtungen sind für die polnischen Arbeiter sehr schädlich und feindlich, weil sie unsere beiden geliebten Perlen gefährden, die Sprache und den Glauben der Väter. Beide Richtungen möchten die polnischen Arbeiter an sich ziehen – nicht um sie zu schützen, sondern um ihnen Geld abzunehmen und aus ihnen die Ideen der Väter herauszureißen."

Obwohl in ihrem Programm politisch der offiziellen Linie im Deutschen Reich folgend, („Politische und religiöse Bestrebungen im Sinne der Sozialdemokratie sind unbedingt ausgeschlossen") war die ZZP von seiten des preußischen Staates besonderem Druck ausgesetzt. Eine radikale Beschränkung der polnischen Gewerkschaftsarbeit bedeutete der 1908 im „Reichsvereinsgesetz" erlassene sogenannte „Sprachenparagraph", der den Gebrauch der polnischen Sprache bei öffentlichen Versammlungen drastisch einschränkte. Da die ZZP nicht nur Arbeitern, sondern allen Polen offenstand, traf diese staatliche Repression die gesamte polnische Minderheit.

Am Zustandekommen der „Polnischen Berufsvereinigung" hatte die Zeitung „Wiarus Polski" (Polnischer Genosse), die seit 1890 in Bochum erschien und das maßgebliche Blatt der Polen an Rhein und Ruhr war, wesentlichen Anteil. Zusammen mit einer Anzahl weiterer Zeitungen und Zeitschriften, die in polnischer Sprache erschienen, sorgte der „Wiarus" für eine überregionale Verbindung zwischen den Polen. Zur Bedeutung gerade dieser Zeitung meint Präses Edmund Forycki:

„Die Zeitung entstand aus einer inneren und äußeren Notwendigkeit. Nicht nur, um unsere Sprache zu hegen und zu pflegen, sondern auch um unsere Wortführerin zu sein, die unsere polnischen Belange hier im preußischen Staat vertrat. Die Rechte, die wir laut der preußischen Verfassung auf dem Papier hatten, mußten wir uns bitter und teuer erkämpfen. Wir konnten und wollten das nicht anders als in unserer Muttersprache. Außerdem war diese und die anderen Zeitungen ein sichtbares Zeichen unserer Daseinsberechtigung."

Die preußische Zensur ließ keine Gelegenheit aus, das Erscheinen der Zeitungen zu verhindern oder die Redaktion unter Druck zu setzen. Trotzdem ließen sich vor allem die Mitarbeiter des „Wiarus Polski" nicht davon abhalten, auch weiterhin auf die allgemeine Diskriminierung mit entsprechenden Polemiken zornig zu reagieren.

Handfeste Auseinandersetzungen mit den Hütern deutscher Obrigkeit blieben nicht aus. Sie erreichten 1899 ihren Höhepunkt, als eine polnische Bergarbeiterversammlung von preußischer Polizei und Militär gesprengt wurde. Dabei starben vier Polen, zwanzig wurden schwer verletzt. Die deutsche Berg- und Hüttenarbeiter-Zeitung veröffentlichte dazu am 8. Juli 1899 folgendes Gedicht:

Wieder hat's im Bergrevier geknallt,
Aber unten nicht im Wetterschachte –
Jammerruf und Sterberöcheln schallt
Droben, wo die Wetter nimmer krachte. –

Was das Echo jetzt so grausig weckt,
Scharfe Schüsse sind's im Kohlengrunde,
Auf der Straße liegen hingestreckt
Junge Knappen mit der Todeswunde.

Erst hat man die Armen hergebracht
Aus der Heimath, uns den Lohn zu drücken,
Nun, wo auch der Pole aufgebracht,
Jagt man ihm die Kugel durch den Rücken. –

Glaubt man, daß die Flinte ihn belehrt.
Was dem Knappen dient zu Nutz und Frommen? –
Glaubt man, daß der Säbel ihn bekehrt
Und daß nun zur Einsicht er gekommen? –

Ist vielleicht der arme Pole schuld,
Er, den man in Stumpfsinn auferzogen,
Wenn zu Ende geht ihm die Geduld,
Wenn sein langes Hoffen ihn betrogen? –

Oder ist der Bergmann minder gut,
Weil ihm Polster fehlt und Seidenkissen? –
Wer ist schuld an dem vergoßnen Blut,
Wer hat diese That auf dem Gewissen? –

Betont politisch verstanden sich zwangsläufig auch die polnischen Sport- und Gesangsvereine, die die kirchlichen Vereine ergänzten. Über den Sport und den Gesang hinaus war hier die Pflege des polnischen Selbstverständnisses ein wesentliches Ziel der Aktivitäten. Welche Bedeutung das Vereinsleben damals für die Polen hatte, schildert Maria Stefanski, die in Bochum lebt und deren Vater als Jugendlicher nach Westfalen kam, wo er sich als Schlepper im Bergbau verdingte:

„Ein Pole hatte nicht nur das Bedürfnis zu arbeiten, sondern er liebte sein Land, seine Sprache, er liebte seine Mitmenschen. In Kirchlinde, wo mein Vater zunächst lebte, existierten bereits mehrere polnische Vereine. Für ihn war es selbstverständlich, sich als Mitglied einzuschreiben. Unter anderem beim ‚Sókól' (ein Turnverein, d. V.), beim ‚Kirchlichen Verein' und im Gesangsverein. Er war so aktiv, daß ihn der kirchliche Verein zu seinem Vorsitzenden wählte, obwohl er erst 20 Jahre alt war. Später im Jahre 1923, als der ‚Bund der Polen' gegründet wurde, wurde er Vorsitzender der Ortsgruppe Kirchlinde. Jeder in unserer Gemeinde war mehr oder weniger stark in einem oder mehreren Vereinen engagiert. Das gehörte einfach mit dazu, das war selbstverständlich; wo hätte man denn sonst hingehen sollen."

Über die polnischen Turnvereine, die sich „Sókól", „Falke", nannten, schrieb zum Beispiel 1910 die Bochumer Polen-Überwachungsstelle: „Die Vereinstätigkeit der Sókóls wendet sich dem eigentlichen Turnen immer mehr ab und Leistungen zu, die auf die militärische Bedeutung des Sókóltums Bezug haben. So werden regelmäßig Übungsmärsche von 20 bis 30 Kilometer und mehr unternommen … Werden auf diese Weise die Mitglieder gestählt, so sorgen andererseits Vorträge über die polnische Geschichte, über die Verhältnisse im früheren Polenreich dafür, daß die weitergehenden politischen Bestrebungen des Sókóltums bei den Polen immer mehr Verbreitung finden."

So die offizielle Einschätzung der polnischen Sportvereine. Aus der familiären Vergangenheit schildert die Nachfahrin polnischer Einwanderer, Maria Stefanski, die Bedeutung der ‚Sókól'-Vereine: „Ich kenne die Vereine aus den Berichten meines Vaters und Schwiegervaters. Beide waren sehr aktive ‚Sókól'-Mitglieder. Mein Schwiegervater erinnert sich noch sehr gerne daran. Er ist jetzt 86 Jahre alt, aber verschiedene Turnübungen aus seiner aktiven Sókól-Zeit kann er heute noch vorführen. Was ich sehr beeindruckend fand, war die enge Beziehung dieser Turnvereine zum Polentum: Wenn wir zu Hause ein Wort deutsch sprechen, dann sagt er, ‚zu meiner Zeit

Die Turner vom „Sokól“ in Annen 1917.

war das gar nicht möglich. Bei unserem Training war vereinbart worden, daß jeder, der ein Wort deutsch spricht, fünf Pfennig in die Vereinskasse zahlen muß!' Scheinbar hat das sehr gut gewirkt, denn dieser Betrag wurde nie sehr hoch, wie mein Schwiegervater sagt." Durch diesen Rückzug in die Gruppe der Landsleute retteten sich die polnischen Minderheiten über alle Versuche des Kaiserreichs, sie nahtlos zu germanisieren, und die Jahre des Ersten Weltkriegs hinweg in die Weimarer Republik. Hier galt für sie das verfassungsmäßig garantierte Recht einer Demokratie auf freie Entfaltung der kulturellen Eigenheiten und der Erhaltung von Tradition und Sprache. 1927 machte ein Abkommen mit der polnischen Regierung die Rückführung in Deutschland beschäftigter polnischer Landarbeiter möglich. Nach 1933 verschärfte sich die Lage der polnischen Minderheit erneut: Zunächst begnügte sich das Regime mit inoffiziellem Terror durch einzelne NS-Organisationen. Maria Stefanski über entsprechende Erfahrungen in der eigenen Familie:
„Mein Bruder war Gymnasiast in Dortmund. Bei einer mehrtägigen Klassenfahrt kampierten die Schüler in Zelten. Und da wurde eines Nachts ein regelrechter ‚Sturmangriff' auf das Zelt unternommen, in dem mein Bruder schlief. Die anderen Mitbenutzer wurden hinausgezerrt und er niedergeknüppelt. Mein Bruder war Brillenträger – die Brille ging natürlich als erstes in Bruch, am ganzen Körper ist er nicht blau, sondern wund geschlagen worden. Das hatte eine Gruppe von Hitler-Jungen gemacht. Mein Bruder hat weder Schmerzensgeld bekommen noch irgendwelche Wiedergutmachung. Ganz im Gegenteil: Zur ‚Strafe' wurde er in der Schule sogar zurückgestellt. Er habe die Schlägerei provoziert, wurde ihm gesagt. Man schloß ihn dann vom Abitur aus. Das mußte er später allein nachholen."
Als dann die Deutschen 1939 Polen überfielen, hatte das für die polnische Minderheit Folgen. Maria Stefański:
„Ich kann mich an regelmäßige Hausdurchsuchungen erinnern, die Gestapo kam und verlangte die Listen der Vereinsmitglieder, beschlagnahmte polnische Bücher. Das war vor 1939. Als der Krieg dann ausbrach, wurde mein Vater mit allen anderen Vorsitzenden des ‚Bundes der Polen' und der kirchlichen Vereine inhaftiert. Zuerst sind sie in Dortmund in der Steinwache untergebracht worden, später brachte man sie in einem Sammeltransport ins Konzentrationslager Sachsenhausen. Dort hat mein Vater und die anderen Polen dann all das erlebt, was man eben in einem KZ erleben kann."
Nach 1945 bilden sich die polnischen Organisationen in der Bundesrepublik trotz des allgemeinen

Gruppenbild „Sokól" in Annen 1921.

SOKÓŁ

Titelblatt der Zeitschrift „Mtody Polak w Niemczech“ (Der junge Pole in Deutschland), November 1935.

Polnische Frauengruppe in Witten 1952.

Osterfeier des Ortsvereins Bochum des Bunds der Polen in Deutschland 1970.

Polnische Amateur-Theater-Gruppe 1948/49.

Nachfahren polnischer Einwanderer 1955 im SV Sodingen

„Kalten Krieges" neu. Inzwischen betreut der „Bund der Polen in Deutschland e.V." wieder 40 Ortsgruppen. Die aktiven Mitglieder fühlen sich immer noch der polnischen Vergangenheit ihrer Familien verpflichtet, was dem Verband von seiten einer bestimmten Öffentlichkeit die Unterstellung einbrachte, mit der Volksrepublik Polen über graue Kanäle in Verbindung zu stehen. Vorwürfe, in der die Tradition der Diskriminierung der Polen während des Deutschen Kaiserreichs und des NS-Regimes weiterlebt.
Im Sommer 1972 berichtet die Tageszeitung „Die Welt" unter Berufung auf angeblich westliche Geheimdienstberichte unter der Überschrift „Junge Deutsche sollen in Polen zu Partisanen ausgebildet werden": 6000 Jugendliche mit polnischen Vorfahren aus dem Ruhrgebiet seien „in Militärlagern der polnischen Armee im Partisanenkampf ausgebildet worden." Beweise für diese Unterstellungen blieb der Springer-Zeitungskonzern schuldig. Beim Polenbund reagierte man schockiert und fühlte sich an die Vergangenheit erinnert. Maria Stefanski zur Gegenwart:
„Unsere beiden Töchter sprechen noch sehr gut polnisch. Meine jüngste Tochter studiert zur Zeit sogar in Polen, ihre Sprachkenntnisse sind so gut, daß sie ohne Schwierigkeiten ein Studium aufnehmen konnte."
In der deutschen Öffentlichkeit, genauer, Fußball-Öffentlichkeit, erinnern vor allem die Namen prominenter Fußballer an die Einwanderer aus Polen: Abramczik, Konopka, Tilkowski, Juskowiak oder Kwiatkowski. Zum 1904 im Gelsenkirchener Vorort Schalke gegründeten Fußballverein gehörten Polen von Anfang an zum festen Mitgliederstamm. Rolf Lindner und Heinrich Th. Breuer stellen zu „Schalke 04" in ihrer Sozialgeschichte des Fußballs im Ruhrgebiet „Sind doch nicht alles Beckenbauers" fest:
„Schalke 04 war der erste von Arbeitern gegründete und aus Arbeitersportlern bestehende Fußballverein, der sich innerhalb des bürgerlichen Sportbetriebs, und das heißt innerhalb des DFB, durchsetzen und nationalen Ruhm erringen konnte. Die Spieler kamen aus der Arbeiterklasse, und ihre Namen weisen darauf hin, daß sie Söhne von Arbeitsimmigranten waren, deren berühmteste Vertreter das Schalker Kreiselspiel prägten: Kuzorra, Szepan und Tibulski. Diese Beziehung war so offensichtlich, daß, wie Wilhelm Brepohl (in ‚Der Aufbau des Ruhrvolkes im Zuge der Ost-West-Wanderung') vermerkt, „die polnische Presse sowie die Regierung in Warschau Versuche gemacht haben, ‚den Verein als polnisch zu erklären'".

Nicht nur „Polen" fürs Wirtschafts-wunder

Während des Industriebooms der deutschen Wirtschaft in der zweiten Hälfte des 19. Jahrhunderts steigerte sich auch die örtliche und berufliche Mobilität der deutschen Arbeiter. Sie bemühten sich verstärkt, ungünstige Arbeitsplätze durch bessere Bedingungen einzutauschen. Die „Lücken" im vorhandenen oder sich neu entwickelnden Arbeitskräftebedarf schloß die Industrie durch Anwerbung von Ausländern. Sie wurden aber nicht mehr, wie in früheren Jahrhunderten, als qualifizierte Handwerker beschäftigt (zum Beispiel Italiener als Stukkateure und Glockengießer), sondern als einfache Handwerker in der Landwirtschaft, dem Straßen- und Eisenbahnbau, in der Textil- und Metallindustrie. In der Regel kamen diese Ausländer für einige Monate als Saisonarbeiter aus Italien oder Galizien nach Deutschland. Im Gegensatz zu den Polen im Ruhrgebiet blieben nur ganz wenige auf Dauer.
Gleichwohl bildeten sie eine verachtete Minderheit, deren gesellschaftlicher Status nur mit den Zigeunern vergleichbar war. Nur vorübergehend im Lande, hatten sie politisch keinerlei Bedeutung.
Die meisten Deutschen empfanden sie gleichwohl als Ärgernis. Die Familienzeitschrift „Gartenlaube" sah sich 1878 sogar zu einer Verteidigung der ausländischen Arbeiter veranlaßt:
„Nehmen wir uns die Mühe, die braunen Gesellen mit ihrem fremdartigen Aussehen und dem stark abgetragenen Aussehen etwas näher zu betrachten, und wir werden Veranlassung finden, so manches Vorurteil schwinden zu lassen, welches deren äußere Erscheinung nur zu leicht erregen möchte. So trotzt er, unter milderem Himmel aufgewachsen, allen Unbilden des Wetters, schafft vom frühen Morgen bis zum späten Abende als fleißiger und geschickter Maurer oder Erdarbeiter und fördert, da er jede Arbeit im Akkord nimmt und Spatenstich auf Spatenstich, Kelle auf Kelle fliegt, ungleich mehr als sein deutscher Konkurrent, der mit derberer Kost und manchem tiefen Blick in die Branntweinflasche Hacke und Schaufel um ein Häufchen Erde handhabt, als gält es Berge zu versetzen."
Noch 1907 arbeiteten in Deutschland zeitweise 125000 italienische Arbeitskräfte. Mehrere Hunderttausend waren es in den anderen europäischen

Türkische Arbeiter in der „Pera"-Zigarettenfabrik in Berlin vor dem Ersten Weltkrieg. Auf Grund der engen Beziehungen des Deutschen Kaiserreichs mit dem Osmanischen Reich kamen um die Jahrhundertwende auch türkische „Gastarbeiter" nach Deutschland.

Ländern. Erst in der Zeit des italienischen Faschismus gingen Italiener nicht mehr ins Ausland, um zu arbeiten. Benito Mussolini hatte es verboten.

Ein bis vor kurzem noch unbekannter Aspekt der Beschäftigung von Ausländern in der deutschen Landwirtschaft gegen Ende des 19. Jahrhunderts ist in den letzten Jahren von Otto Uhlig erforscht worden: Die jährliche Wanderung von Kindern aus Tirol und Vorarlberg nach Oberschwaben, wo sie während der Sommermonate arbeiteten:

„Das waren Kinder von sehr kinderreichen Familien, bei denen die Eltern froh waren, daß die Kinder wenigstens ein halbes Jahr nicht mit am eigenen Tisch mitessen mußten, und aus irgend einem Grunde, den man noch nicht feststellen konnte, wußten sie, daß in Oberschwaben die Bauern solche Kinder beschäftigen würden. Dabei muß man genau sagen, Kinder vom siebten bis zum vierzehnten Lebensjahr, also in dem Alter, in dem sie heute unter die Schulpflicht fallen."

Ungewißheit besteht bisher über den Zeitpunkt, zu dem diese Kinder zum erstenmal den Weg nach Oberschwaben über die Alpen antraten. Es ist aber sicher, daß dies schon Anfang des vorigen Jahrhunderts üblich war. Amtlich wird ihre Wanderung 1891 durch den in Tirol gegründeten „Verein zum Wohle der Schwabenkinder" belegt. Er organisierte mit staatlicher und kirchlicher Billigung den Transport der Kinder. Sie wurden in den Städten Oberschwabens, zum Beispiel in Ravensburg, regelmäßig im Frühjahr bei sogenannten „Kindermärkten" an die jeweiligen Bauern vermittelt:

„Die Kinder standen auf einem Marktplatz und wurden von den Bauern begutachtet nach ihrem Äußeren, so wie eben der Bauer auch beim Viehmarkt gewöhnt ist, ein Stück Vieh zu bewerten. Dann wurde vereinbart, was das Kind bekommen werde, an Kleidung und an Lohn. Je nachdem, ob es beiden gefiel, vielmehr wenn es dem Bauer gefiel, das Kind hatte wenig zu sagen, wurde der Vertrag abgeschlossen. Zunächst mündlich, erst von 1891 an schriftlich." (Otto Uhlig)

Bereits 1830 hatte sich die Kirche besorgt nach dem Schicksal dieser Kinder erkundigt. Sie beunruhigte jedoch weniger deren menschliches Elend als die ungenügende geistliche Betreuung in der Fremde.

Ansonsten blieb das tragische Los dieser Kinder von der Öffentlichkeit weitgehend unbemerkt. Erst um 1890 wurden die Zeitungen auf die Kinder-Wanderungen aufmerksam. Die „Gartenlaube" enthüllte: „Drüben im Schwabenland bleiben die Kinder schutzlos und in manchen Fällen der Willkür der Bauern überantwortet".
Von einem Skandal sprachen 1909 amerikanische Zeitungen, die in einer Presse-Kampagne über die „Sklavenmärkte" in „Old-Germany" berichteten. Sie lösten damit zwar hektische diplomatische Aktivitäten in Berlin und Stuttgart aus, die aber nicht bis nach Oberschwaben drangen. Die örtlichen Behörden sorgten dafür, daß ihren Bauern die billigen Arbeitskräfte erhalten blieben. Die Schilderungen der Verhältnisse auf den „Kindermärkten" wurden als „maßlos tendenziös" zurückgewiesen. Auch die Tatsache, daß in Württemberg seit 1830 die allgemeine Schulpflicht bestand, störte, was die Hütekinder aus Tirol betraf, niemanden. Die österreichische Regierung mahnte zwar gelegentlich, aber: „Welchen Nutzen hätten die Kinder für die Bauern, wenn sie statt zu arbeiten in die Schule gingen", heißt es inoffiziell in den oberschwäbischen Ämtern.
Deshalb hatten die Jungen das Vieh zu hüten und die Mädchen die Kleinkinder der Bauernfamilie, waren „Kleinknecht" und „Kleinmagd". Eine ehemaliges „Schwabenkind", das in den ersten Jahrzehnten dieses Jahrhunderts nach Württemberg wanderte, erinnerte sich in einem Fernsehinterview an diese Zeit:
„Wer zum zweiten oder drittenmal ging, kam meistens zum selben Bauern. Die neuen, wo angekommen sind, die kamen auf den Markt, egal ob Bub oder Mädel. Da stürmten die Bauern daher und suchten die Besten, die Größten heraus. Da gings zu wie auf einem Viehmarkt. Ich bin zu einem Bauern gekommen und der hat 40 Stück Vieh gehabt. Ja, jeden Morgen um halb Vier haben wir müssen aufstehen – melken, misten, Vieh putzen, dann hüten, ohne Zaun, ohne alles. Gearbeitet haben wir halt solange es Tag gewesen ist. Und dann sind wir so müde gewesen, daß man gern auf den Strohsack gelegen ist, manchmal mitsamt den Kleidern. Einen freien Tag, das hat es überhaupt nicht gegeben, jeden Sonntag und Feiertag mußten wir arbeiten.

Kindermarkt in Ravensburg. „Gartenlaube“ 1895.

Land Vorarlberg

Politischer Bezirk Feldkirch

HEIMATSSCHEIN

Nº

womit von der Gemeinde bestätiget wird, daß

Name

Charakter oder Beschäftigung

Alter

Stand

in dieser Gemeinde das Heimatrecht besitzt.

den

Eigenhändige Unterschrift der Partei

Für die Gemeinde

Reisedokument für ein zehnjähriges „Schwabenkind“.

Kinder aus Tirol und Vorarlberg auf dem Weg nach Ober-Schwaben in Bregenz am Bodensee. Aus „Die Gartenlaube“ 1895.

„Schwabenkinder“ bei ihrer Bauernfamilie, 1907.

Geschlafen haben wir in der sogenannten ‚Roßkammer‘ unter ganz einfachen Bedingungen. Zum Waschen haben wir natürlich auch keine Gelegenheit gehabt, da haben wir uns eben am Brunnen im Stall gewaschen. Friseur haben wir den ganzen Sommer keinen gebraucht. Da sind wir heimkommen wie die heutigen Beatles, daß uns die Mutter kaum mehr gekannt hat. Wenn dann der Winter gekommen ist, der Bauer hat nicht mehr viel Arbeit gehabt, dann hat man uns natürlich wieder heimgeschickt. Die einen sind zu Fuß, die anderen mit der Bahn heim. Wir mußten ja auch wieder in die Schule über den Winter. Die Entlohnung war natürlich grundverschieden. Die einen haben nur um's Essen arbeiten müssen, die anderen haben vielleicht ein Paar Schuh, ein Paar Stiefel bekommen. Wenn es gut gegangen ist, einen Anzug noch oder ein paar Markstück dazu ...“

In der SPD-Zeitung „Schwäbische Tagwacht“ berichtete im November 1908 der österreichische Reichstagsabgeordnete Simon Abram über die Heimfahrt der Hütekinder. Er hatte sie in Friedrichshafen am Bodensee beobachtet:
„Seit dem frühen Morgen lungerten zahlreiche Kinder, darunter noch nicht zehnjährige, in den Straßen herum, wohin sie zeitlich früh von den Arbeitgebern gebracht wurden. Stundenlang saßen die Kleinsten völlig unbeweglich und trübselig auf ihren Kleidersäcken. Widerlich und beschämend für Tirol und die Veranstalter dieses Sklavenverkaufs war das Treiben jener größeren Kinder, die schon wiederholt im Schwabenland ‚dussa‘ gewesen sind. Unter Gejohle, Schreien und Mundharmonikaspiel durchzogen sie die Stadt.“
Der Abgeordnete betonte, er habe nie etwas Menschenunwürdigeres gesehen. Die Regierungen von

Württemberg und Österreich beschäftigten sich kurz vor dem Ersten Weltkrieg mit dieser Spielart der Kinderarbeit in Oberschwaben. Beendet wurde sie jedoch noch lange nicht. Der Forscher Otto Uhlig stellt fest:
„Es ist bisher meine Auffassung gewesen, daß der Kindermarkt und die Kinderwanderung 1914 aufgehört haben, denn dann hat die Tiroler Landesregierung die Auswanderung dieser Kinder verboten. Ich habe aber inzwischen feststellen müssen, daß von Vorarlberg noch mindestens 1926 ein planmäßiger Schwabenkinder-Zug vom Landesschulrat unter Begleitung von Geistlichen nach Leutkirch und Wangen in Oberschwaben gegangen ist. Die Kinder sind auch nach dem Ersten Weltkrieg in Württemberg nicht zur Schule gegangen. Das heißt, sieben Monate in jedem Jahr. Das hat man irgendwie geduldet ..."

Die „Deutsche Arbeiterzentrale", die von den Landwirtschaftskammern und den industriellen Verbänden 1905 gegründet wurde, hat noch während der Weimarer Republik die Anwerbung und Vermittlung von offiziellen Wanderarbeitern übernommen. In „Mayers Lexikon" von 1930 steht:
„Angesichts der drückenden Arbeitslosigkeit im Deutschen Reich ist die sich alljährlich wiederholende Zuwanderung von über 130000 ausländischen Arbeitern höchst unerwünscht. Sie wird daher nur unter bestimmten Voraussetzungen gestattet."
1932 erließ die Reichsregierung schließlich eine Grenzsperre gegen ausländische Wanderarbeiter. Zehn Jahre später brauchte die Rüstungsindustrie der Nazis wieder ausländische Arbeiter. Doch die kamen nicht mehr freiwillig ...

Propagandafoto über die „freiwilligen“ Fremdarbeiter. Hier mit dem offiziellen Organ der Organisation Todt.

HITLERS SKLAVEN-ZWANGSARBEITER AUS DEN BESETZTEN LÄNDERN

Mehrere Millionen Einwohner aus den von der deutschen Wehrmacht okkupierten Ländern wurden zwischen 1939 und 1945 als sogenannte „Fremdarbeiter" in deutschen Industriebetrieben ermordet. Dieser Massenmord ist in der Bundesrepublik weithin unbekannt.
Im Gegensatz zum Tod der Juden und Roma hinter dem Stacheldraht der Vernichtungslager war der von Zwangsarbeitern aus Polen, Frankreich, der Sowjetunion, der Tschechoslowakei und anderen Ländern von einem Großteil der deutschen Bevölkerung nicht zu übersehen; zumindest war ihr Sklavendasein allgegenwärtig. Nachdem die überwiegende Mehrheit der arbeitsfähigen deutschen Bevölkerung für den Wehrdienst rekrutiert worden war, stand die mit dem Krieg expandierende Schwerindustrie vor schwerwiegenden Beschäftigungsengpässen. Wie sich die Berliner Machthaber die Lösung dieses Problems vorstellten, faßte Adolf Hitler im November 1941 in einer Rede zusammen, in der er betonte: „Das Gebiet das heute direkt für uns arbeitet, umfaßt weit mehr als 250 Millionen Menschen; das Gebiet, das in Europa indirekt für diesen Kampf arbeitet, umfaßt schon jetzt 350 Millionen. Soweit es sich nun um das deutsche Gebiet handelt, das Gebiet, das wir besetzt haben, das Gebiet, das wir jetzt in unsere Verwaltung genommen haben, so soll man nicht daran zweifeln, daß wir es fertig bringen, es in die Arbeit restlos einzuspannen."
Die Deportation von Zwangsarbeitern im großen Stil hatte nach dem Überfall auf die Sowjetunion am 22. Juni 1941 begonnen. Zunächst funktionierte der „Einsatz von Zivilpersonen und Kriegsgefangenen zur Arbeit in Deutschland" allerdings nur unbefriedigend. In einem mit dem Stempel „Geheim" versehenen Vortrag nannte Ministerialdirektor Mansfeld am 20. Februar 1942 die bestehenden Schwierigkeiten:
„Die gegenwärtigen Schwierigkeiten im Arbeitseinsatz wären nicht entstanden, wenn man sich rechtzeitig zu einem großzügigeren Einsatz russischer Kriegsgefangener entschlossen hätte. Es standen 3,9 Millionen Russen zur Verfügung, davon sind nur noch 1,1 Millionen übrig. Allein von November 41–Januar 42 sind 500000 Russen gestorben. Die Zahl der gegenwärtig beschäftigten russischen Kriegsgefangenen (400000) dürfte sich kaum erhöhen lassen. Wenn die Typhus-Erkrankungen abnehmen, besteht vielleicht die Möglichkeit, noch weitere 100000 bis 150000 Russen in die Wirtschaft zu bringen.
Demgegenüber gewinnt der Einsatz ziviler Russen immer größere Bedeutung. Es stehen insgesamt

Werbeplakate für den freiwilligen Arbeitseinsatz in Deutschland, 1942. „Deine Arbeit in Deutschland – ein vernichtender Schlag gegen den Bolschewismus".

600000 bis 650000 zivile Russen zur Verfügung, davon 300000 Industriefacharbeiter und 300000 bis 350000 für die Landwirtschaft. Der Einsatz dieser Russen ist ausschließlich eine Transportfrage. Es ist unsinnig, diese Arbeitskräfte in offenen oder ungeheizten geschlossenen Güterzügen zu transportieren, um am Ankunftsort Leichen auszuladen."
Zur Vermeidung derartiger Organisationsmängel hatte vom März 1942 an ein „Generalbevollmächtigter für den Arbeitseinsatz" zu sorgen. Das Amt übernahm der NS-Gauleiter von Thüringen, Fritz Sauckel. Seine Aufgaben definierte ein „Erlaß des Führers":
„Die Sicherstellung der für die gesamte Kriegswirtschaft, besonders für die Rüstung erforderlichen Arbeitskräfte bedingt eine einheitlich ausgerichtete, den Erfordernissen der Kriegswirtschaft entsprechende Steuerung des Einsatzes sämtlicher verfügbaren Arbeitskräfte einschließlich der angeworbenen Ausländer und der Kriegsgefangenen sowie die Mobilisierung aller noch unausgenützten Arbeitskräfte im Großdeutschen Reich einschließlich des Protektorats sowie im Generalgouvernement und in den besetzten Gebieten. Diese Aufgabe wird Reichsstatthalter und Gauleiter Fritz Sauckel als Generalbevollmächtigter für den Arbeitseinsatz im Rahmen des Vierjahresplanes durchführen. In dieser Eigenschaft untersteht er dem Beauftragten für den Vierjahresplan unmittelbar."

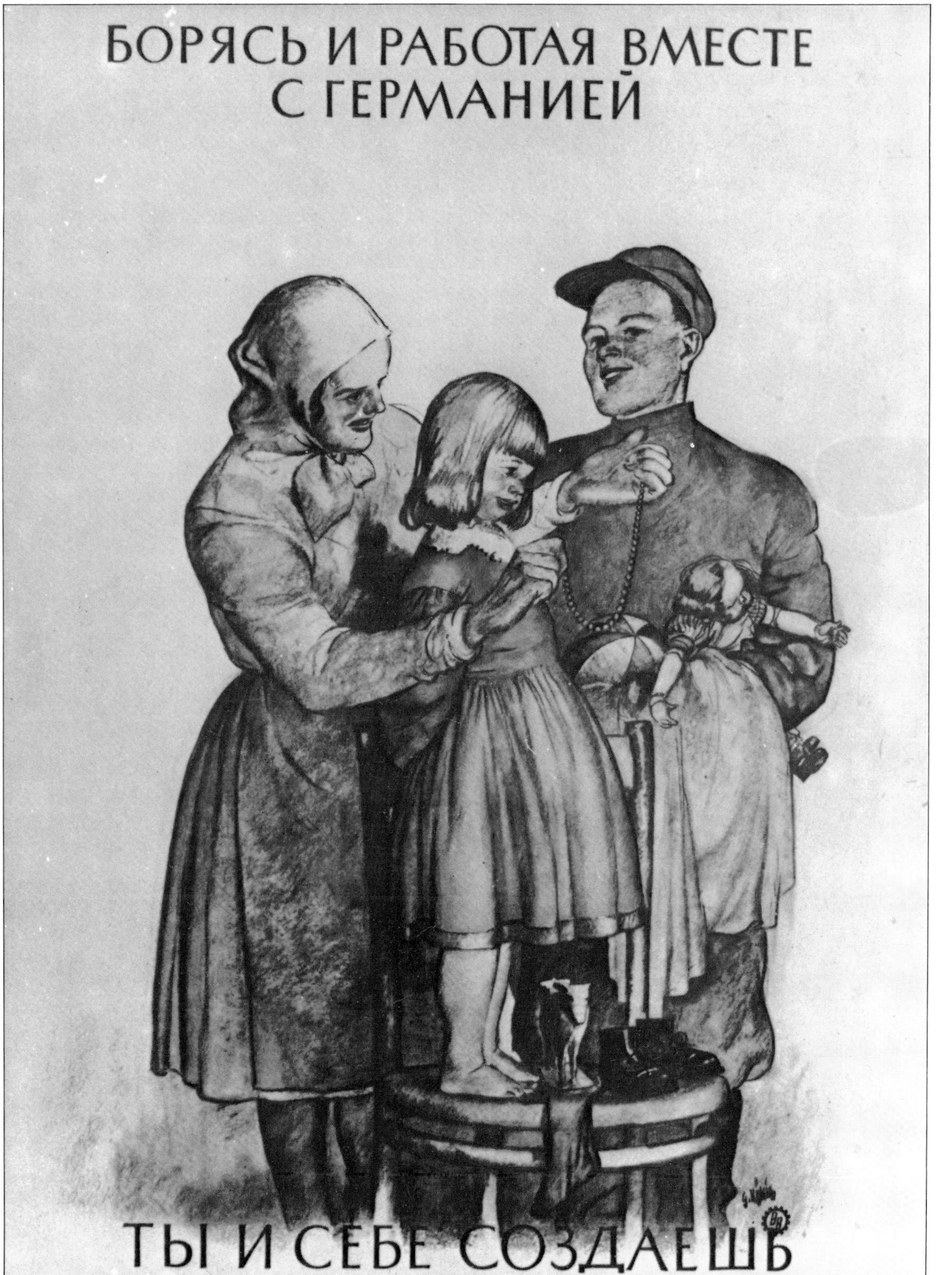

„Wir kämpfen und arbeiten gemeinsam mit Deutschland. Du baust auch Dir eine glückliche Zukunft auf“.

Die „freiwilligen" Zwangsarbeiter

In der ersten Phase sollten sogenannte „Fremdarbeiter“ auf freiwilliger Basis angeworben werden. Fritz Sauckel reiste selbst ins Ausland, um den dortigen Bürgern den Arbeitseinsatz im Deutschen Reich schmackhaft zu machen. Am 28. Februar 1943 hielt er in Paris eine Ansprache. Dabei war es für ihn unumgänglich, auf gewisse „Feindpropaganda“ einzugehen, die festgestellt hatte, der Arbeitseinsatz von Ausländern in der deutschen Industrie sei selten freiwillig. Sauckel dazu wörtlich: „Ich weiß, daß der deutsche Arbeitseinsatz gerade jetzt ein sehr beliebter Gegenstand der englischen und der amerikanischen Propaganda ist. Ich brauche nicht zu betonen, daß der Zweck dieser Propaganda offenkundig ist, und ich mich persönlich nicht damit zu befassen brauche. Ich persönlich glaube, daß meine Ehre darin besteht, meine Aufgabe so zu lösen, wie es unseren Gegnern nicht gefällt. Da ich nun selbst vor Jahrzehnten fremder Nationen Brot gegessen habe und bei fremden Nationen mein Brot verdienen mußte, weiß ich selbst am besten, was es bedeutet, als Arbeiter in der Fremde eingesetzt zu sein. Gerade aus diesem Grunde bin ich Nationalsozialist und fanatischer Anhänger Adolf Hitlers geworden. Ich bitte, diese Bemerkungen so zu werten, weil sie die Voraussetzungen für die Methode sind, nach der in Deutschland fremde Nationen zur Arbeit eingesetzt werden. Gerade durch den Willen des Führers und auf Grund unserer nationalsozialistischen Weltanschauung wird der Arbeitseinsatz in Deutschland so gehandhabt, wie er der klaren Vernunft und der allgemein menschlichen Anständigkeit entspricht. Aus diesem Grund und trotz der Härte des Krieges sind alle Bestimmungen für den Arbeitseinsatz so gefaßt, als wenn ich selbst persönlich das Objekt dieses Arbeitseinsatzes in einer schweren Kriegszeit wäre. Der Hauptzweck, weshalb ich hier spreche, ist der, klar zu machen, daß wir Deutsche Waffen, Kriegsgerät und Kriegsgüter brauchen, der Franzose dagegen braucht Arbeit. Es ist selbstverständlich, daß weder der Führer noch ein deutscher Arbeiter diesen Krieg gewünscht hat. Er ist wie ein Schicksal über Europa hereingebrochen und seine Folgen müssen nun von den Völkern getragen werden. Ich glaube, daß die französischen Arbeiter, die selbst in Deutschland arbeiten, es immer wieder gefühlt haben, daß das deutsche Volk weder Haß noch Rache gegen die französische Nation hegen. Es sind nun nach unserer deutschen Überzeugung die Rollen für den Wiederaufbau Europas klar verteilt. Deutschland muß kämpfen und Blut opfern, und wir erwarten von den übrigen Völkern Europas, daß sie uns endlich verstehen und uns durch Arbeit helfen. Es ist ganz selbstverständlich, daß französische Arbeiter, die sich nach Deutschland zur Arbeit melden, unter keinen Umständen etwa als Soldaten an der Ostfront eingesetzt werden. Es ist auch ganz selbstverständlich, daß wir die Arbeiter, die zu uns kommen, um uns bei der Arbeit zu helfen, so gut ernähren wie alle anderen auch. Es ist außerdem ganz selbstverständlich, daß sie mit derselben Sorgfalt untergebracht werden, wie unsere deutschen Arbeiter auch, wenn sie in andere Gegenden dienstverpflichtet werden. Es geschieht darüber hinaus alles Mögliche, um auch den Feierabend dieser bei uns schaffenden Menschen in der Art ihrer Heimat zu verschönen, mit Spielen und Kurzweil. Ebenso werden die bei uns arbeitenden Arbeiter und Arbeiterinnen wie die deutschen Arbeiter entlohnt. Es ist sicherlich eine der größten deutschen Leistungen, daß es Deutschland gelungen ist, auf Grund seiner aufs höchste intensivierten Landwirtschaft nicht nur das deutsche Volk selbst zu ernähren, sondern auch Millionen fremder Arbeiter besser zu ernähren, als es für sie in ihrer eigenen Heimat möglich ist.

Ich weiß, daß Deutschland und Frankreich sehr schwer zusammenkommen werden. Aber ich glaube, daß gerade der Arbeitseinsatz ein Mittel ist, um die beiden Nationen wirklich sich gegenseitig kennenlernen zu lassen und sich durch die Arbeit – die allein das Leben erhält – eines Tages in einem besseren, geordneten Europa zu versöhnen. Daß aber das neue Europa wirklich im Entstehen ist, dafür ist jeder deutsche Betrieb ein Musterbeispiel. Es arbeiten viele, viele Millionen fremder Arbeiter in Deutschland: Der Franzose neben dem Polen, neben dem Russen, neben dem Ukrainer, neben dem Rumänen, neben dem Ungarn – ganz Europa arbeitet in Deutschland jetzt.“

Zwangsarbeit zur Völkerverbindung, so klang es in dieser offiziellen Rede des Generalbevollmächtigten für den Arbeitseinsatz, Fritz Sauckel, vor der französischen Öffentlichkeit. Tatsächlich waren von den Millionen Zwangsarbeitern nur einige Tausend freiwillig gekommen. Sie erkannten spätestens, wenn die befristeten Arbeitsverträge von den deutschen Behörden nicht eingehalten wurden, ihre tatsächliche Lage. Zu der „freiwilligen“ Anwerbung von ausländischen Arbeitern wurde bei der Vernehmung von Fritz Sauckel vor dem Nürnberger Kriegsverbrecherprozeß im Januar 1946 festgestellt:

„Die Besatzungsbehörden haben immer den freiwil-

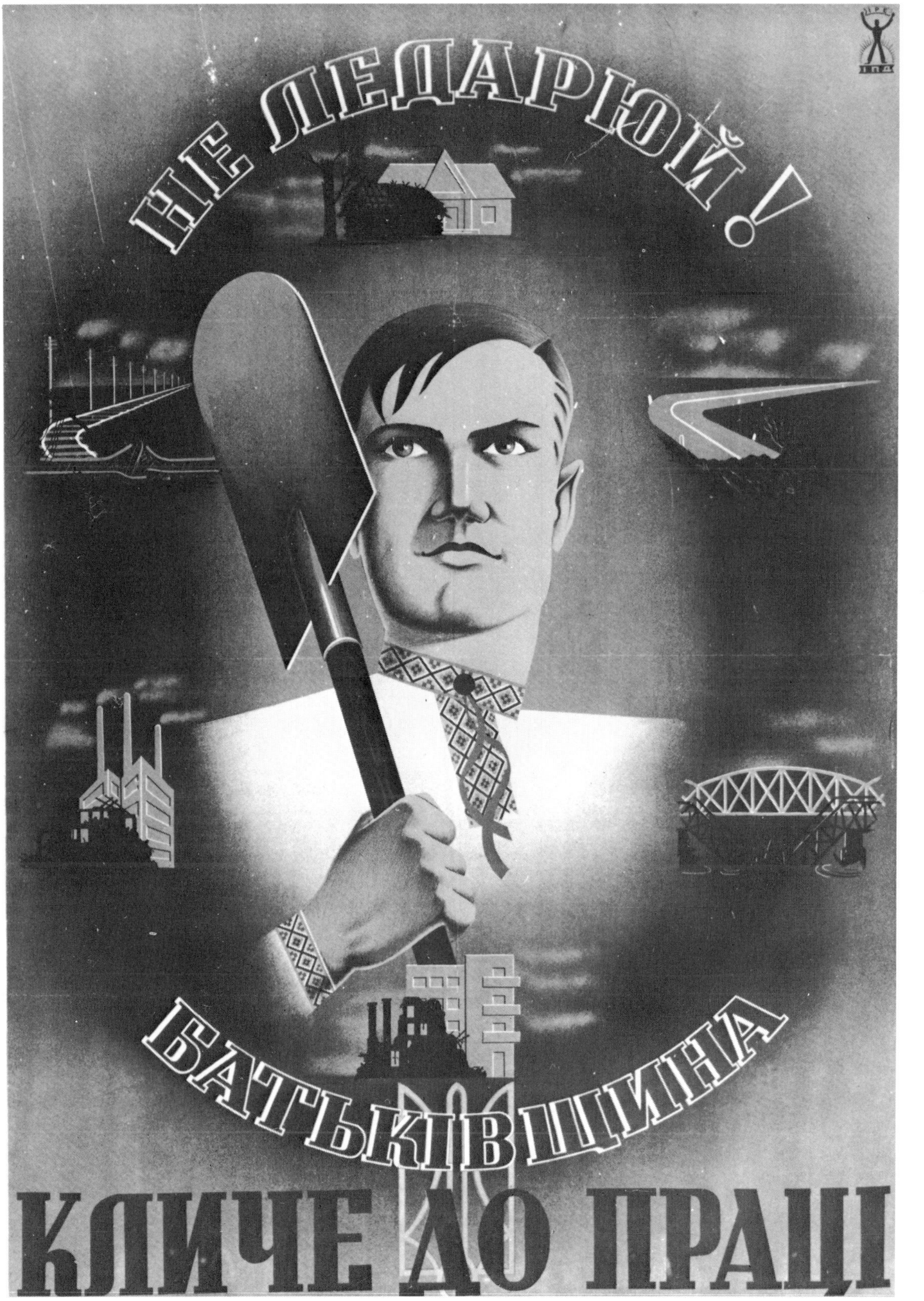

„Sei kein Faulenzer! Die Heimat ruft zur Arbeit“.

Der Generalbevollmächtigte für den Arbeitseinsatz von Ausländern, Fritz Sauckel (Mitte, rechts), im Kreise von NS-Prominenz bei der Eröffnung einer Ausstellung des Bildhauers Arno Breker in Paris 1942.

ligen Charakter der Anwerbung durch die Arbeitsämter betont, aber ihre Propaganda verschwieg systematisch die wirklichen Verhältnisse, unter denen sie stattfand. Tatsächlich war der freiwillige Charakter dieser Anwerbungen fiktiv. Die Arbeiter in den besetzten Gebieten, die sich bereit erklärten, solche Arbeitskontrakte zu unterzeichnen, standen unter materiellem und moralischem Druck.
Dieser Druck war in verschiedene Formen gekleidet, manchmal auf ganze Gruppen, manchmal auf den einzelnen zugeschnitten. Aber in jeder Form war er so stark, daß er die Arbeiter, die ihm zum Opfer fielen, der freiwilligen Zustimmung beraubte."
Daß darüber innerhalb der NS-Führung von Anfang an keinerlei Zweifel bestand, dokumentiert ein internes Rundschreiben vom Januar 1942, das Hermann Göring verschicken ließ:
„Alle Bedenken müssen hinter der Notwendigkeit zurücktreten, die durch die umfangreichen Einberufungen zur Wehrmacht entstehenden Lücken im Arbeitseinsatz auf jeden Fall auszufüllen, um eine Schädigung der Rüstungswirtschaft zu vermeiden. Hierbei wird ein zwangsweiser Einsatz von Arbeitskräften aus den besetzten Gebieten nicht außer Betracht bleiben können, falls die freiwillige Werbung nicht zum Erfolg führt. Schon die Möglichkeit eines zwangsweisen Einsatzes wird in vielen Fällen die Anwerbung erleichtern."
Was die NS-Führung und der Generalbevollmächtigte für den Arbeitseinsatz darunter in der Praxis verstanden, wurde in einem „Befehl an die örtlichen Bezirksverwaltungen" deutlich, den der Oberbürgermeister der Stadt Kiew nach der Besetzung durch die Deutsche Wehrmacht im April 1942 erließ:
„Durch Befehl des Stadtkommissariats ist die Stadtverwaltung beauftragt worden, die freiwillige Ausreise arbeitsfähiger Einwohner der Stadt Kiew im Alter von 16 bis 55 Jahren (mindestens 20000 Personen) zur Arbeit nach Deutschland zu organisieren. Ich verpflichte Sie, dafür zu sorgen, daß sich ab 7. April dieses Jahres täglich – auch an Feiertagen – mindestens 50 Mann aus jedem Stadtbezirk in der Lwokskaja-Straße 24 melden. Die Arbeiter müssen Winter- und Sommerkleidung sowie Eßgeschirr für die Reise mitbringen. Wer sich böswillig der Arbeitspflicht entzieht, ist polizeilich vorzuführen."
Fritz Sauckel ließ umfangreiche Programme zum „reibungslosen Einsatz fremdvölkischer Arbeiter" entwickeln und empfahl den örtlichen Behörden – da die Industrie drängte – bei der sogenannten „Anwerbung" den „rücksichtslosen Einsatz aller Mittel".

„Wir sind in Deutschland! Deutschland wurde während des gegenwärtigen Krieges zum Zentrum der Versorgung Europas. Arbeiter aus allen Nationen, die sich am Aufbau eines neuen Europa beteiligen, strömen hierhin, um durch fleißige Arbeit ihrer Heimat zu helfen".

„Alle Ukrainer helfen freudig mit. Die Zeit der Frohnarbeit ist für sie vorbei. Das kann man an den Gesichtern dieser ukrainischen Bauern erkennen, die nunmehr als freie Menschen beim Straßenbau der Organisation Todt mithelfen und nun seit langer, langer Zeit endlich wieder einmal eine ausreichende Entlohnung bekommen, während sie früher von den Sowjetmachthabern nur mit leeren Versprechungen abgespeist wurden." Originaltext für dieses Bild zur Verwendung in deutschen Zeitungen 1943.

Bekanntmachung

Für die Verarbeitung der Zuckerrüben werden von verschiedenen Zuckerfabriken im Reich sofort eine größere Anzahl männlicher Arbeitskräfte zu sehr günstigen Lohnbedingungen gesucht.

Meldungen nehmen die Arbeitsämter, deren Nebenstellen und Stützpunkte entgegen. Lohnersparnisse können in Höhe von 2.000.— Zloty jährlich von den durch die Arbeitsämter ins Reich vermittelten Arbeitskräften an die im Generalgouvernement zurückgebliebenen Angehörigen überwiesen werden.

Lublin, am 15. September 1941.

Der Chef des Distrikts Lublin
Abteilung Arbeit

Obwieszczenie

Poszczególne cukrownie w Rzeszy poszukują od zaraz do przetwarzania buraków cukrowych większej ilości męskich sił roboczych na bardzo korzystnych warunkach płacy.

Zgłoszenia przyjmują Urzędy Pracy, ich filie i punkty pomocnicze. Oszczędności zapośredniczonych przez Urzędy Pracy sił roboczych mogą być przekazywane dla rodzin pozostałych na terenie Generalnego Gubernatorstwa w wysokości 2.000— zł. rocznie.

Lublin, dnia 15 września 1941 r.

Szef Okręgu Lubelskiego
Wydział Pracy

Ein amtlicher Aufruf: Das versprochene Entgeld erhielten die Zwangsarbeiter nur selten.

„Meine Arbeit in Deutschland beschleunigt das Ende des Krieges".

GENERALGOUVERNEMENT
DISTRIKT GALIZIEN
ABTEILUNG ARBEIT
Sammellager Przemysl.

Landarbeiter, Landarbeiterinnen

Achtung!

Jeder hat die PFLICHT seinen Angehörigen in der Heimat Eltern, Verwandten, Bekannten, Freunden u. s. w. sofort zu schreiben, wie er im deutschen Reich angekommen ist und dort aufgenommen wurde.

Es ist bis auf weiteres jedoch **nur** möglich aus dem Reich **gewöhnliche Postkarten** (keine Ansichtskarten) in die Heimat zu **schicken.** Diese Karten werden am raschesten befördert.

Später wird es Jedem möglich sein ausführliche Briefe in die Heimat zu schreiben.

Сільські робітники, сільські робітниці

УВАГА!

Кожний має обовязок негайно написати своїм кревним в батьківщині: батькам, своякам, знайомим, приятелям, тощо, **як заїхав до Німеччини і як його там прийнято.**

Можна посилати до батьківщини наразі тільки звичайні почтові листівки (не з видами), тому що листівки найскоріше доходять до цілі.

Пізніше зможе кожний писати до батьківщини й обширні листи.

Robotnicy wiejscy, robotnice wiejskie

UWAGA!

Każdy ma obowiązek natychmiast napisać swoim krewnym w ojczyźnie: rodzicom, znajomym, przyjaciołom i t. p., jak przybył do Niemiec i jak go tam przyjęto.

Można posyłać do ojczyzny narazie tylko zwykłe pocztówki (nie widokówki), ponieważ one najprędzej dochodzą do celu.
Później każdy będzie mógł pisać do ojczyzny także obszerne listy.

Im Auftrage
WANEK
Lagerleiter.

Buchdruckerei A. Hemerling & Mr. J. Kostiuk in Dt.-Przemysl

Die Briefe kamen selten an.

So mußten bis zum Ende des „Dritten Reiches“ über sechs Millionen Ausländer in den Rüstungsbetrieben und der Landwirtschaft in allen Teilen des Reiches Zwangsarbeit leisten. Für die Behandlung der Arbeiter hatte Fritz Sauckel am 20. April 1942 folgende Weisung erteilt: „Alle diese Menschen müssen so ernährt, untergebracht und behandelt werden, daß sie bei denkbar sparsamsten Einsatz die größtmögliche Leistung hervorbringen.“
Ebenfalls keinen Zweifel am Sklaven-Dasein der „Fremdarbeiter“ ließ bereits im Herbst 1941 der Leiter des Reichsarbeitsdienstes, Wilhelm Decker, bei einer Kundgebung der Partei in Amsterdam, als er sagte: „Wir werden diese fremdvölkischen Arbeitskräfte immer so einsetzen, wie es für das Interesse des deutschen Lebens notwendig ist. Wir werden nicht den einzelnen Polen oder den einzelnen Tschechen auf den einzelnen deutschen Bauernhof geben, damit er uns da unsere Rasse verdirbt, sondern wir werden die ausländischen Arbeitskräfte geschlossen an Großvorhaben einsetzen. Sie sollen Autobahnen bauen, sie sollen große Arbeitsvorhaben bauen, große Erdarbeiten ausführen, sie sollen unsere Moore kultivieren und alles mögliche sollen sie tun ... Das ist etwas durchaus Nützliches, was auch diesen Arbeitskräften ein vernünftiges Einkommen gibt. Aber was erstens, den Deutschen nicht grundsätzlich eine bestimmte Arbeit abnimmt und was zweitens, eine Sicherung unseres Volkstums bedeutet. Denn es kann einem ja manchmal heute Angst und Bange werden: es passiert mir manchmal, wenn ich in Berlin irgendwo stehe, und sagt dann meinetwegen im Autobus einer, ich möchte eine Teilstrecke zu 15 Pfennige haben. Dann bin ich ganz erstaunt, daß einer deutsch spricht. Es ist durchaus ungewöhnlich, bei bestimmten Angelegenheiten. Und als wir neulich eine Führerbesprechung hatten und ich meinte, es hätte nun wohl einer den Rekord in seinem Arbeitsgau, weil dort 38 verschiedene Völkerschaften zusammengekommen wären, meinte einer trocken, ich habe 41!
Meine Parteigenossinnen und Parteigenossen, das sind sehr ernste Fragen, weil ja heute sämtliche Rohstoffprobleme in absehbarer Zeit zu lösen sind, bis auf eine: der Rohstoff Mensch, der ist noch nicht soweit, daß wir ihn ersetzen können. Soweit sind wir noch nicht, und hier werden wir also für die Zukunft sehr große und ernste Aufgaben vor uns haben. Wobei wir als Nationalsozialisten durchaus wissen, Forderungen des Tages gehen selbstverständlich vor ...“

Wehrmacht und SS auf Menschenjagd

Die „Forderungen des Tages" bei der Rekrutierung von Zwangsarbeitern hatte vor Ort die Deutsche Wehrmacht in Verbindung mit den eilig eingerichteten Zweigstellen der Arbeitsverwaltung zu erledigen. Was das hieß, stand in den „Richtlinien des Generalstabes des Heeres für die beschleunigte Anwerbung sowjetischer Arbeitskräfte zum Einsatz in Deutschland" vom Mai 1942:
„Zur Durchführung dieser Anwerbeaktionen, die sich auf die gesamten besetzten Ost-Gebiete einschließlich der rückwärtigen Heeresgebiete erstrekken, sind besondere Maßnahmen erforderlich, weil die Organisation der Arbeitseinsatz-Dienststellen und der Werbekommissionen des Generalbevollmächtigten für den Arbeitseinsatz, Fritz Sauckel, allein nicht ausreichen."
Neben der Wehrmacht beteiligten sich daran auch andere NS-Organisationen, zum Beispiel die SS. Zur „Nutzung" der KZ-Häftlinge beispielsweise durch die IG Farben bestanden mit der SS vertragliche Regelungen über die Bezahlung. Ähnlich machte sich der „Orden unter dem Totenkopf" bei der raschen Deportation der Zwangsarbeiter nützlich.
Vor diesem Hintergrund telegrafierte der Chef des SS-Wirtschafts-Verwaltungs-Hauptamtes, Oswald Pohl, im November 1942 der Sicherheitspolizei und dem Sicherheitsdienst Ostland:
„Der Reichsführer SS hat befohlen, daß die entbehrliche und arbeitsfähige Bevölkerung von durch uns durchkämmten und besetzten Banditengebieten gefangen zu nehmen ist, um sie dann nach Deutschland als Arbeiter in Marsch zu setzen. Ich ersuche, die Kommandeure mit dementsprechender Weisung zu versehen und nach durchgeführten Durchkämmungsaktionen die Zahl der verfügbaren Arbeitskräfte auf schnellstem Wege zu melden. Ich ersuche daher, bei Festnahmen stets zu prüfen, ob der Festgenommene als Arbeitskraft ins Reich in Marsch gesetzt werden kann. Gegebenenfalls ist das Einvernehmen der zuständigen Arbeitseinsatzbehörde herzustellen, die dann das weitere veranlaßt. Die Zahl solcher erfaßten Personen ist mir monatlich zu melden."
Ebenfalls 1942 erhielt der Sicherheitsdienst (SD) Ostland aus Berlin den Befehl: „Bei der Überholung von Dörfern, beziehungsweise notwendig werdenden Niederbrennung eines Dorfes wird die gesamte Bevölkerung dem Beauftragten zwangsweise zur Verfügung gestellt. Grundsätzlich werden keine Kinder mehr erschossen. Wenn wir also durch obige Anordnung unsere harten sicherheitspolizeilichen Maßnahmen vorübergehend einschränken, so geschieht dies nur aus folgenden Gründen: Das wichtigste ist die Arbeiterbeschaffung!" Entsprechende Weisungen standen in den Befehlen, mit der die örtlichen Verwaltungen gezwungen wurden, sich an dieser „Menschenfängerei" der Besatzer zu beteiligen. Hier ein Beispiel:
„Wenn Personen, die von Ihnen zur Arbeit nach Deutschland verpflichtet worden sind, sich verborgen halten, lassen Sie zwei Familienangehörige auf ihre Tauglichkeit zum Einsatz im Reich untersuchen. Unterliegen die Betreffenden wegen hohen Alters oder körperlicher Gebrechen nicht dem Einsatz, so werden sie, falls sie ihre Kinder nicht melden, in ein Konzentrationslager eingeliefert."
Hatten solche „Maßnahmen" nicht den gewünschten Erfolg, so ging die Wehrmacht mit Strafaktionen gegen den Ort vor. So im Juli 1943 gegen das ukrainische Dorf Krabschiew, weil die Einwohner geschlossen den Arbeits-Einsatz verweigert hatten. Darauf ordnete der Bezirksoberleutnant der Feld-Gendarmerie, Berngardt, für Freitag, den 30. Juli 1943, an: „Die musterungspflichtigen Einwohner sind zu erfassen und zur Zwangsarbeit nach Deutschland abzutransportieren." Was davor zu geschehen hatte, stand im Einsatzplan von Oberleutnant Berngardt, der erhalten geblieben ist:
„Die Gruppen marschieren um 23 Uhr nach Rushin zum Einsatzort ab, und zwar Gruppe 1 über Jagnatin, Gruppe 2 über Moltschanowka. Beide Gruppen haben Punkt 3 Uhr vor der Ortschaft einzutreffen und die Ortschaft in 300 m Entfernung zu umstellen. Gruppe 1 besetzt den Abschnitt nördlich des Dorfes, Abschnittsgrenzen nördlicher Teil und die westlich und nordostwärts liegenden Gewässer. Es ist jedes Entweichen aus der Ortschaft, wenn nötig mit Waffengewalt, zu verhindern. Meister Wagner behält eine Gruppe mit einem Gendarm und 1 Dolmetscher als Reserve für Einsatzzwecke im Ort von seiner Gruppe bereit. Die Umstellung muß um 3.30 Uhr beendet sein. Der Einsatz in der Ortschaft regelt sich nach der Lage und wird im Einvernehmen mit dem Beauftragten des Gebietskommissars, der am Einsatz teilnimmt, durchgeführt. Das Abbrennen von Häusern wird von diesem durchgeführt. Die festgenommenen Personen werden nach Abschluß der Aktion zum Bahnhof Sarudinzi transportiert und dort verladen."
Wie derartige Aktionen der Wehrmacht abliefen, schilderte ein Pole in einem Brief, den er aus einem

deutschen Fremdarbeiterlager schrieb. Die Gestapo hat ihn abgefangen und aufbewahrt:
„Es kam der Befehl, 25 Arbeiter zu stellen. Aber keiner hat sich gemeldet, alle waren geflohen. Dann kam die deutsche Gendarmerie und fing an, die Häuser der Geflohenen anzuzünden. Das Feuer wurde sehr heftig, da es seit zwei Monaten nicht geregnet hatte. Außerdem standen die Getreideschober auf den Höfen. Du kannst Dir vorstellen, was da vor sich ging. Man verbot den herbeieilenden Leuten zu löschen, schlug und verhaftete sie, so daß sechs Höfe niederbrannten. Die Gendarmen zündeten unterdessen andere Häuser an, die Leute fielen auf die Knie und küßten ihnen die Hände. Die Gendarmen aber schlugen mit Gummiknüppeln auf sie los und drohten, das gesamte Dorf niederzubrennen. Während des Brandes ging die Miliz durch die anliegenden Dörfer, nahm die Arbeiter fest und brachte sie in Gewahrsam. Wo sie keinen Arbeiter fanden, sperrten sie die Eltern so lange ein, bis die Kinder erschienen. So wüteten sie die ganze Nacht in Bielosirka."
Der Generalbevollmächtigte für den Arbeitseinsatz, Fritz Sauckel, forderte schnelle Arbeit. Deshalb telegrafierte der Chef des Wirtschaftsstabes Ost der Wehrmacht, General der Infanterie, Stapf, am 11. März 1943 an den Inspekteur der Wirtschaftsinspektion Süd, General Nagel:
„Der Generalbevollmächtigte für den Arbeitseinsatz, Gauleiter Sauckel, weist in einem dringenden Fernschreiben an mich darauf hin, daß der Arbeitseinsatz in der deutschen Landwirtschaft und ebenso alle dringlichsten vom Führer befohlenen Rüstungsprogramme die schnellste Heranführung von ca. 1 Million Frauen und Männer aus den neubesetzten Ostgebieten innerhalb der nächsten vier Monate zur gebieterischen Notwendigkeit machen. Gauleiter Sauckel fordert zu diesem Zwecke ab 15.3. den Abtransport von täglich 5000, ab 1. April von täglich 10000 Arbeiterinnen bzw. Arbeitern aus den neubesetzten Gebieten."
Um eine derart große Zahl von Arbeitern rekrutieren zu können, ging die Wehrmacht bereits in den nächsten Monaten dazu über, in Polen und der UdSSR ganze Landstriche zu entvölkern und die Einwohner ins Deutsche Reich zu deportieren. Einen solchen Auftrag hatte zum Beispiel die „Aktion Zigeunerbaron" im Gebiet Brjansk in der UDSSR, die für Mitte Mai 1943 angesetzt und für die das Panzerarmeeoberkommando 2 verantwortlich war. Im Geheim-Befehl des Chefs des Generalstabes, Winter, stand:
„1. Die Bevölkerung der innerhalb des zu säubernden Feindgebietes gelegenen Dörfer und Ortschaften ist restlos zu evakuieren. Das Gebiet, welches als Feindgebiet anzusehen und demnach zu evakuieren ist, ist im Einvernehmen mit dem Stab Rübsam, Hptm. Köneke und dem Leiter des SVB, Ing. Kaminski festzulegen. Die Festlegung des Feindgebietes ist auf das eigentliche Waldgebiet zu beschränken.
2. Die Evakuierung der Bevölkerung in dem festzulegenden Feindgebiet hat durch die kämpfende Truppe im Zuge der Säuberungsaktion zu erfolgen. Soweit möglich, sind hierbei Lagerführer einzuschalten, die für Übernahme und Abtransport des vorhandenen Viehs und Kleintiers sowie von Pferden, Ackergeräten usw. zu sorgen haben. Die Lagerführer sind hierbei durch die Truppe zu unterstützen.
3. Bei der Besetzung der einzelnen Ortschaften sind sofort schlagartig die vorhandenen Männer im Alter von 15–65 Jahren, soweit sie als wehrfähig angesehen werden können, zu erfassen und unter Bewachung mit Bahntransport in das Dulag 142 nach Brjansk zu überführen. Den erfaßten Wehrfähigen ist zu eröffnen, daß sie bis auf weiteres als Kriegsgefangene gelten und daß bei irgendwelchen Fluchtversuchen von der Schußwaffe Gebrauch gemacht wird. Den Erfaßten ist Möglichkeit zu geben, ihre notwendigste Habe sowie ausreichende Bekleidung mitzunehmen. Als Verpflegung ist ihnen Kriegsgefangenen-Verpflegung zu gewähren.
Seuchenkranke dürfen hierbei nicht erfaßt werden.
4. Die übrige zu evakuierende Bevölkerung ist in den Dörfern zu sammeln und in geschlossenen Sammeltransporten ostwärts in die an der Bahnlinie Lokot – Brjansk zu errichtenden Auffanglager zu überführen. Die Truppe hat hierzu die erforderlichen Begleitkommandos zu stellen. Die zuständigen Arbeitseinsatz-Dienststellen werden von der Armee rechtzeitig angewiesen, in die errichteten Auffanglager Beauftrage zu entsenden, die dort die Werbung für den Arbeitseinsatz im Reich durchführen ..."
Das von den Traditionspflegern der Bundeswehr aufgestellte Postulat einer „sauberen" Wehrmacht in einem verbrecherischen Staat wurde durch die Deportation und massenweise Ermordung von Zivilbevölkerung und „echten" Kriegsgefangenen durch reguläre Militäreinheiten ad absurdum geführt. Selbst die elementarsten Grundsätze der internationalen Konvention über die Behandlung von Kriegsgefangenen wurden hier mit Füßen getreten.

„Personenkontrolle“ vor der Deportation ins Deutsche Reich.

Sicherheitspolizei des SD führt Gefangene zur Exekution. Offizielle Bildunterschrift: „Das Hinterland wird von Banden gesäubert“.

Die ersten polnischen Zivilisten warten im September 1939 auf den Abtransport nach Westen.

Polacy!

W ostatniem czasie wykonano wyroki śmierci przeciwko:

Zlosnik Josef, ostatnio w Falkendorf, powiat Höchstadt a. d. Aisch s powodu gwołtownosci przeciwko jego pracowdawcowi,
Sikora Stanislaus, ostatnio w Alterlangen koło Erlangen s powodu zgwałcenia,
Domagala Wladyslaw, ostatnio w Eyb powiat Ansbach s powodu cięszkiej kradžieży,
Pesko Josef, ostatnio w Wippendorf, powiat Ansbach z powodu podpalenia.

Uznajcie z tego:

Kto pracuje, ma się w niemczech dobrze!
Kto pracowac niechce, będzie do tego zmuszony!
Kto zawini przeciwko niemieckiem ustawom wojennym i obeczajowym, będzie powieszony!

Übersetzung:

Polen!

In letzter Zeit wurden hingerichtet:

Zlosnik Josef, zuletzt Falkendorf, Landkreis Höchstadt a. d. Aisch, wegen Gewalttätigkeit gegen seinen Brotgeber,
Sikora Stanislaus, Alterlangen b. Erlangen wegen Notzuchtverübung,
Domagala Wladyslaw, zuletzt Eyb, Landkreis Ansbach, wegen erschwerten Diebstahl,
Pesko Josef, Wippendorf, Landkreis Ansbach wegen Brandstiftung.

Ihr sollt daraus erkennen:

Wer arbeitet, hat es gut in Deutschland!
Wer nicht arbeiten will, wird dazu gezwungen!
Wer sich gegen die deutschen Kriegs- und Sittengesetze vergeht, wird aufgehängt!

Bekanntmachung 1942.

Ein Dorf wird von Wehrmachtsangehörigen eingeäschert und dabei fotografiert, 1941.

Hingerichtete Zivilisten in einem polnischen Dorf 1941. Sie hatten sich geweigert, nach Deutschland zu gehen.

Leben als Zwangsarbeiter

Die erste Station auf dem Weg nach Deutschland war für die Sklaven-Arbeiter die Internierung in einem der 50 Durchgangslager (Dulag). Sie unterstanden den Landesarbeitsämtern, die die Verteilung der Arbeitskräfte in die Landwirtschafts- und Industriebetriebe organisierten. Ähnlich wie Juden mußten die Ostarbeiter und Polen auf der rechten Brustseite ihrer Kleidung ein Stoffabzeichen mit dem Aufdruck „Ost“ bzw. „P“ tragen. Ohne Unterschied des Geschlechts hatten sie in jedem Einsatzbereich Schwerstarbeit zu leisten. Amtliche Erlasse regelten ihr Leben bis in die letzten Einzelheiten. Zum Beispiel in den „Bestimmungen über die Behandlung ausländischer Landarbeiter polnischen Volkstums“ des Badischen Finanz- und Wirtschaftsministers vom 6. März 1941:

„1. Ein Beschwerderecht steht den Landarbeitern polnischen Volkstums grundsätzlich nicht mehr zu und dürfen solche auch von keiner Dienststelle entgegengenommen werden.

2. Die Landarbeiter polnischen Volkstums dürfen die Ortschaften, in welchen sie zum Einsatz gegeben werden, nicht mehr verlassen und haben Ausgangsverbot vom 1. Oktober bis 31. März von 20 Uhr bis 6 Uhr, und vom 1. April bis 30. September von 21 Uhr bis 5 Uhr.

3. Die Benutzung von Fahrrädern ist streng untersagt. Ausnahmen sind möglich für Fahrten zur Arbeitsstelle aufs Feld, wenn ein Angehöriger des Betriebsführers oder der Betriebsführer selbst dabei ist.

4. Der Besuch der Kirchen, gleich welcher Konfession, ist streng verboten, auch wenn kein Gottesdienst abgehalten wird. Einzelseelsorge durch die Geistlichen außerhalb der Kirchen ist gestattet.

5. Der Besuch von Theatervorstellungen, Kinos oder sonstiger kultureller Veranstaltungen ist für Landarbeiter polnischen Volkstums streng untersagt.

6. Der Besuch von Gaststätten ist für Landarbeiter polnischen Volkstums streng verboten. Mit Ausnahme einer Gaststätte im Ort, die vom Landratsamt hierzu bestimmt wurde, und nur an einem Tag in der Woche. Der Tag, welcher zum Besuch der Gaststätte freigegeben wurde, wird ebenfalls vom Landsratsamt bestimmt. Bei dieser Bestimmung ändert sich an dem unter 2. verkündeten Ausgangsverbot nichts.

7. Der Geschlechtsverkehr mit Frauen und Mädchen ist streng verboten, und wo solcher festgestellt wird, ist Anzeigepflicht gegeben.

12. Das Züchtigungsrecht steht jedem Betriebsführer für die Landarbeiter polnischen Volkstums zu, sofern gutes Zureden und Belehrungen ohne Erfolg waren. Der Betriebsführer darf in einem solchen Fall von keiner Dienststelle deswegen zur Rechenschaft gezogen werden.

13. Die Landarbeiter polnischen Volkstums sollen nach Möglichkeit aus der Hausgemeinschaft entfernt werden und können in Stallungen usw. untergebracht werden. Irgendwelche Hemmungen dürfen dabei nicht hindernd im Wege stehen.“

Ähnliche Bestimmungen wurden auch für Zwangsarbeiter in der Industrie erlassen. Die Großunternehmen hatten für sie in unmittelbarer Nähe der Betriebe eigene Lager angelegt. Die Lebensbedingungen in einem solchen Firmenlager schildert der russische Fremdarbeiter und spätere Schriftsteller Vitalij Sjomin in seinem Buch „Zum Unterschied ein Zeichen“:

„Im Lager wird nicht gewohnt. Das Lager ist die Fortsetzung der Fabrik. Der Mensch arbeitet in der Fabrik, dann wird er ins Lager befördert, damit er sich wieder für die Arbeit rüsten kann. Er erhält und verzehrt seine Ration, liegt auf der Pritsche und hegt die wahnsinnige, endlos aufgestachelte Hoffnung, irgendwo eine Zigarettenkippe aufzutreiben und den Tabaksqualm in die Lungen einzusaugen.

Von Woche zu Woche, von Monat zu Monat wird das Stroh in der Matratze immer mehr zerrieben, es rieselt durch das Gewebe des Matratzensacks, das Kopfkissen wird immer flacher, das Stroh im Kissen und in der Matratze raschelt beim Aufschütteln längst nicht mehr, es knarzt nur noch. Die ungewaschenen Bettdecken riechen nach Fabrik, nach Gießerei, nach Äther, nach Karbolsäure, die Kleider riechen am Morgen nach Kälte, nach Hunger, nach Stroh und nach schmutzigen Kleidern. Wenn die Lagerinsassen auf die Straße hinaus getrieben werden, kommen ihnen alle hellen Stadtfarben, die sie auf dem Weg in die Fabrik zu sehen bekommen: die reklamehaft grellen, roten und gelben Karosserien der Autos, das fast blaupolierte Straßenpflaster, die Schaufenster der Bäckerladen – herausfordernd und überheblich wie eine deutsche Armeeuniform vor.“

Fremdarbeiter waren zusammen mit den KZ-Häftlingen in der angespannten Beschäftigungslage während der Kriegsjahre für die Firmenleitungen ein rentabler Faktor für eine optimal funktionierende Produktion. Das Regime Adolf Hitlers sah darin eine Art Wirtschaftsförderung des Staates.

Ein paramilitärisch organisierter Werkschutz sorgte in den Lagern und am Arbeitsplatz dafür, daß die

An der Tür eines Restaurants.

Anweisung: „All diese Menschen müssen so ernährt, untergebracht und behandelt werden, daß sie bei denkbar sparsamstem Einsatz die größtmögliche Leistung hervorbringen" auf das Peinlichste befolgt wurde.
Dazu schrieb im März 1942 die Direktion der Krupp-Lokomotivenfabrik in Essen an die Hauptverwaltung der Firma:
„Wir stellen in den letzten Tagen fest, daß die Beköstigung der hier eingesetzten Russen derart miserabel ist, daß die Leute von Tag zu Tag mehr geschwächt sind. Feststellungen haben ergeben, daß die einzelnen Russen nicht mehr in der Lage sind, beispielsweise einen Drehstahl einwandfrei anzuziehen, wegen mangelnder körperlicher Kräfte."
Eine Reaktion auf diese Anmahnung ist ausgeblieben. Gerade die Bedingungen, unter denen die Zwangsarbeiter bei der Firma Krupp gehalten wurden, sind ein besonders drastisches Beispiel für eine moderne Sklaverei: Deutsche Wachposten des Werkschutzes und bestimmte Vorarbeiter trieben die Zwangsarbeiter vielfach mit Knüppeln zur Arbeit an, Folterungen waren üblich. William Manchester legte in seinem Standardwerk zur Geschichte der Krupps entsprechende Unterlagen vor:
„Im Kellergeschoß des Hauptverwaltungsgebäudes, einem riesigen düsteren Betongewölbe, wurden regelrechte Folterungen vollzogen. Dort befand sich das Hauptquartier von Werkschutz und Werkschar, und in einem der Büroräume entwickelten einige der Wachtposten in ihrer Freizeit eine kunstvolle Konstruktion, mittels derer aufsässige Sklaven gefügig gemacht werden sollten. Das Ganze sah wie ein Metallschrank aus, aber Fritz Fell, ein Nachttelefonist, dessen Arbeitsplatz zehn Meter entfernt war und der sehen konnte, wofür der ‚Schrank' gebraucht wurde, gab ihm den Namen, unter dem er bekannt und gefürchtet wurde: ‚der Käfig'. Später erklärte er: ‚Ich sah, wie Ostarbeiterinnen in den Schrank gesperrt wurden und sagte zu mir selbst: Das ist ein Käfig. Ich weiß nicht genau, warum. Naja, ein Tier – einen Vogel – sperrt man in einen Käfig'. Dieser ‚Käfig' war ein fensterloses schweres Stahlgehäuse von 1,50 Meter Höhe – also um zehn bis 15 Zentimeter zu niedrig, als daß ein durchschnittlicher Mensch darin hätte aufrecht stehen können. Im Inneren befand sich eine vertikale Trennwand, so daß zwei Zellen von je 55 Zentimeter Breite und 55 Zentimeter Tiefe entstanden. Für die Luftzufuhr sorgten nur zwei oben angebrachte Löcher, und zwei schwere Riegel sorgten dafür, daß die Gefangenen nicht heraus konnten. Die Sklavenarbeiter wurden

Russin in einem deutschen Rüstungsbetrieb.

in gebückter Haltung hineingepfercht und einige Stunden bis mehrere Tage darin gelassen. Eine Verfeinerung dieser Tortur war, bei kaltem Wetter durch die Luftlöcher von oben Wasser auf die Gefangenen zu gießen.“
Manchester zitiert hier aus den Akten des Nürnberger Kriegsverbrecherprozesses von 1947.
Die Sekretärin des damaligen Konzern-Chefs Alfred Krupp sagte vor dem Nürnberger Tribunal aus, sie habe die Schreie der gefolterten Zwangsarbeiter von ihrem Schreibtisch aus gehört.
Einzelheiten über den Alltag französischer Zwangsarbeiter in Frankfurt berichtet Juliane Kinkel am 22. Februar 1946 im Prozeß gegen den Leiter des Zwangsarbeiterlagers Volkshaus in Frankfurt-Sossenheim, Dietrich Krebs, vor der Spruchkammer Frankfurt. Sie hatte in diesem Lager zwei Jahre als Dolmetscherin gearbeitet:
„Krebs schikanierte die Ausländer, besonders die Franzosen, die er haßte, wo er konnte. Tatsachen: Den jungen Franzosen Periot Georges schlug er gegen das Kinn, daß er aus dem Mund blutete, sperrte ihn nur mit Hemd und Hose bekleidet in den Betonbunker, drohte ihm, er werde ihn am anderen Morgen der Gestapo wegen Sabotage und Revolte übergeben, behauptete, der Franzose hätte ihn mit dem Revolver bedroht. Ich wurde noch in der Nacht geholt und veranlaßte, daß dem Periot warme Kleider und Decken gegeben wurden. Periot war ein freundlicher junger Mensch, der von Krebs gehaßt wurde, weil er die Reklamationen seiner Kameraden vorbrachte. Er sollte mundtot gemacht werden. Krebs ließ aus Schikane unmittelbar vor den Fenstern der Franzosenbaracke ein Viereck in ziemlicher Größe und Tiefe ausheben und den Inhalt der Abortgruben hineinpumpen. Die Leute litten im Hochsommer schwer unter dem Gestank.
Er kümmerte sich nicht um die Kranken und ließ sie ohne Essen und Pflege in den Baracken liegen.
Alle meine Reklamationen um Waschgelegenheit für die Wäsche, Badegelegenheit, Kochgelegenheit lehnte er ab. Wuschen die Leute ihre Wäsche in den Luftschutzeimern, dann drohte er mit Anzeige. Er verbot Kochen innerhalb und außerhalb des Lagers und schnitt die elektrischen Drähte weg und nahm den Leuten die selbstgefertigten Kochplatten weg.
Bei Reklamationen ließ er Amtsleiter der NSDAP oder der DAF kommen, welche die Leute anschrieen. Weitere Schikanen können auf Wunsch detailliert angeführt werden.
Er bestahl die Leute um die zustehenden Rationen in unerhöhtem Ausmaß. Wenn Revision kam, war das Essen gut, sonst erhielten die Leute wochenlang nur dünne Suppen, obgleich den Leuten Schwer- und Langarbeiterrationen zustanden. Die Sonderzuteilungen wurden immer erst auf meine besonders dringlichen Reklamationen gegeben.
Um Reklamationen zu vermeiden, ließ er die Leute durch Drohungen mundtot machen. Er schickte mir einen Elsässer nach, wenn ich durchs Lager ging, der abhören mußte, was die Leute mir sagten. Damit setzten die Schikanen gegen mich ein, um mich zu beseitigen. (Anzeige bei der Partei, der DAF, der Gestapo wegen Sympathisierens mit Ausländern, Aufhetzung zur Arbeitsverweigerung etc., zuletzt erhielt ich Lagerverbot.)
Als einige Firmen den Leuten die Lebensmittelkarten gaben (z.B. die Reichsbahn) zur Selbstverpflegung, suchte er dieses zu hintertreiben, indem er ein Verbot des Kochens durch einen seiner Freunde bei der Arbeiterfront bewirkte.
Krebs selbst feierte in seiner Wohnung mit Freunden Gelage, die er mit den Lebensmitteln aus dem Lager bestritt.
Trotz Selbstschußanlage wurden angeblich Einbrüche im Lebensmittellager ausgeführt. Als ich große Mengen an Zucker und Weißbrot nachwies, welche die Leute nicht erhalten hatten, gab man zuerst zu, man habe ‚Reserven eingespart‘, dann schrie man mich an, als ich wieder reklamierte und sprach nie mehr von diesen verschwundenen Reserven.
Beim Weggang des Krebs sollen 19 Zentner Mehl gefehlt haben.
Der Belgier Weuters gab dem Krebs seinen Koffer mit Kleidern zur Verwahrung. Als Weuters aus dem Krankenhaus zurückkam, gab Krebs den Koffer nicht mehr heraus.
Trotz Kälte und Nässe und Reklamationen ließ Krebs fast nie den großen Saal beheizen, obgleich ich immer wieder darauf hinwies, daß die Leute wenigstens eine Gelegenheit zum Kleidertrocknen haben müßten. Schließlich heizte er so ungeschickt durch Abdecken der Glut, daß nachts die Leute gasvergiftet wurden. Als etwa 6 Mann am anderen Morgen infolge der Vergiftung nicht zur Arbeit gehen konnten, ließ er sie von der Gestapo abholen.
Krebs nahm angeblich aus Menschenliebe einen kleinen Russen in sein Haus auf, der Junge hatte aber, wie ich selbst sah, nur die Lebensmittel aus dem Lager in seine Wohnung zu tragen:
Er beschimpfte die Ausländer als dreckige Ausländer, hetzte, wo er konnte mit Lügen gegen sie, machte die Arbeitsfront, Partei und Gestapo bei jeder Kleinigkeit gegen die Leute mobil. Offiziell spielte er den liebenswürdigen Mann, der ‚so gut‘ zu den Ausländern war.
Mich selbst suchte er durch Lebensmittel zu beste-

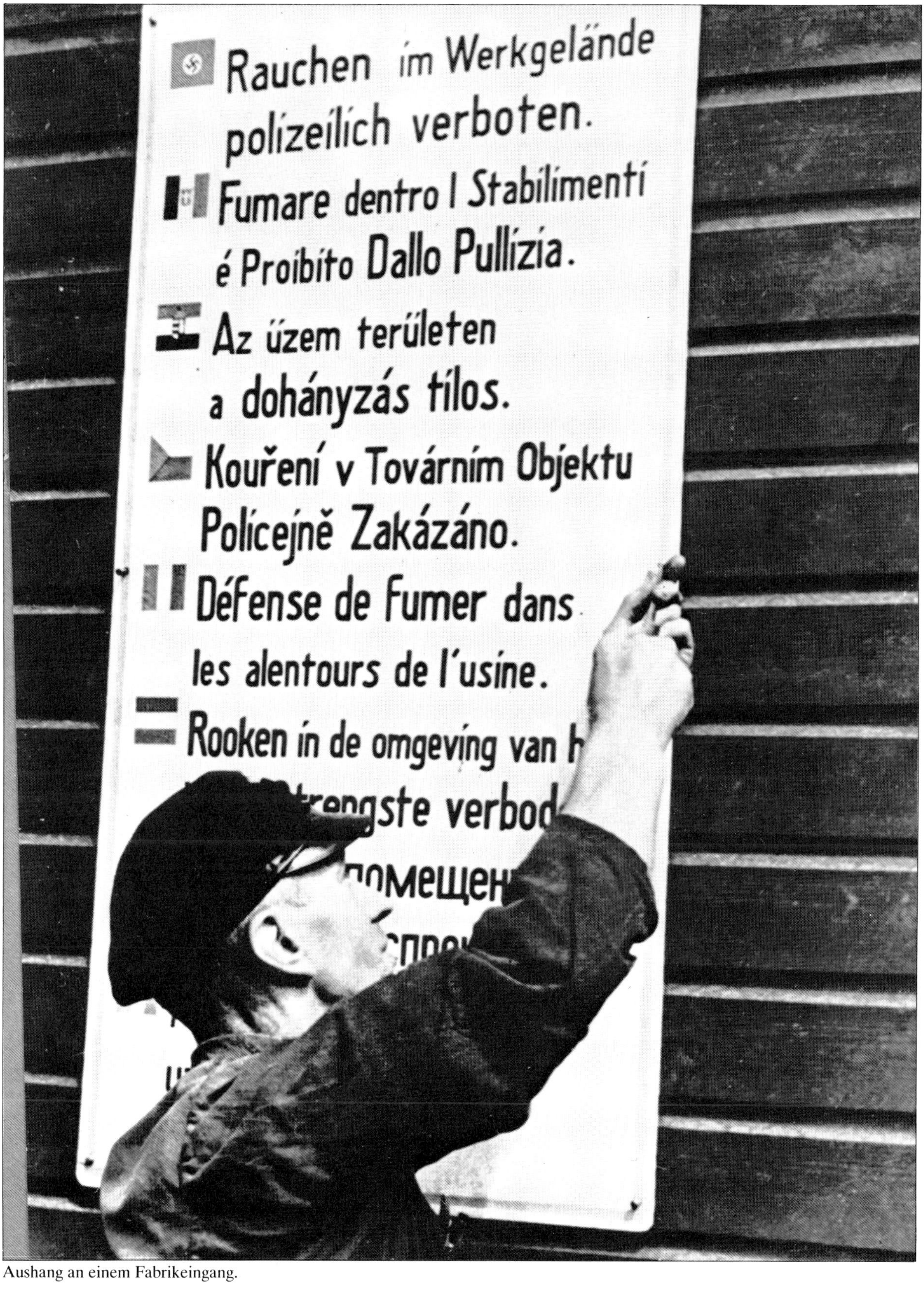

Aushang an einem Fabrikeingang.

Unsere Stellungnahme zur Frage der Polen im Reich.

Der Reichsführer SS und Chef der Deutschen Polizei hat im Auftrage des Reichsmarschalls Göring u. a. angeordnet, daß alle Arbeiter und Arbeiterinnen polnischen Volkstums das nebenstehende in Originalgröße abgebildete Stoffabzeichen stets sichtbar auf der rechten Brustseite eines jeden Kleidungsstückes zu tragen haben. Das Abzeichen ist auf dem Kleidungsstück fest anzunähen.

Wir erleben heute die **Entstehung unseres Volksreiches und sind uns darüber klar**, daß in Zukunft fremdvölkische Elemente in großer Zahl innerhalb unseres Lebensraumes **wohnen werden**. Darüber hinaus sind durch den Einsatz polnischer Land- und Fabrikarbeiter aber auch im ganzen **Reich völkische** Fragen akut geworden. Das Volksreich kann nur dann ewigen Bestand haben, wenn jeder Deutsche in seiner **Haltung volksbewußt** auftritt und mit all diesen Fragen von sich aus fertig wird. **Gesetze können das Zusammenleben nur unterstützend** regeln. Das Wichtigste bleibt die gefühlsmäßige, sichere Haltung jedes Einzelnen. **Das gesamte Volk muß** daher in ganz besonderem Maße über die Gefahren aufgeklärt werden, die **das** Zusammenleben mit fremdvölkischen Menschen mit sich bringt.

Deshalb ist **es notwendig**, bei jeder Gelegenheit aufklärend zu wirken, d. h. immer wieder auf die Greueltaten der Polen gegenüber unseren Volksdeutschen hinzuweisen und zur Vorsicht gegenüber den polnischen Arbeitern aufzufordern.

Deutsches Volk! Vergiß nie, daß die Greueltaten in Polen den Führer zwangen, mit seiner bewaffneten Wehrmacht unsere Volksdeutschen zu schützen! Der September 1939 hat auf volksdeutscher Seite in Polen 58 000 Opfer gefordert. Männer, Frauen und Kinder, wehrlose Greise und Kranke sind auf den Verschleppungsmärschen zu Tode gequält worden. In den Zuchthäusern der Polen haben deutsche Menschen Qualen ausstehen müssen, die in ihrer Rohheit nur von Untermenschen mit tierischer Veranlagung ausgedacht **werden** konnten. Tagelang ohne jegliche Nahrung, Stockschläge, Kolbenstöße, grundlose Erschießungen, Ausstechen **von Augen**, Vergewaltigungen, es gibt keine Gewalttat, die nicht verübt worden wäre. Einen jungen Menschen **hat man** mit Benzin übergossen und im Backofen verbrannt, auf einen Gütertransport Verschleppter hat man **mit voller Gewalt** eine **Lokomotive** fahren lassen. In einem Tümpel haben kürzlich badende Kinder 17 Leichen gefunden. **Man könnte** tausende solcher Beispiele anführen.

Angehörige dieses Volkes sind jetzt zu uns als Land- und Fabrikarbeiter und Kriegsgefangene **gekommen**, weil wir ihre Arbeitskraft brauchen. Derjenige, der dienstlich mit ihnen zu tun hat, soll sich darüber klar sein, daß der Haß des Polen heute größer ist denn je, daß der Pole im Volkstumskampf weit größere Erfahrungen hat als wir, **und** daß er immer noch daran glaubt, mit Hilfe unserer Feindmächte ein neues, größeres Polen aufrichten zu können.

Die Unterwürfigkeit, die der Pole gegenüber dem deutschen Bauern zeigt, ist Hinterlist. Sein freundliches Wesen ist falsch. Vorsicht ist überall geboten, damit nicht dem Zusammenschluß der Polen und etwaiger Spionagetätigkeit Vorschub geleistet wird.

Vor allem gibt es keine Gemeinschaft irgendwelcher Art zwischen Deutschen und Polen. Deutscher, sei stolz und vergiß nicht, was das polnische Volk Dir angetan hat! Wenn einer kommt und Dir sagt, sein Pole sei anständig, so halte ihm entgegen: **Es kennt heute wieder jeder einen anständigen Polen, wie früher jeder einen anständigen Juden kannte!**

Es geht um unsere Volksgemeinschaft! Vor allem achtet darauf, daß nicht über den gemeinsamen Glauben Verbindungen angeknüpft werden. Viele unserer Bauern kennen den Volkstumskampf nicht und halten den Polen, der sie ständig mit „Gelobt sei Jesus Christus" begrüßt, für einen ordentlichen Menschen und antworten ihm mit „In Ewigkeit, Amen!". Polen, die nur mit den Kleidern, die sie auf dem Leib hatten, ankamen, erhielten von ihren Bauern Wäsche und Kleidungsstücke. Sie haben sie dann an den Nachbarpolen verkauft und den Erlös in Tabak umgesetzt. Gruppen von Polen, die auf der Landstraße durch die Polizei auseinandergetrieben wurden, haben sich an der nächsten Straßenecke wieder zusammengefunden. Achtet darauf, ob die Polen lange Briefe nach Hause schreiben. Es sind aus Polen auf diese Briefe hin Lebensmittel geschickt worden, sodaß man sich vorstellen kann, was der Pole nach Hause geschrieben hat. Gebt ihm kein bares Geld in die Hand.

Deutscher! Der Pole ist niemals Dein Kamerad! Er steht u n t e r jedem deutschen Volksgenossen auf Deinem Hof oder in Deiner Fabrik. Sei, wie immer als Deutscher, gerecht, aber vergiß nie, daß Du Angehöriger des Herrenvolkes bist!

Die Deutsche Wehrmacht erkämpft uns den Frieden Europas. Wir sind für den Frieden im neuen, größeren Deutschland verantwortlich. Das Zusammenleben mit Menschen fremden Volkstums wird noch häufig zu völkischen Kraftproben führen, die Du als Deutscher bestehen mußt.

Volksbund für das Deutschtum im Ausland
Gauverband Hessen-Nassau, Frankfurt M.

Ein offizielles „Merkblatt".

chen. Als ich nicht darauf einging, verfolgte er mich, wenn auch verdeckt, mit dem gleichen Haß, wie die Ausländer.
Diese Angaben können alle Leute des Lagers bezeugen.
Ein Brief des Periot aus Frankreich besagt, daß viele der jungen Franzosen aus dem Lager, nach Hause zurückgekehrt, noch heute krank sind, einige befinden sich wegen Tuberculose in Sanatorien, einige sind gestorben. An diesem Elend dürfte Krebs einen nicht geringen Anteil haben." (Dieser Zeugenbericht erschien zuerst in Heft 2/80 der „Informationen" des „Studienkreis zur Erforschung und Vermittlung des deutschen Widerstandes 1933–1945" in Frankfurt/M.)

Die deutsche Bevölkerung und die „Fremdarbeiter"

Natürlich waren nicht alle Deutschen Folterknechte wie der Werkschutz bei Krupp und anderswo. Aber derjenige, der den Fremden helfen wollte, lief Gefahr, selbst zum Gefangenen der Nazis zu werden. Obwohl man mit den Zwangsarbeitern in Landwirtschaft und Industrie zusammenarbeitete, war jeder Kontakt mit ihnen unter Androhung drakonischer Strafen verboten. Zu dem Verbot trat dann auch die offizielle Propaganda. So stand in einem Flugblatt des „Volksbundes für das Deutschtum im Ausland – Gauverband Hessen-Nassau", der die Regierungs- und Parteilinie vertrat:
„Angehörige dieses Volkes sind jetzt zu uns als Land- und Fabrikarbeiter und Kriegsgefangene gekommen, weil wir ihre Arbeitskraft brauchen. Derjenige, der dienstlich mit ihnen zu tun hat, soll sich darüber klar sein, daß der Haß des Polen heute größer ist denn je, daß der Pole im Volkstumskampf weit größere Erfahrungen hat als wir und daß er immer noch daran glaubt, mit Hilfe unserer Feindmächte ein neues größeres Polen aufrichten zu können.
Die Unterwürfigkeit, die der Pole gegenüber dem deutschen Bauern zeigt, ist Hinterlist. Sein freundliches Wesen ist falsch. Vorsicht ist überall geboten, damit nicht dem Zusammenschluß der Polen und etwaiger Spionagetätigkeit Vorschub geleistet wird.
Vor allem gibt es keine Gemeinschaft irgendwelcher Art zwischen Deutschen und Polen!
Deutscher, sei stolz und vergiß nicht, was das polnische Volk dir angetan hat!
Wenn einer kommt und dir sagt, sein Pole sei anständig, so halte ihm entgegen: Es kennt heut wieder jeder einen anständigen Polen wie früher jeder einen anständigen Juden kannte!
Deutscher! Der Pole ist niemals dein Kamerad!
Er steht unter jedem deutschen Volksgenossen – auf deinem Hof oder in deiner Fabrik. Sei, wie immer als Deutscher, gerecht, aber vergiß nie, daß du Angehöriger des Herrenvolkes bist!"
Nach den „Geheimen Lageberichten", die der Sicherheitsdienst der SS zwischen 1939 und 1944 regelmäßig über die Stimmung in der Bevölkerung erarbeiten ließ, waren nicht alle Deutschen bereit, der offiziellen Propaganda über die Fremdarbeiter als „Untermenschen" Glauben zu schenken. Im März 1943 berichtete der SD:
„Unter den verschiedenen Fragen, welche von der Bevölkerung im Hinblick auf etwaige ungünstige Entwicklungen erörtert werden, spielt den Meldungen zufolge das Problem der ausländischen Arbeiter und Kriegsgefangenen eine besondere Rolle. Man mache sich große Sorge darüber, wie sich die Ausländer verhalten würden, wenn der Krieg in ein kritisches Stadium trete und vom Osten her oder durch eine Landung anglo-amerikanischer Truppen im Westen näher an die Grenzen herangetragen werde. Die schadenfrohe, siegesbewußte und zum Teil sogar aufsässige Haltung, welche von einer Reihe von Ausländern, vor allem von Ostarbeitern, seit Stalingrad an den Tag gelegt werde, lasse nach der Ansicht vieler Volksgenossen darauf schließen, daß die Ausländer nur auf den geeigneten Moment warten, um durch Sabotage und sonstige feindliche Handlungen im Innern des Reiches Unruhe und Schaden zu stiften. Viele Volksgenossen, vor allem Frauen, leiden nach den Meldungen und beängstigenden Vorstellung von der Behandlung, der sie und ihre Kinder möglicherweise von aufständischen Ausländern ausgesetzt sein könnten."
Die Propaganda hatte es nicht erreicht, gegenüber den „Fremdarbeitern" ein klares Feindbild zu schaffen. Das an diesen Ausländern verübte Unrecht beschäftigte die Bevölkerung. Vor allem dann, wenn sie mit ihnen in näheren Kontakt kamen. Im September 1942 meldete der Geheimdienst aus dem Bereich Dortmund:
„Der verstärkte Einsatz der russischen Zivilarbeiter und -arbeiterinnen hat zur Folge, daß sich die deutsche Bevölkerung in zunehmendem Maße mit ihnen befaßt. Ganz besonders ist das der Fall, sobald die Bevölkerung sieht, daß nicht alle Russen ein so schlechtes Bild abgeben, wie es hin und wieder in der deutschen Propaganda gezeichnet wurde. Da der Bevölkerung die Russinnen größtenteils als verkom-

1945: Ermordete russische Kriegsgefangene werden in der Nähe von Essen exhumiert.

Am Pranger (1944).

mene Flintenweiber dargestellt wurden, wundert man sich, wenn man bei den hier eingesetzten Russinnen ein Reinlichkeits- und Ordnungsbedürfnis feststellt, das hinter dem der deutschen Frau nicht zurücksteht, was sich z. B. auch darin äußert, daß mit Geschick die Ausstattung der Wohnräume vorgenommen wird. Auch war man erstaunt, daß viele Russinnen schon nach einigen Tagen ihres Hierseins Halsketten mit dem russischen Kreuz trugen, eine Wahrnehmung, die auch bei russischen Zivilarbeitern, die im katholischen Münsterland bei Bauern eingesetzt sind, gemacht wurde. Dadurch wird bei der deutschen Bevölkerung der Eindruck erweckt, daß die Gottlosenbewegung in Rußland doch nicht so stark gewesen sein könne. Ebenso verhält es sich mit dem allgemeinen Bildungsstand der Russen. Der größte Teil der Bevölkerung ist in dem Glauben, in Rußland gäbe es fast nur Analphabeten und ist dann erstaunt, wenn er bemerkt, daß viele Russen russisch-deutsche Schulbücher und Wörterbücher mitgebracht haben und daß manche Russen sogar deutsch sprechen.

Auch die Behandlung, die den eingesetzten Russen und Russinnen zuteil wird, ist Gegenstand eingehender Erörterung. Vor allem Frauen neigen meist dazu, die Russen zu bemitleiden. Das bezieht sich insbesondere auf angeblich zu geringe Beköstigung, zu schwere Arbeit und eine nicht ausreichende Betreuung, wobei u. a. erzählt wurde, daß einer Russin beim Transport ein Eisenstück auf den Fuß gefallen sei. Die Russin hätte ohne Schuhe und Strümpfe mit der stark blutenden Wunde, die Zehe wäre fast abgequetscht gewesen, bis zum Lager humpeln müssen. Sie, die deutschen Arbeiterinnen, hätten nicht mitansehen können, daß man eine so schwerverletzte Frau zu Fuß in das Lager gehen ließ.

Wie stark das Mitleidsgefühl sich auswirke, gehe auch aus folgendem Vorfall hervor:

Einem Teil der bei dem Klöckner-Werk in Hagen-Haspe beschäftigten Russen gelang es in einem unbewachten Augenblick, die Arbeitsstelle zu verlassen, um in den nahegelegenen Bäckereien und Lebensmittelgeschäften Brot zu erbetteln. Von den Geschäftsinhabern wurde die Abgabe von Brot abgelehnt. Daraufhin überließen in den Geschäften anwesende deutsche Volksgenossen, meistens Frauen, den Russen, wie sie selbst angaben, aus Mitleid einige Brotmarken.

Im Gegensatz hierzu steht meistenteils die Einstellung der männlichen deutschen Rüstungsarbeiter. So unterhielten sich in einem Eisenbahnabteil mehrere Arbeiter über die Behandlung und den Einsatz der Russen. Hierbei stellten sie fest, daß diese wenig zu essen bekämen, aber trotzdem hart arbeiten müßten. Sie tauschten ihre Ansichten über den Zweck und den Erfolg des Einsatzes der Russen aus. Dabei sagte ein Arbeiter wörtlich: ‚Hauptsache ist, daß wir den Krieg gewinnen, wenn die Russen hier auch dabei eingehen', worauf ihm alle einheitlich zustimmten. Nur zwei Frauen, die das Gespräch mitangehört hatten, schüttelten mißbilligend die Köpfe.

Der größte Teil der Bevölkerung lehnt eine nähere Beziehung zu den Russen ab. Der Arbeiter ist nicht damit einverstanden, wenn er sich, wie es in den einzelnen Betrieben der Fall ist, nach Feierabend mit den Russen zusammen waschen muß.

Auch nachstehender Vorfall habe Mißstimmung ausgelöst:

Einer Dortmunder Zeche wird das Grubenholz in kürzeren Zeitabständen in größeren Mengen geliefert. Um eine schnelle Entladung zu erreichen, müssen die Arbeiter an den betreffenden Tagen überarbeiten. Zu ihrer Hilfe wurden ihnen Zivilrussen zugeteilt, die dann ebenfalls die Überstunden machen mußten und hierfür geringe Mengen Tabak erhielten. Jetzt wurde vom Betriebsarzt und dem Betriebsobmann angeordnet, daß die Russen nur noch an zwei Tagen der Woche Überstunden machen sollten. Sie begründeten dieses mit der schlechten Ernährung der Russen. Die Maßnahme fand in der Gefolgschaft lebhafteste Kritik. Weiterhin wird nicht verstanden, daß in verschiedenen Fällen die Läger und Säle von deutschen Frauen gesäubert werden müssen. Die Bevölkerung steht auf dem Standpunkt, daß es einer deutschen Frau nicht würdig sei, die Läger ausländischer Arbeitskräfte in Ordnung zu halten. Vor allem wird nicht verstanden, wie es möglich ist, daß deutsche Volksgenossen, wie es bereits vorgekommen ist, die verstopften Toiletten der Russen reinigen müßten.

Zusammenfassend kann gesagt werden, daß die Bevölkerung zum größten Teil den notwendigen Abstand zu den Russen wahrt, obwohl in manchen Fällen ein Mitleidsgefühl, vor allem von Frauen, nicht unterdrückt werden kann."

Die Anwesenheit von mehreren Millionen Fremden im Reichsgebiet konnte selbst von der gleichgeschalteten und von Berlin reglementierten Presse nicht ignoriert werden. Über die entsprechenden Berichte in Zeitungen und Zeitschriften äußerte sich der Chef der Sicherheitspolizei in einem geheimen „SD-Bericht zu Inlandsfragen" vom 6. Januar 1944 in Besorgnis:

„Die Presse, sowohl die Tageszeitungen als auch die illustrierten Wochenzeitungen, hat sich in letzter Zeit öfter mit den im Reich eingesetzten ausländischen Arbeitskräften befaßt. Wie aus einzelnen

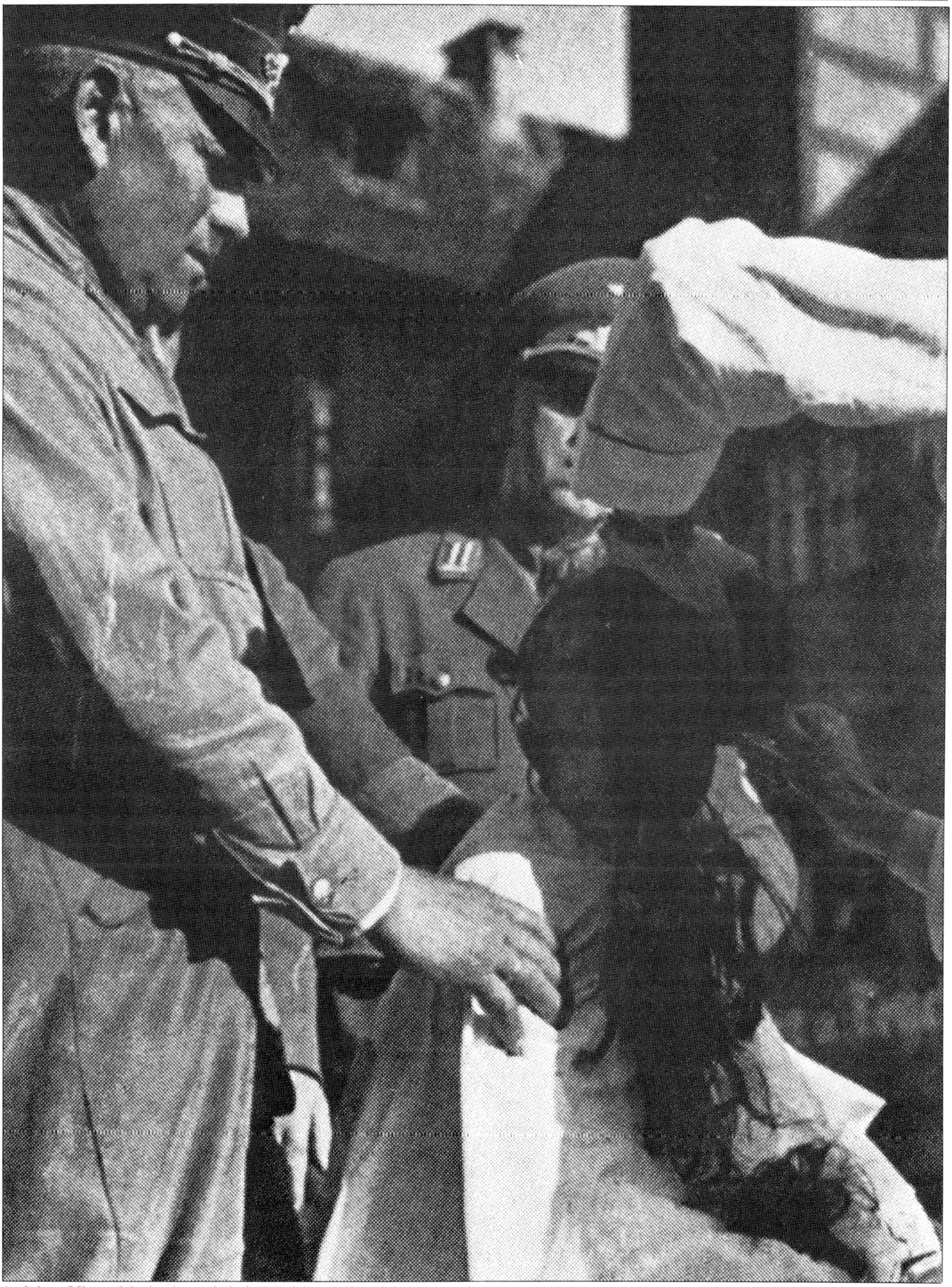

Auf dem Ulmer Marktplatz wird ein Mädchen öffentlich kahlgeschoren, weil sie angeblich zu einem Kriegsgefangenen Kontakt hatte (1940).

Wer plündert, wird mit dem Tode bestraft!

Wie plundert, wordt met den dood gestraft!

Celui qui pille sera condamné à mort!

Il saccheggiatore viene punito colla pena di morte!

Kdor pleni, bode kaznovan smrtjo!

Plenění a drancování se trestá smrtí!

Tko bude pljačkao, bit će kažnjen smrću!

Kto rabuje, ten będzie skazany na śmierć!

ХТО ГРАБИТЬ, ТОЙ БУДЕ ПОНСАРАНИЙ СМЕРТЬЮ!

КТО ГРАБИТ, ТОТ БУДЕТ НАКАЗАН СМЕРТЬЮ!

Flugblatt, das nach einem Bombenangriff in Düsseldorf 1944 verteilt wurde.

Berichten ersichtlich ist, führt die Art, in der die Presse dieses Thema behandelt, in der deutschen Bevölkerung häufig zu starken Erörterungen. Zahlreiche Äußerungen lassen erkennen, daß deutsche Volksgenossen für eine gewisse Herausstellung der ausländischen Arbeitskräfte wenig Verständnis aufbringen und die propagandistische Notwendigkeit nicht einsehen. Es heißt beispielsweise, daß um die Ausländer ‚zu viel Worte gemacht' würden, oder es werden Vergleiche zwischen der sozialen Betreuung der ausländischen Arbeitskräfte und der eigenen Lage angestellt. Von den Lesern, die den politischen Wert solcher Veröffentlichungen an sich anerkennen, wird geltend gemacht, daß in den Aufsätzen, die den Einsatz ausländischer Arbeitskräfte behandeln, oftmals ‚reichlich sentimentale' Tendenzen zum Ausdruck kämen. Sie seien geeignet, das Verhalten unserer Bevölkerung zu den ausländischen Arbeitskräften in einer Weise zu beeinflussen, die den bisher von den verantwortlichen Stellen gegebenen Richtlinien widerspreche. Dies sei vor allem dann der Fall, wenn ausländische Arbeitskräfte ‚idealistisch' behandelt werden. Ein Aufsatz, in dem kürzlich erklärt wurde, daß alle Arbeitskräfte, die im Kampf gegen den plutokratischen Kapitalismus und den Bolschewismus helfen, keine Fremden und Ausländer, sondern ‚treue und gute Kameraden' seien, habe verschiedentlich dazu geführt, daß Volksgenossen, die bisher schon alle Ausländer als gleichberechtigte Arbeitskameraden behandelt hätten, sich in ihrem Verhalten gerechtfertigt fühlen. Teile der Arbeiterschaft sähen in solchen Aufsätzen eine Bestätigung ihrer Auffassung, daß ein ordentlicher Arbeiter auch sonst ein ordentlicher Mensch sei. Ganz gleich, welchem Volkstum er angehöre. Andere wurden in ihrem bisherigen Verhalten, das einen gewissen Abstand wahrt, wieder unsicher.

In der eingangs erwähnten ‚sentimentalen' Linie hätten z.B. auch zwei in der Wochenzeitung ‚Das Reich' erschienene Aufsätze gelegen. In dem einen, am 29. August erschienenen Aufsatz ‚Ein ukrainisches Bauernmädchen' sei folgender Absatz enthalten gewesen:

‚... Natascha ist derb und rundgebaut wie bei uns Bauersfrauen in üppigen Landstrichen. Was in den dunklen Augen liegt, ist schwer zu sagen. Sie schlägt sie selten voll auf und immer ist ihr Blick von sanfter Schwermut verschleiert ... Nur bei der Stutzuhr mit gedrechselten Säulchen steht sie andächtig, neigt den Kopf entzückt zur Seite, wenn sie mit silbernem Geläut die halben und Viertelstunden anzeigt. Um dieses Entzückens willen verzieh ihr die Hausfrau die Scherben (sie zerbrach viel), ermahnte sie nur und zeigte ihr, wie man mit dünnem Porzellan umgehen muß .... Wenn das Essen knapp ist, will Natascha auf ihr Teil verzichten... Mit anderen Mädchen ihres Dorfes, die auch Dienstmädchen in der großen Stadt sind, geht Natascha spazieren. Dann ziehen sie in langen Reihen durch den Park und singen. Briefe werden getauscht. Wenn etwas Lustiges darin steht, lacht Natascha, daß ihr schwerer Körper in Stößen erschüttert wird. Unheimlich orgelnd kann ihr Lachen klingen... Kluge Leute haben der Hausfrau geraten, das fremde Mädchen müsse streng gehalten werden. Die Hausfrau ist aber Rheinländerin und kann nicht streng sein. Sie ist gut zu Natascha und sehr gerecht... und sie streicht ihr über das Haar, wenn ihr die wilden Träume kommen.'

Von vielen Lesern werde eine solche gefühlsmäßig betonte Darstellung abgelehnt. Besonders aufgefallen sei die Stelle: ‚Kluge Leute hatten der Hausfrau geraten, das fremde Mädchen müsse streng gehalten werden usw.' Es werde festgestellt, daß diese ‚klugen Leute' damit nur die von Führungsstellen ausgegebenen Richtlinien befolgen wollten. Zu dem Satz ‚Die Hausfrau ist aber eine Rheinländerin und kann nicht streng sein. Sie ist gut zu Natascha und sehr gerecht' wurde erklärt, daß Strenge nicht im Gegensatz zu Gerechtigkeit und Güte steht und daß eine solche Gegenüberstellung falsch sei.

Auch der zweite Aufsatz ‚Ostarbeiter' (‚Das Reich' v. 21.11.) von Christa Rotzoll habe bei vielen Lesern Kritik hervorgerufen. Man verstehe nicht, daß darin vermerkt werde, die Ostarbeiterinnen hätten an den Wänden Paßbilder junger Franzosen hängen. Weiterhin werde von den ‚offenen, warmäugigen Kindergesichtern' und von ‚ernster fremder Schönheit' der Ostarbeiterinnen gesprochen. Als Zeichen besonderer Geschicklichkeit wird der Hinweis angesehen, daß sich die Lagerinsassen aus steif gesperrtem Verbandsmull sogar Gardinen gemacht hätten. In der ‚Schlesischen Tageszeitung' sei eine Notiz über die Kenntlichmachung der ausländischen Straßenbahnwagenführer durch einen Ärmelstreifen erschienen. Es sei darauf aufmerksam gemacht worden, daß die als Straßenbahnschaffnerinnen eingesetzten Maiden vom Kriegshilfsdienst ebenfalls einen Armstreifen tragen. Das ganze habe man durch ein Bild veranschaulicht, daß eine KHD-Maid und einen ausländischen Straßenbahnführer zeigte. Da örtlich seitens der Breslauer Bevölkerung schon vereinzelt Anstoß an dem anscheinend ‚guten' Verhältnis zwischen KHD-Maiden und den fremdvölkischen Straßenbahnführern genommen worden sei, habe man sich bei diesem Pressebild seine besonderen Gedanken gemacht.

Im ‚Hirschberger Beobachter' vom 27.10.1943 sei

ein Aufsatz ‚Menschen des Ostens und ihr Einsatz im Reich‘ erschienen. Darin heiße es u.a.:
‚In der Ausstattung ihrer Zimmer und der Gestaltung der Freizeit haben sich die Ostarbeiter als Meister der Improvisation erwiesen. Aus hellem Papier fertigen die Frauen Gardinen. Aus *Verbandswatte,* die sie mit Hilfe eines kleinen Holzstäbchens selbst verspinnen, häkeln sie *Pullover* ...‘
Dazu sei von Lesern geäußert worden, daß es nun nicht mehr verwunderlich sei, wenn in den Geschäften für deutsche Volksgenossen oft nicht genügend Verbandswatte vorrätig sei.
Hingewiesen wurde ferner auf die im *‚Illustrierten Beobachter‘* vom 22.7.1943 auf zwei Seiten erschienene Bildfolge über den Einsatz der Ostarbeiterinnen im Reich. Diese Bilder, die u.a. eine Ostarbeiterin in ihrem Nationalkostüm, eine Ostarbeiterin beim Lagerfriseur, die sich für festliche Gelegenheiten schön machen will, eine Tanzveranstaltung für die Ostarbeiter und eine Säuglingsschwester mit einem eben zur Welt gekommenen Ostarbeiterbaby zeigten, würden nicht von allen Volksgenossen zustimmend besprochen. Es fehle vor allem Verständnis für das Bild der Säuglingsschwester mit dem Ostarbeiterkind.
Nach Beobachtungen haben solche Aufsätze und Bilder auch bei den ausländischen Arbeiterkräften nicht immer eine positive Wirkung. Soweit diesen die Veröffentlichungen zugänglich sind, führten sie oft zu einem betont anspruchsvollen Auftreten. Sie würden auf diese Weise auf in Anspruch zu nehmende Rechte aufmerksam, weil sie sich bewußt würden, daß das Reich ohne sie die für den Krieg notwendige Produktion nicht sicherstellen könnte. Andererseits riefen verschiedene Bilder bei den Ausländern insofern Kritik hervor, als z.B. die abgebildeten Lager nicht den meist vorläufigen Unterkünften der ausländischen Arbeitskräfte entsprächen.“
Einer dieser „ausländischen Arbeitskräfte“ war Vitalij Sjomin. Er beschrieb in seinem Buch „Zum Unterschied ein Zeichen“, wie er als jugendlicher Fremdarbeiter unter den deutschen Volksgenossen lebte:
„Ich kann die Hoffnung, daß uns einer der Deutschen wenigstens in dieser Zehnminutenpause ein Stück von seinem Brot abtritt, einfach nicht unterdrücken. Eigentlich ist es nicht einmal eine Hoffnung, sondern ein Hungerkrampf. Es geschah nicht ein einziges Mal! Auch jetzt noch, viele Jahre nach Kriegsende, verspüre ich Angst und Scham. Ich konnte mich lange nicht entschließen, darüber zu schreiben. Früher erschienen mir andere Dinge wichtiger. Doch im Laufe der Zeit begann mich dies am stärksten zu verwundern: keinem dieser zahllosen jungen und alten, fröhlichen und griesgrämigen Menschen fiel es je ein, mir ein Stück Brot zu geben. Und immerhin war ich ein halbwüchsiger Bursche – und sie waren Erwachsene. Das Leiden an der Ermattung, am Hunger und an der Angst, an der Verzweiflung war so groß, daß mein Körper fordernder wurde als ich selbst. Auch die Deutschen lebten von Lebensmittelkarten. (Aber) Den Überdruck der staatlich verordneten Bosheit, in die sie verstrickt waren, spürte ich wohl heftiger als sie. Warum hätten sie mir Brot geben sollen? Aber wenigstens einem von ihnen hätte, während einer Zehnminutenpause, dieser abwegige Gedanke kommen können!“
Ein Großteil der Deutschen teilte die im Grunde harmlos klingende Auffassung des Leiters des Amtes Arbeitseinsatz der Deutschen-Arbeits-Front, Franz Mende, über die Nützlichkeit der billigen Arbeitskräfte:
„Es zeigt sich hierin wohl eine der ersten Auswirkungen der Weite des neuen Raumes, der uns nun zur Verfügung steht. Grundsätzlich müssen wir zunächst beachten, daß dieser neue europäische Raum keine unerschöpfliche Quelle menschlicher Arbeitskraftreserven ist. Wir gehen allerdings von dem Grundsatz aus, daß nicht ein Mann mehr als unbedingt notwendig ist, hier ins Reich hereingeholt wird. Daß wir von diesem Grundsatz ausgehend alles zu tun haben, um die hereingeholten Millionen zur höchsten Leistung zu führen und daß wir, drittens, auch beachten müssen, daß dieser Ausländereinsatz nicht nur eine vorübergehende Angelegenheit des Krieges ist, sondern eine Sorge, die uns auf Jahre, wahrscheinlich Jahrzehnte übertragen sein wird. Welche Bedeutung dieser Ausländereinsatz hat, mag eine Zahl beweisen. Bei einem Einsatz von etwa 6 Millionen bedeutet das, daß jeder vierte Schaffende im Deutschen Reich ein Ausländer ist.“
Doch trotz der massiven Propaganda und der Androhung härtester Strafen gab es Deutsche, die sich dem Gebot der Abgrenzung zu den Fremdarbeitern durch praktizierte Humanitas widersetzten. Manche halfen mit Lebensmitteln und Kleidung, die den Ausländern heimlich zugesteckt wurden. Vor allem bei der bis 1933 gewerkschaftlich organisierten Arbeiterschaft war keine Bereitschaft vorhanden, dem Feindbild vom polnischen und sowjetischen „Untermenschen“ zu folgen. Was dem SD natürlich nicht entging. Der Frankfurter Gewerkschaftler Hugo Döring erwähnt in seinen Lebenserinnerungen diese Versuche mitmenschlicher Hilfe:
„Ich hatte auch Kriegsgefangene als Arbeiter hier in der Gärtnerei und auch sogenannte Fremdarbeiter aus der Sowjet-Union, denen ich essen geben konnte. In Oberrad war ein Kriegsgefangenenlager

in der Nähe der Brauerei. Diesen Kriegsgefangenen ging es sehr schlecht, sie bekamen sehr wenig zu essen. Sie wurden zur Arbeit an unserem Haus vorbeigeführt, zu den Kellern der Brauereien Binding und Henninger, in denen unterirdische Munitionsfabriken untergebracht waren. Ich habe den Wachtmeister gefragt, ob ich die Leute nicht mal bekommen könnte. Und als sie am Sonntag kamen, habe ich ihnen erst mal zu essen gegeben. Es war unglaublich, wie sie behandelt wurden, es war eine Barbarei."

Die Kriegsgefangenen

Von den 7 Millionen sowjetischen Kriegsgefangenen starben rund 5,7 Millionen in deutscher Gefangenschaft. Dazu stellt Christian Streit in der bisher umfassendsten Darstellung über das Schicksal der sowjetischen Kriegsgefangenen („Keine Kameraden", 1978) fest: „Im Krieg gegen die Sowjetunion wurden von der nationalsozialistischen Führung mit dem Einverständnis der militärischen Führung von vornherein nicht nur die Bestimmungen des kodifizierten, sondern auch des allgemeinen Völkerrechts beiseite geschoben. Dadurch wurde die Behandlung der sowjetischen Kriegsgefangenen auf eine qualitativ andere Basis gestellt als die der restlichen Gefangenen." Für Streit war dies eine der Entscheidungen der NS-Machthaber, den Ostkrieg noch vor dem Angriff zum ideologischen Vernichtungskrieg zu machen. Und dazu gehörte auch die „Vernichtung durch Arbeit". Neben den KZ-Häftlingen und den „Fremdarbeitern" waren die Kriegsgefangenen die dritte Gruppe der Zwangsarbeiter in Deutschland, vor allem in der Phase des Krieges, als der deutsche Vormarsch ins Stocken geraten war und der Nachschub an Rüstungsgütern immer drängender notwendig wurde.
Ein Rundschreiben des Oberkommandos der Wehrmacht von 17. August 1944 verdeutlicht, was es mit dem angeblichen militärischen Ethos der deutschen Militärs bei der Behandlung ihrer Gefangenen auf sich hatte: „Die Behandlung der Kriegsgefangenen ist unter Berücksichtigung abwehrmäßiger Belange einzig und allein darauf abzustellen, die Arbeitsleistung auf das höchstmögliche Maß zu steigern." Zur Verpflegung der sowjetischen Kriegsgefangenen wurde ein sogenanntes „Russenbrot" entwickelt: 50% Roggenmehl, 20% Zuckerrübenschnitzel, 20% Zellmehl, 10% Strohmehl oder Laub.
Bei seiner Ansprache zum Erntedankfest 1942 im Berliner Sportpalast „würdigte" Reichsmarschall Hermann Göring die Rolle der Kriegsgefangenen innerhalb des „Fremdarbeiterprogramms" der NS-Führung mit den Worten:
„Genauso wie der deutsche Bauer ist der deutsche Arbeiter in der überwältigenden Masse an die Front geeilt und führt draußen den Kampf für seine Heimat. So mußte auch hier Ersatz geschaffen werden, Ersatz durch fremde Arbeiter aus befreundeten Ländern, durch fremde Arbeiter aus neutralen Ländern und durch die Masse der Kriegsgefangenen. Und hier hat allerdings der deutsche Arbeiter und der deutsche Bauer als Kämpfer dafür gesorgt, daß er genügend Ersatzmänner gestellt hat. Die vielfache Millionenzahl der Kriegsgefangenen, die der deutsche Soldat gemacht hat, spricht hier eine ganz klare Sprache. Aber immerhin, soll jemand arbeiten, soll er auch zu Essen haben und so sind nun diese vielen, vielen Millionen mitzuversorgen und mitzuernähren. Das ist eine gewaltige Zahl und das bedeutet eben, daß trotzdem und unter allen Umständen härter gearbeitet werden muß, um die Erzeugung weiter zu steigern."
NS-Literaten gaben dazu einen Kommentar auf ihre Weise. Jegliche Menschlichkeit verhöhnend, ließ der Schriftsteller Edwin Erich Dwinger 1942 in „Der Bolschewismus als Bedrohung der Weltkultur" verlauten, nachdem er den ersten sowjetischen Kriegsgefangenen begegnet war:
„Das waren ja keine Russen mehr, wie ich sie doch so gut gekannt hatte – das waren ja gar nicht mehr jene bärenhaften Übermenschen, deren wasserhelle Augen mit treuem Blick aus wallender Haarwildnis geblickt! Was mich hier irgendwie böse schielend umstand, das war ja ein ausgemerkeltes Volksgemisch, das man nur mit dem Worte ‚mickrig' bezeichnen konnte, ein bis dahin für mein Empfinden auf Russen unanwendbarer Ausdruck! Ist diese Umwandlung bereits so weit gegangen, dachte ich erschrocken, daß sie geradezu schon die biologische Substanz ergriffen?
Ich trat erschüttert zurück, setzte mich auf den Abhang, um sie bei der Arbeit beobachten zu können. Ich hatte unwillkürlich das Empfinden, in einen Haufen böser Termiten geraten zu sein, die wie diese Tiere ihre Tätigkeit ohne jedes Gehirn taten, nur mehr aus einem dunklen unbewußten Trieb heraus ... Hier konnte es wirklich statt allen Geschwätzes nur eins geben, das erkannte ich schon an diesem Morgen mit gläserner Klarheit, hier blieb

Brotausgabe an gefangene Russen im Juli 1941.

uns europäischen Kulturmenschen nur mehr der Kampf auf Leben und Tod ... Und ich erkannte aus diesem sofort unwiderlegbar das Andere: Die ungeheure geschichtliche Mission Deutschlands!"

Aus dem Geist dieser „ungeheuren Mission" ergab sich die Behandlung und die Unterbringung aller Kriegsgefangenen im Reich. Sie wurden in Lagern zusammengepfercht und ebenfalls durch ungeheure körperliche Arbeitsbelastungen zerstört. Die Insassen eines entsprechenden Lagers der Firma Krupp lebten monatelang in Hundehütten, Pissoirs und alten Backöfen. Die Hundehütten waren ein Meter hoch, drei Meter lang und zwei Meter breit. Fünf Mann schliefen pro Hütte, in die sie auf allen Vieren hineinkriechen mußten. Es gab weder Tische, Stühle und Schränke, noch genügend Decken und Trinkwasser. Über den Arbeitseinsatz der Kriegsgefangenen gibt ein Bericht des Ministeriums für Kriegsgefangene, Deportierte und Flüchtlinge der französischen Regierung von 1946 am Beispiel der Unteroffiziere Auskunft:

„Die Zahl der gefangenen Unteroffiziere erreichte 1940 gegen 130000 und stellte daher ein bedeutendes Arbeitsreservoir für das Reich dar. Die deutschen Behörden bemühten sich demzufolge, mit allen Mitteln eine möglichst große Zahl der Widerspenstigen zum Arbeiten zu bringen. Zu diesem Zweck wurden im Laufe der letzten Monate des Jahres 1941 in den meisten Lagern die Unteroffiziere, die sich nicht freiwillig zur Arbeit meldeten, einer wechselnden Behandlung unterzogen; während einiger Tage wurden sie verschiedenen Schikanen ausgesetzt, wie zum Beispiel: Herabsetzung der Lebensmittelrationen, Entzug der Betten, Zwang zu mehrstündigen körperlichen Übungen und insbesondere Laufübungen mit schweren Säcken; anschließend wurden ihnen eine ihren Wünschen entsprechende Arbeit und andere materielle Vorteile versprochen, wie zum Beispiel Sonderregelung bei den Versicherungen, zusätzlicher Briefwechsel, hohe Löhne usw. Diese Methode veranlaßte eine Anzahl von Unteroffizieren Arbeit anzunehmen. Die Unteroffiziere, die bei ihrer Arbeitsverweigerung verblieben, wurden einer sehr scharfen Disziplin und anstrengenden körperlichen Übungen unterworfen.

Die nationalsozialistischen militärischen Dienststellen setzten die Kriegsgefangenen bei gefährlichen Arbeiten ein. Französische, englische, belgische und holländische Kriegsgefangene wurden beim Transport von Munition, beim Beladen von Flugzeugen mit Bomben, bei der Wiederherstellung von Flugfeldern und beim Festungsbau verwendet."

Folgenlos für die Betroffenen äußerten angesichts dessen einige Hitler-Paladine moralische Bedenken. Der Reichsminister für die besetzten Ostgebiete, Alfred Rosenberg, teilte im Frühjahr 1942 dem Chef des Oberkommandos der Wehrmacht, Wilhelm Keitel, in einem Brief mit:

„Das Schicksal der sowjetischen Kriegsgefangenen in Deutschland ist eine Tragödie größten Ausmaßes. Ein großer Teil von ihnen ist verhungert, Tausende sind auch dem Fleckfieber erlegen. Die Lagerkommandanten haben der Zivilbevölkerung untersagt, den Kriegsgefangenen Lebensmittel zur Verfügung zu stellen und sie lieber dem Hungertod ausgeliefert. In zahlreichen Lagern wurde für eine Unterkunft der Kriegsgefangenen überhaupt nicht gesorgt. ... Es sind Äußerungen vernommen worden wie: ‚Je mehr von diesen Gefangenen sterben, desto besser für uns!'

Zu erwähnen wären endlich noch die Erschießungen von Kriegsgefangenen, die zum Teil nach Gesichtspunkten durchgeführt wurden, die jedes politische Verständnis vermissen lassen!"

Weniger feinsinnig als der NS-Intellektuelle Rosenberg, der dem Regime mit seinem Buch „Der Mythus des 20. Jahrhunderts" eine geistige Begründung zu geben versuchte und sich vor dem Nürnberger Tribunal im Rückblick auf das Zwangsarbeiterelend an „die schwärzesten Tage des Sklavenhandels" erinnert fühlte, sah der Reichsführer SS und Chef der deutschen Polizei, Heinrich Himmler, diese Angelegenheit. In seiner berüchtigten Rede vor SS-Führern in Posen sagte er im Oktober 1943:

„Ein Grundsatz muß für den SS-Mann unbedingt da sein, ehrlich, anständig, treu, kameradschaftlich haben wir zu unserem eigenen Blut zu sein, zu sonst niemand anderem. Wie es dem Russen geht, wie es dem Tschechen geht, ist mir total gleichgültig. Das was in den Völkern an gutem Blut und Art da ist, werden wir uns holen, in dem wir denen wenn notwendig die Kinder rauben und bei uns großziehen. Ob die anderen Völker in Wohlfahrt leben, ob sie verrecken, verhungern, das interessiert mich nur insoweit, als wir sie als Sklaven für unsere Kultur brauchen. Anders interessiert es mich nicht. Ob bei dem Bau eines Panzergrabens zehntausend russische Weiber aus Entkräftung umfallen oder nicht, interessiert mich nur insoweit als der Panzergraben für Deutschland fertig wird. Wir werden niemals roh sein und herzlos, wo es nicht sein muß, das ist klar."

Nachspiel

Am 8. Mai 1945 kapitulierte das „Dritte Reich". Noch im selben Jahr wurde von den Siegermächten USA, England, Frankreich und Sowjetunion ein internationales Militärtribunal nach Nürnberg einberufen. Bei der Aburteilung der NS-Kriegsverbrechen beschäftigte sich der Gerichtshof auch ausführlich mit dem „Fremdarbeiterprogramm" und der Verschleppung von Ausländern zur Zwangsarbeit nach Deutschland.

Der Ankläger der USA, Thomas I. Dodd, sagte nach Durchsicht des Beweismaterials erschüttert:

„Das war eine Politik der Massendeportation und Massenversklavung, die auch mit Gewalt, Betrug, Terror, Brandstiftung durchgeführt wurde, mit Mitteln, die jedes Gesetz der Kriegsführung und der Menschlichkeit und jede Rücksicht auf Barmherzigkeit außer acht ließen. Diese Arbeitspolitik war gleichzeitig eine Politik der Unterernährung und Überarbeitung der ausländischen Arbeiter, die sie jeder Form von Erniedrigung, Brutalität und Unmenschlichkeit unterwarf. Es war eine Politik, die die ausländischen Arbeiter und Kriegsgefangenen zwang, Kriegsmaterial herzustellen und an anderen Kriegsunternehmungen teilzunehmen, die gegen ihr eigenes Vaterland gerichtet waren."

Zu den Hauptangeklagten in diesem Prozeß gehörte der Generalbeauftragte für den Arbeitseinsatz, Fritz Sauckel. Er betonte nachdrücklich, sämtliche Greuel seien ohne seine Billigung geschehen. Am 29.5.1946 berichtete der Reporter Kurt Martin in einer aktuellen Sendung des NWDR:

„Hallo Nordwestdeutscher Rundfunk! Hier spricht Kurt Martin aus dem Justizpalast in Nürnberg. Von keinem Angeklagten wird man erwarten können, daß er sich mehr belastet, als nötig ist. Auch unter Einbeziehung dieser menschlich verständlichen Einsicht brachte der heutige Tag doch einige Überraschungen. Der Verteidiger Dr. Servatius setzte die Befragung seines Mandanten Sauckel fort. Von Beruf ist Sauckel Seemann. Vor dem ersten Weltkrieg ist er jahrelang auf Segelschiffen und Klippern um die ganze Welt gefahren. Später war Sauckel dann Arbeiter, Dreher und Maschinenbauer. Also ein Mann, der wissen muß, wie es in einem Arbeiter aussieht. Hier in Nürnberg steht Sauckel nun als der frühere Generalbevollmächtigte für den Arbeitseinsatz unter Anklage. Die Anklage wirft ihm vor, Millionen Fremdarbeiter nach Deutschland verschleppt und zur Sklavenarbeit gezwungen zu haben. Die Anklage hat dem Gericht über hundert Beweisstücke vorgelegt. Der Verteidiger Dr. Servatius wählte den Weg, aus diesen Beweisstücken die Belastendsten herauszugreifen und sich seinen Mandanten dazu äußern zu lassen. So hatte Sauckel im Jahre 1944 zur Werbung der Fremdarbeiter erklärt, ‚man müßte shanghaien, um Arbeiter zu bekommen. Ich habe mir einen Agentenstab von Franzosen und Französinnen herangebändigt und betreibe den Menschenfang mit Schnaps und Überredung, um die Leute zu betören.' Unter ‚shanghaien' versteht man in der Seemannssprache das gewaltsame anheuern von Seeleuten mit Hilfe brutaler Mittel. Sauckel bezeichnete diese drastische Äußerung als eine Reminiszenz an sein Seenmannsleben. Er habe sich mit diesen Worten gegen die Vorwürfe der Zentralplanung für den Arbeitseinsatz verteidigen wollen, deren Forderungen nach Arbeitskräften kaum noch zu erfüllen waren. Über die Werbungsmethoden in Frankreich befragt, gab Sauckel folgende Auskunft: Bei einem Kaffee in der deutschen Botschaft in Paris hätten sich die Kollaborationisten selbst erboten, die Werbung unter den französischen Arbeitern durchzuführen. Dies sollte in den öffentlichen Cafés vor sich gehen. Mit Prämien für jeden geworbenen

Arbeiter und Unkostenerstattung für Wein und Schnaps. Diese Methoden waren Sauckel zwar unsympathisch, aber die Schwierigkeiten seien schon zu groß gewesen. Bei einer anderen Sitzung hatte Sauckel den Zwischenruf getan, von fünf Millionen Fremdarbeitern seien keine 200000 freiwillig in Deutschland. Diesen Zwischenruf bezeichnet er heute als Irrtum des Protokollführers. Die Zwangsverpflichtung habe man einführen müssen, da die Propaganda der Gegenseite sehr wirksam geworden sei. Und die praktische Durchführung sei von ihm geprüft und ordnungsgemäß befunden worden.
An diesem Vormittag wurden noch andere Aussprüche Sauckels bekannt, die er als drastische Äußerungen ohne Bedeutung hinstellte. Das Abbrennen von Dörfern und das Erschießen von Menschen seien Methoden des Arbeitszwanges, die seinen Anordnungen und Weisungen widersprächen, erklärte Sauckel:
(Einspielung aus der Verhandlung)
Dr. Servatius: ‚Über die Durchführung des Zwangs liegen ja nun eine Reihe von Dingen vor, die Sie ja auch gehört haben: Methoden darunter, die ja wohl von jedem unbedingt abzulehnen sind. Sie haben gehört, von Abbrennen von Dörfern, von Erschießen von Menschen. Wie stellen Sie sich generell dazu?'
Sauckel: ‚Alle diese Methoden widersprechen eindeutig den Anordnungen und Weisungen, die ich gegeben habe und die ja aus der damaligen Zeit zahlreich hier vorliegen und auf die ich mich berufen muß. Es handelt sich hier um Methoden, die ich, wenn ich davon auch nur andeutungsweise erfahren habe, schärfstens bekämpft habe.'
Dr. Servatius: ‚Wer trägt dann die unmittelbare Verantwortung für solche Vorfälle?'
Sauckel: ‚Für solche Vorfälle tragen die Verantwortung die örtlichen Stellen, die das ausgeführt haben.'
Dr. Servatius: ‚Gab es auch noch andere Stellen als die örtlichen Stellen, die sich mit der Arbeitserfassung befaßt haben!'
Sauckel: ‚Es war ja von Anfang an mein Kampf, das Durcheinander von Stellen, die auf wilde Art Arbeiter angeworben und gezwungen haben, auszuschaften und zu bekämpfen. Das war ja ein Teil meines Auftrags.'
Dr. Servatius: ‚Auch Reichsdienststellen befaßten sich mit der Arbeiterfrage. Wie ist es mit den Deportationen durch Himmler, stehen Sie damit im Zusammenhang?'
Sauckel: ‚Ich kann zu der Frage dieser Deportationen nur sagen, daß ich damit nicht das geringste zu tun hatte. Ich habe niemals und hätte das aus meiner Person heraus, meinem Werdegang und meinem Leben, niemals gut geheißen, Häftlinge oder Sträflinge zur Arbeit in dieser Weise einzusetzen. Ich kannte das gar nicht. (...) Ich habe aus meiner Auffassung der Ethik der Arbeit niemals Deportationen betrieben, sondern ich habe ja den Arbeitern, die über mein Amt gingen, rechtsgültige Verträge gegeben, ob sie freiwillig oder auf Grund einer deutschen Dienstverpflichtung kamen!'
Zur Aufrechterhaltung der Arbeitsdisziplin hat Sauckel während des Krieges viele Vorschriften erlassen. Sie sahen eine stufenweise innerbetriebliche Ahndung vor. Grobe und hartnäckige Verstöße jedoch mußten der Polizei gemeldet werden. Diese Vorschriften – so erklärt Sauckel – hätten für Deutsche und Ausländer bestanden. Wenn nun zum Beispiel, so fragte der Verteidiger, Geldstrafen, Prügelstrafen angewandt wurden, was geschah dann? Sauckel gab dazu die Erklärung ab, der zu Unrecht so bestrafte konnte sich bei der Arbeitsfront beschweren. Ihm wären jedoch solche Vorfälle nicht gemeldet worden. Allerdings gab es auch Arbeitserziehungslager, Einrichtungen des Reichsführers SS. Dorthin wurden die ‚Widerspenstigen' und ‚Unbelehrbaren' durch die Polizei eingewiesen. Sauckel vermied es peinlich, darzustellen, daß dies den Vorschriften entsprach, die er erlassen hatte. Sauckel stellte diese Zwangseinweisung von Ostarbeitern oder flüchtigen oder vertragsbrüchigen Fremdarbeitern in die KZ als einen Betrug und eine Irreführung des SD an seinem Amte hin. Den Ausdruck ‚Vernichtung durch Arbeit' habe er hier zum erstenmal gehört. Und mit dem Einsatz von KZ-Häftlingen in die Rüstungsindustrie habe das Amt Sauckel nie etwas zu tun gehabt. Er habe seine Mitarbeiter angewiesen, sich darum nicht zu kümmern. Wer nun die KZ-Häftlinge in die Rüstung eingewiesen habe, wisse er nicht. Von all den vielen Vorwürfen, die die Anklage hier vorgebracht hat, sprach sich Sauckel durchweg frei (Einspielung aus der Verhandlung):
Dr. Servatius: ‚Haben Sie denn sonst nichts gehört von den Vorgängen, ist kein Fall gemeldet worden!'
Sauckel: ‚Daß ich dieses Interesse hatte, aus menschlicher und persönlicher Einstellung, beweist ja, daß ich mich um diese Dinge kümmerte, obwohl sie nicht meines Amtes waren.'
Dr. Servatius: ‚Sie haben mir aber von einem Fall erzählt, wo Ihnen von der Umstellung eines Kinos berichtet wurde. Vielleicht erinnern Sie sich an diesen Fall.'
Sauckel: ‚Bei einem Besuch bei Feldmarschall Kluge erzählte mir dieser, er habe gehört, daß in seinem Armeebereich ein Kino umstellt worden sei und die

Insassen zum Arbeitseinsatz nach Deutschland gekommen seien. Ich habe diesen Fall sofort aufgegriffen und habe ihn untersuchen lassen, aufs peinlichste ein Vierteljahr. Es hat sich folgendes herausgestellt: Es handelte sich hier nicht um einen Arbeitseinsatz nach Deutschland, sondern eine Bautruppe in der Nähe von Robnow hatte den Abschluß einer Arbeit in einem Kino gefeiert. In diese Feier hinein kam der Auftrag, daß diese Gruppe an einer anderen Stelle eingesetzt werden sollte. Der Unternehmer hat nun das Fest in drastischer Weise unterbrochen, daß er mit einer Polizeigruppe in diesem Kino den Weitertransport sofort veranlaßt hat. Hat also mit meiner Aufgabe und Dienststelle nichts zu tun.'
Hallo Nordwestdeutscher Rundfunk – Sie hörten Kurt Martin aus dem Justizpalast in Nürnberg."
Der Internationale Militärgerichtshof in Nürnberg verurteilte Fritz Sauckel zum Tode, da ihm ohne besondere Schwierigkeiten nachzuweisen war, daß er die organisierende Hand der Zwangsarbeit in Deutschland war. Die Erinnerung an ihn und das Schicksal von Millionen geschundener und elend zugrunde gegangener Fremdarbeiter schwand schnell. Die Verbrechen an den sowjetischen Kriegsgefangenen waren für die bundesdeutsche Öffentlichkeit und ihre maßgeblichen Politiker in der Ära des „Kalten Krieges" durch die von der Roten Armee an Deutschen begangenen Greueln „ausgeglichen" worden und somit kein Thema mehr.

Zu diesem dpa-Foto meldete die Deutsche-Presse-Agentur am 10. September 1964: „Mit verlegener, ein wenig mißtrauischer Miene stand der millionste Gastarbeiter der Bundesrepublik, Armando Sa. Rodrigues aus dem kleinen Dorf Vale de Madeiros in Portugal, auf dem Köln-Deutzer-Bahnhof inmitten eines Rudels von Reportern und Kameraleuten. Nach mehr als zwei Tagen Fahrt in einem großen Gastarbeiter-Transport, war er nicht auf einen solchen Empfang mit Pauken und Trompeten, deutschen Märschen und ‚Auf in den Kampf Torero' gefaßt. Unser Bild zeigt Rodrigues, der stolz auf dem Moped sitzt, das er bei seiner Ankunft geschenkt bekam."

FLEISSIG ABER UNERWÜNSCHT – AUSLÄNDISCHE ARBEITER HEUTE

1955 gab der Personal-Chef eines großen rheinischen Industrieunternehmens zur Beschäftigungs-Lage in der Bundesrepublik zu Protokoll: „Wir haben an unsere Kriegsgefangenen geschrieben in Norditalien. Beinahe alle haben geantwortet. Sie selbst sind nur zu einem kleinen Teil gekommen, dafür nannten sie uns Freunde und Bekannte. Mit denen setzten wir uns in Verbindung und die sind dann gern gekommen!"

Das waren mit die ersten Ausländer, die um 1955 in die Bundesrepublik gebeten wurden, um am deutschen Wirtschaftswunder mitzuhelfen. 1955/56 betrug ihre Zahl 98 800. 1959 waren es bereits 166 000 und 1961 schließlich 500 000. Der wirtschaftliche Aufschwung konnte nur durch die Anwerbung von Arbeitskräften aus dem Ausland bewältigt werden. Bis 1961 hatten Flüchtlinge aus der DDR geholfen, die Beschäftigungsengpässe in der Bundesrepublik auszugleichen. Bis zum Bau der Berliner Mauer waren 2,6 Millionen DDR-Bürger den Weg in den Westen gegangen. Mit der Verriegelung der Grenze zwischen den beiden deutschen Staaten wurde dieser Zustrom unterbunden. Im Jahr des Mauer-Baus meldeten die Arbeitsämter in der Bundesrepublik zum erstenmal mehr offene Stellen als Arbeitslose. Die Wirtschaft drängte auf eine Verstärkung der Anwerbung von Ausländern südeuropäischer Länder. Mit Italien bestand seit 1955 ein sogenannter Anwerbevertrag. 1960 folgten ähnliche Vereinbarungen mit Griechenland und Spanien, 1961 mit der Türkei, 1963 mit Marokko, 1964 mit Portugal, 1965 mit Tunesien und 1968 mit Jugoslawien.

Die Bundesanstalt für Arbeit richtete in den Hauptstädten dieser Länder „Anwerbebüros" zur örtlichen Organisation ein. Die Bundesanstalt leitete die Anforderungen der einzelnen Unternehmen an die verschiedenen Büros weiter, die die künftigen „Gastarbeiter" dann rekrutierten. Großangelegte Werbekampagnen der westdeutschen Arbeitsverwaltung luden mit Filmen, Broschüren und Plakaten zum Aufbruch ins Land der anscheinend unbegrenzten Möglichkeiten ein. Nur wenige Voraussetzungen

galt es zu erfüllen: nämlich jung, kräftig und gesund zu sein. Die deutsche Industrie brauchte einsatzbereite Kolonnen für schwere körperliche Arbeit.
Vor den Anwerbebüros standen auswanderungsbereite Türken, Griechen, Spanier und Jugoslawen Schlange. Dank des großen Angebots konnte selektiert werden: Aufs Peinlichste wurde die Tauglichkeit der Anwärter auf einen Arbeitsplatz in der Bundesrepublik untersucht. John Berger hat diese Prozedur in seinem Buch über Arbeitsemigranten beschrieben. Hier zum Beispiel eine damals alltägliche Szene während der ärztlichen Untersuchung:
„Sie werfen schnelle Blicke (genau hinzuschauen, würde ihr Erstaunen zeigen) auf die Vorrichtungen und Maschinen, die benutzt werden, um sie zu untersuchen. Ebenso hastige Blicke tauschen sie untereinander; jeder versucht die Chancen der Nebenmänner mit seinen eigenen zu vergleichen. Nichts hat ihn auf diese Situation vorbereitet. Sie ist beispiellos. Und doch ist sie bereits normal. Die demütigende Forderung, sich vor Fremden zu entblößen. Die unverständliche Sprache, die die verantwortlichen Funktionäre sprechen. Die Bedeutung der Tests. Die Nummern, die ihnen mit Filzstift auf den Körper geschrieben werden. Die strenge Geometrie des Raumes. Die Frauen, wie Männer in Overalls gekleidet. Der Geruch einer unbekannten medizinischen Tinktur. Das Schweigen so vieler, die wie er selbst sind. Der nach innen gekehrte Blick der meisten, der dennoch kein Blick der Sammlung oder des Gebets ist. Wenn dies bereits normal ist, dann deshalb, weil das Folgenschwere ihnen allen ausnahmslos widerfährt."
Wer dann noch den handwerklichen Test bestand, bekam eine Fahrkarte zu dem Ort in Deutschland, wo ein Arbeitsplatz für ihn gebucht war. Der türkische Dichter Aras Ören hat diese Ankunft in der Bundesrepublik und die erste Zeit dieses „Gastarbeiter"-Daseins in einem Gedicht so beschrieben:

„Dreieinhalb Jahre wartete Fazil Usta,
bis die Reihe kam an ihn.
Als in München der Zug
in die Bahnhofshalle fuhr,
da murmelte er
‚In Gottes Namen',
schnappte seine Koffer, und
während die Griffe in seine
Hände drangen,
setzte er, wie der Glaube es will, den
rechten Fuß zuerst, ein wenig nervös
auf den Boden von Almanya.
Der Lautsprecher rief sie
zum Zug nach Essen.
Sie stellten sich in eine Reihe,
und der Herr Dolmetscher
prüfte ihre Personalien.

Essen, eine verqualmte Stadt,
Nachts, 22 Uhr,
am Himmel die roten Flammen
der Stahlwerke …
Nimm an, deine Papiere, die Unterschriften und all das
ist in Ordnung.
Nimm an, du bemerkst sie nicht,
die Last der Akten und Stempel,
die du mitschleppst auf dem Rücken …

Die ersten sechs Monate teilten sie ihn
einem Walzwerk zu.
Er zog Draht, kilometerlang.
So lang, bis zum Geschäft des Importeurs Hamdi Bey
im Bazar der Kupferschmiede.

Und abends, nach Arbeitsschluß,
wenn er müde auf seiner Pritsche lag,
döste er vor sich hin, dachte
dösend an Tauben
in einem Hof mit Laubengängen.

Ein anatholischer Bauernsohn schrieb damals an seinen Vater:
„Glaub mir, in Deutschland sind Steine und Boden aus Gold. Verkauf ja nicht den gelben Ochsen, um das Dach reparieren zu lassen. In Kürze bekommst du meine Überweisung. Mein Vater, hier sind sehenswürdige Stätten. Die Häuser wie Streichholzschachteln, Autos, breite Straßen – unmöglich zu verstehen, ohne zu sehen. Alles ist gut bei diesen fremden Leuten, nur bis auf eines, daß sie Schweinefleisch essen. Vater, ferner liegen hier Schafe, Kühe und Schweine auf denselben Weiden. Überall Grün."
1964 kam der millionste Ausländer zur Arbeit in die Bundesrepublik. Seinen Empfang inszenierte die Bundesvereinigung der deutschen Arbeitgeberverbände in diesen Tagen der Hochkonjunktur entsprechend medienwirksam. Am 10. September berichtete der Westdeutsche Rundfunk in seinem aktuellen Programm:
Reporter: „Senor Armando Rodrigues – großer Bahnhof für einen kleinen Mann in Köln-Deutz, für Armando Rodrigues aus Viseo in Portugal, der soeben ausgerufen wurde; denn der erste der beiden Züge mit 1200 Gastarbeitern, die am heutigen Tage in der Bundesrepublik eintreffen, ist soeben mit 80 Minuten Verspätung in Köln eingelaufen. Und hier ist der große Bahnhof dokumentiert – auf die

Die Italiener kommen …

verschiedenste Weise: Es stehen Fernsehkameras, die Fotoreporter sind anwesend, die Nachrichten-Agenturen, die Zeitungen und der Rundfunk. Und bis jetzt habe ich noch nicht feststellen können, daß Senor Rodrigues sich auf diesen Aufruf hin gemeldet hätte; ich habe also – auch bevor der zweite Zug eintrifft – noch Gelegenheit, mit Herrn Dr. Mühlwarth von der Bundesvereinigung der Deutschen Arbeitgeberverbände zu sprechen. Herr Dr. Mühlwarth, eine Million Gastarbeiter in der Bundesrepublik, das ist eine Zahl, die vielleicht manchen überrascht?"

Dr. Mühlwarth: „Nein, wir bekommen im Augenblick mehr Gastarbeiter, wir rechnen im Durchschnitt mit einer monatlichen Zunahme von etwa 20000 und glauben, daß wir für das Jahr 1964 mit einem Saldo von 150000 mehr abschließen."

Reporter: „Ja, nun habe ich mir aber sagen lassen, daß es Schwierigkeiten gibt in bestimmten Ländern, die anfänglich sehr stark vertreten waren, noch Arbeitswillige für Deutschland zu finden, zum Beispiel Italien."

Dr. Mühlwarth: „Ja, das betrifft vor allem Italien, dort wird es in der Tat schwieriger, weitere Gastarbeiter für die Bundesrepublik zu gewinnen, deshalb sind wir in andere Mittelmeerländer ausgewichen, vor allem nach Griechenland, in die Türkei, nach Spanien und jetzt neuerdings nach Portugal. Aus Portugal sind etwa zehn- bis zwölftausend Männer und Frauen schon hier in der Bundesrepublik und wir denken, daß wir auf eine Zahl von etwa 30000 kommen werden, die alleine aus Portugal noch in die Bundesrepublik kommen."

Reporter: „Senor Rodrigues läßt noch etwas auf sich warten: Er sitzt im zweiten Transportzug, der in Köln-Deutz einläuft. Aber die Vorbereitungen sind – wie gesagt – bestens getroffen: Nun, eine Kapelle hat sich auch eingefunden und die Überraschung für Senor Rodrigues wird darin bestehen, daß er als der Millionste Gastarbeiter im Bundesgebiet als Geschenk ein zweisitziges Moped bekommt: Es steht hier bereits aufgebaut. Damen mit Blumensträußen harren seiner und als Vertreter der Bundesvereinigung der Deutschen Arbeitgeberverbände wird Herr Dr. Dunkel aus Köln eine Ansprache auf den millionsten Gastarbeiter halten und ihm ein Diplom überreichen."

Doch die Freude ist getrübt, uneins sind sich Arbeitgeber und Bundesanstalt darüber, welcher Ausländer denn der Millionste in der Bundesrepublik sei. Am 28. November empfängt der Präsident der Bundesanstalt für Arbeit, Josef Stingl, auf dem Münchner Hauptbahnhof ebenfalls den „Millionsten Gastarbeiter", diesmal einen Türken. Bei der anschließenden Pressekonferenz stellte Stingl fest: „Die Wachstumsrate kann in Zukunft nur erreicht werden, wenn weitere ausländische Arbeitnehmer in die Bundesrepublik kommen. Auch zur Bewältigung des Rentenberges tragen sie bei, denn die Deutschen müßten sonst noch höhere Beiträge zahlen." Der Präsident der Bundesanstalt für Arbeit wies weiter darauf hin, daß zu diesem Zeitpunkt 260 Mitarbeiter der Bundesanstalt im Ausland pro Tag bis 1600 Arbeitskräfte anwarben.

Die meisten Bundesbürger sind über die steigende Zahl von Ausländern wenig begeistert. Eine Umfrage des Allensbacher Instituts für Demoskopie ergab im Herbst 1964, daß die Mehrheit der Bevölkerung in der Ausländerbeschäftigung ein „schwerwiegendes Problem" sah und nur ein Drittel glaubte, daß es „mit den Gastarbeitern gut geht".

In einer Sendung des Bayerischen Rundfunks äußerte Valentin Siebrecht im Juli desselben Jahres mit einem „Sozialpolitischen Kommentar" Besorgnis: „Obwohl die Tätigkeit der Gastarbeiter von allen Beteiligten überwiegend zufriedenstellend beurteilt wird, gibt es bei uns doch ein gewisses Unbehagen und die Sorge, ob wir mit unserer Ausländerpolitik auf dem richtigen Wege sind. So mancher fragt sich, was dann werden soll, wenn etwa eines Tages der Fall eintritt, daß die Voll- oder Überbeschäftigung nicht anhält; man fragt sich auch, warum unsere Unternehmer nicht mehr der Arbeitskraft nachgehen und im Ausland Filialbetriebe errichten, was nur verhältnismäßig selten geschieht, und ob nicht die forcierte Anwerbung fremder Arbeitskräfte dazu angetan sei, die Konjunktur noch mehr anzuheizen und inflationäre Tendenzen zu fördern. Man spricht mit dem Seitenblick auf die Schweiz von Überfremdungsgefahr und malt diesen und jenen Teufel an die Wand."

Auf solche Stellungnahmen in der Öffentlichkeit reagierte die Bundesanstalt für Arbeit in ihrem ersten, ebenfalls 1964 veröffentlichten Erfahrungsbericht über die Ausländerbeschäftigung mit den Worten:

„Das beiderseitige Bemühen um ein besseres Verständnis wird im allgemeinen von der Presse, durch Reportagen im Fernsehen und Rundfunk, durch Vorträge vor interessierten Gremien usw. wirksam unterstützt. Leider wird dieses Bemühen aber immer wieder durch sensationell aufgemachte Meldungen in einigen Zeitungen und Zeitschriften – besonders über einzelne kriminelle Delikte ausländischer Arbeitnehmer – gestört. Hierzu ist festzustellen, daß die Kriminalität unter den ausländischen Arbeitnehmern nicht höher ist als unter der deutschen Bevölkerung."

Unbeeindruckt durch solche Appelle forderte wenig später die „Neue Illustrierte" mit einer Titelgeschichte und einer dicken Balkenüberschrift: „Dreiste Gastarbeiter raus! Noch gehört Deutschland uns!"

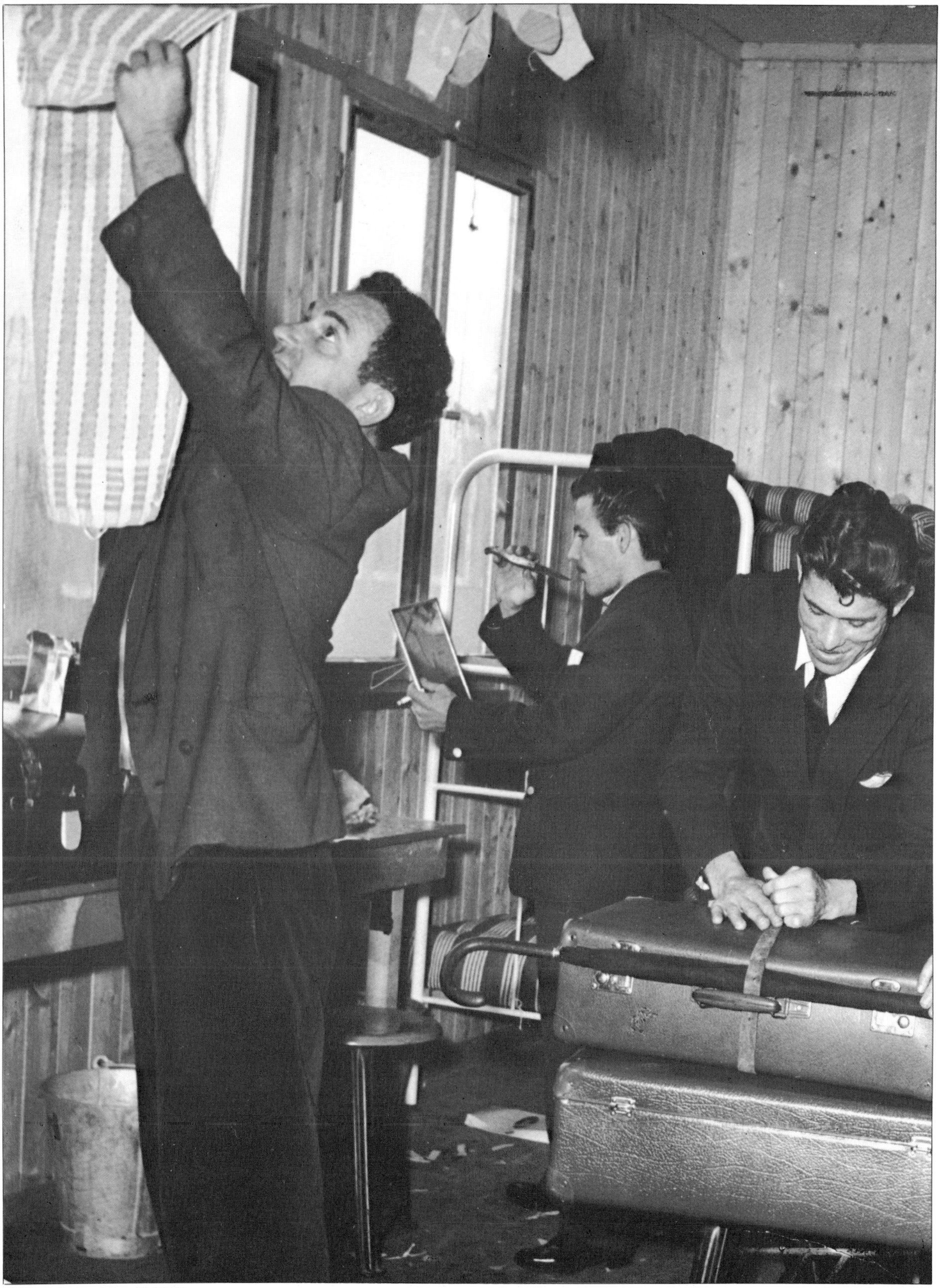

„Gastarbeiterleben“ 1959.

„Gast"-Arbeiter-Leben

Bereits in der Frühzeit der Ausländerbeschäftigung in der Bundesrepublik fiel kritischen Geistern auf, daß die Bezeichnung „Gastarbeiter" für die Fremden wenig passend war. Mit philologischer Spitzfindigkeit meinten sie, Gäste lasse man gemeinhin nicht arbeiten und begegne diesen auch gemeinhin freundlicher als jenen „Gastarbeitern". Der Westdeutsche Rundfunk rief Mitte der 60er Jahre seine Hörer auf, einen passenderen Begriff zu nennen. Über 32000 Einsendungen gingen ein. Die Vorschläge reichten von „Arbeiter der Brüderlichkeit", über „Deutschenhelfer", „Erlaubtarbeiter", „Leiharbeiter". „Lohndeutscher" bis zu „Währungshelfer", „Wirtschaftszuwachskollege" und „Zastarbeiter". Laut WDR-Pressedienst „gewann die Jury den Eindruck, daß keine der Einsendungen eine überzeugende Alternative ausdrückte. Mit großer Mehrheit wurde der Begriff „ausländische Arbeiter" als der unter den gegenwärtig gebräuchlichsten Bezeichnungen am wenigsten mißverständliche gewertet."

Diese „ausländischen Arbeitnehmer" prägten inzwischen das Bild auf den Baustellen, in den Hüttenwerken und im Bergbau. Die Stadtverwaltungen begannen sie als Arbeiter bei Müllabfuhr und Straßenbau zu schätzen. Bald waren sie in diesen – von Deutschen wenig geliebten – Arbeitsbereichen unter sich.

Angesichts der Präsenz von Ausländern in den Betrieben wuchsen die Spannungen von Seiten der deutschen Arbeiter, die in den neuen Kollegen lästige Konkurrenz sahen. Zu ernsthaften Auseinandersetzungen kam es beispielsweise im Frühjahr 1966, als „Bild" mit der Schlagzeile erschien: „Gastarbeiter fleißiger als deutsche Arbeiter?" Die Deutschen fühlten sich an der nationalen Ehre getroffen. Dazu die dpa-Meldung vom 31. März 1966: „Die Schlagzeile hat in einigen metallverarbeitenden Betrieben Baden-Württembergs große Unruhe ausgelöst, die in mehreren Fällen zu Arbeitsniederlegungen führte. Wie von der IG Metall in Stuttgart zu erfahren war, sollen im Werk Untertürkheim der Daimler-Benz AG in zwei Abteilungen rund 1000 Arbeiter die Arbeit niedergelegt haben, im Zweigbetrieb Stuttgart-Hedelfingen rund 2000 Arbeiter. Der Stuttgarter Bezirksleiter der IG Metall, Willi Bleicher, bezeichnete die Arbeitsniederlegungen als eine ‚sehr böse Geschichte'. Die IG Metall habe durch ihre Vertrauensleute in den Betrieben alles versucht, um die Arbeiter wieder zur

„He, Kümmeltürke, da liegt noch Dreck!"
Cartoon von Kurt Halbritter.

Aufnahme der Arbeit zu bewegen. Nachdem jedoch in letzter Zeit auch von Bundeskanzler Erhardt harte Worte über die Arbeitsmoral des deutschen Arbeiters gefallen seien, habe die durch die Schlagzeile ausgelöste Erbitterung in einigen Fällen ein derartiges Ausmaß erreicht, daß es trotz allen Bemühungen ‚nichts mehr zu löschen gegeben habe'. Auch bleibe noch zu überprüfen, meinte Bleicher, ob bei diesen Unruhen nicht möglicherweise auch ‚nationale Ressentiments' durchgebrochen seien."

Der alleinstehende, scheinbar bedürfnislos in Barackenlagern und Massenunterkünften lebende Ausländer prägte damals das Bild des typischen „Gastarbeiters", denn von „ausländischen Arbeitern" sprachen damals in der Öffentlichkeit allein nur einige Wissenschaftler. Daß für diese Ausländer die Bahnhöfe – mangels anderer Gelegenheit – zum Treffpunkt mit Landsleuten wurden, nahm die Öffentlichkeit mit besonderem Argwohn zur Kenntnis. Für viele Ausländer waren sie jedoch mehr als nur ein Treffpunkt: vielmehr der Ort ihrer Ankunft und die Verbindung zur fern zurückgelassenen Heimat.

Türke beim Stuttgarter U-Bahn-Bau.

Jobs, die kein Deutscher mehr machen will.

rsicht! Keine
DZ 1220

„Und wenn Dich mal so einer anfaßt, habe ich zu meiner Frau gesagt, sag mir's, dann bummst's im Karton".
Cartoon von Kurt Halbritter.

Conny Froboess kolportierte dieses Heimweh um das Jahr 1962 in ihrem Schlager „Zwei kleine Italiener", die am Bahnhof steh'n und auf den Zug nach Napoli warten, mit dem Refrain „Oh Tina, oh Marina, wann werden wir uns wiederseh'n". Daß dieser Hit die Gefühle einer großen Zahl von Mitbürgern verunglimpfen könnte, fiel damals nicht einmal den Kirchen auf, die sich um die Betreuung der ausländischen Arbeiter kümmerten. Im günstigsten Fall als sparsam und laut schätzte die Mehrzahl der Deutschen 1972 die „Gastarbeiter" ein. Das Allensbacher Institut für Demoskopie kam bei einer entsprechenden Umfrage zu diesem Ergebnis, das erneut deutlich machte, wie gering die Bereitschaft war, Ausländer als gleichberechtigte Kollegen oder Mitbürger zu akzeptieren. Die Befragten bekannten sich bei 20 Antwortmöglichkeiten zu 54 Prozent zu der Meinung, daß Gastarbeiter laut seien. Außerdem fanden 41 Prozent, sie seien „nicht sauber, eher schlampig". „Gastarbeiter sind hinter Mädchen her" meinten 38 Prozent, im Charakter „jähzornig, oft gewalttätig" glaubten 37 Prozent festgestellt zu haben. 53 Prozent der Deutschen lobten die Sparsamkeit der Ausländer.
Die ersten „Gastarbeiter", die Italiener, waren zu diesem Zeitpunkt teilweise wieder in ihre Heimat zurückgekehrt. Um 1970 nahm die Zahl der in der Bundesrepublik arbeitenden Türken sprunghaft zu. Nach den Italienern bildeten sie jetzt die zweitgrößte Ausländer-Gruppe. Es folgten Jugoslawen, Griechen und Spanier. In den nächsten Jahren stellten die Türken die größte Nationalitäten-Gruppe, gefolgt von den Jugoslawen.
Die menschlichen und sozialen Probleme, die sich aus der Beschäftigung von Ausländern in großem Stil ergaben, formulierten in diesen Jahren fast ausschließlich die Kirchen und Wohlfahrtsverbände. Politiker diskutierten die Ausländerfrage allein unter wirtschaftlichen Gesichtspunkten. Im Mai 1970 verabschiedete die 4. Synode der Evangelischen Kirche in Deutschland eine „Entschließung ausländische Arbeitnehmer", in der betont wurde:
„Den ausländischen Arbeitnehmern unter uns gebührt der Dank der ganzen Bevölkerung für ihre wertvolle Mitarbeit bei den vielfältigen Aufgaben, die in einem modernen Industriestaat zu bewältigen sind. Auch für diese Mitbürger müssen die Grundrechte unseres freien sozialen Rechtsstaates gelten. Wir sehen diese Rechte gegenwärtig vor allem gefährdet durch ein ungenügendes Ausländerrecht, durch politische Pressionen mancher ausländischer Regierungen auf ihre in der Bundesrepublik lebenden Staatsbürger oder deren Angehörige in der Heimat, durch Mietwucher, nicht tarifgerechte Entlohnung, ungenügende Bildungsmöglichkeiten oder andere, die Chancengleichheit beeinträchtigende Diskriminierungen. Hier müssen Staat, Kommunen und Wirtschaft schnell Abhilfe schaffen. Für die Betroffenen oft noch schmerzlicher als äußere Benachteiligung sind die Vorurteile und die Isolierung, denen sie am Arbeitsplatz oder in der Freizeit vielfach ausgesetzt sind."

Italiener am Feierabend, 1960.

Die lästigen Helfer

Im gesellschaftspolitischen Klima der Bundesrepublik blieben solche Ermahnungen allerdings ohne nennenswerte Resonanz. An eine Verfestigung des Aufenthaltsrechts der Fremden wurde beispielsweise nicht gedacht. Die geforderten staatlichen und kommunalen Hilfen zum Abbau der Diskriminierung und Isolation der Ausländer blieben halbherzig. So betonte 1970 das baden-württembergische Sozialministerium in dem Vorwort zu einem „Wegweiser für ausländische Mitbürger in Baden-Württemberg", die „Ausländer sind für unsere Wirtschaft unentbehrliche Helfer geworden". Hilfen zur Eingliederung dieser „Helfer" wurden mit dem Hinweis auf eine Verbesserung ihrer Arbeitsleistung begründet: „Es hat sich heute die Erkenntnis durchgesetzt, daß ohne eine bestimmte Ein- und Anpassungshilfe, die man mit gutem Grund Betreuung nennen kann, sich die ausländischen Arbeitnehmer kaum wohlfühlen können. Es wurde erkannt, daß es nicht genügt, den Ausländer an einen bestimmten Arbeitsplatz in der selbstverständlichen Erwartung zu stellen, daß er dann auch eine befriedigende Arbeitsleistung vollbringen wird."
Diese Ansätze des Wohlwollens von Politikern und

Wirtschaft gegenüber den ausländischen Arbeitnehmern kühlten ab, als 1972/73 die weltweite Rezession in der Bundesrepublik spürbar wurde. Die offizielle Zeitschrift „Arbeit und Sozialpolitik" faßte den neuen Stil der bundesdeutschen Ausländerpolitik im Sommer 1973 in einem Kommentar mit den Worten zusammen:
„Sie waren als Helfer zu mehr Wachstum gedacht – nun sind sie zur Last geworden. Niemand hat ein Patentrezept für das soziale Problem, mit dem uns die vier Millionen Ausländer konfrontieren. Wollen wir nicht überwuchert werden und in zehn Jahren mit türkischen Wegelagerern an Autobahnen und fremdländisch bewohnten Slums in unseren Großstädten rechnen, dann bleibt nur ein möglichst kontrolliertes Bremsen der Zuwanderung bei gleichzeitig intensivierten Bemühungen um Assimilation und Eingliederung. Die Kommunen müssen im Rahmen des durch die Expansion bewirkten Wachstums der Steuereinnahmen mehr in die Infrastruktur investieren und schließlich wird man den Ausländern selbst einen Obulus dafür abverlangen dürfen, daß sie hierbleiben können."
Diese Haltung, die maßgebliche Politiker in Bund und Ländern teilten, begründete ein Sprecher der baden-württembergischen Landesregierung vor den Teilnehmern einer Fachtagung der Evangelischen Akademie Bad Boll mit dem Hinweis:
„Das Thema Ausländer stößt bei der Bevölkerung momentan auf absolutes Unverständnis. Es besteht eine tief verwurzelte Aversion der Deutschen gegen Gastarbeiter. Jede politische Aktivität würde eine Flut negativer Zuschriften auslösen."
Das Frankfurter Institut für angewandte Psychologie und Soziologie ermittelte Anfang 1973, daß über 50 Prozent der deutschen Bevölkerung glaubte, daß die jetzt steigende Zahl der Arbeitslosen aufgefangen werden könne, wenn man die Zahl der ausländischen Arbeitnehmer zurückschraube. Die Parole „Gastarbeiter raus" erhielt eine neue Dimension. Diese allgemeine Feststellung schlüsselte das Infas-Institut, Bad Godesberg, im Juni 1973 in einer umfassenden demoskopischen Untersuchung auf. Zur Stimmung in der deutschen Bevölkerung bemerkte das Institut in seinem Schlußbericht:
„Geblieben ist ein gewisses Unbehagen an der Beschäftigung zunehmender Ausländerzahlen; bilden die Gastarbeiter doch für viele eine latente Gefahr bei der Besetzung von Arbeitsplätzen. Deshalb will man auch den weiteren Zustrom von ausländischen Arbeitnehmern stoppen, eine Minderheit wünschte sogar Entlassungen bei hier bereits beschäftigten Ausländern im größeren Stil." Im Vergleich zu einer ähnlichen Untersuchung von 1966 stellte Infas allerdings fest, daß die „Aufgeschlossenheit gegenüber Gastarbeitern" bei der deutschen Bevölkerung größer geworden sei. Außerdem habe eine „ambivalente" Einstellung die „häufig distanzierte Haltung" abgelöst. Aber: „Es sind gerade jene Deutschen, die täglich mit ausländischen Arbeitern zusammenkommen, die die wenigsten Schwierigkeiten für die deutsche Wirtschaft durch das wachsende ausländische Arbeitskräfteangebot befürchten. Durch ihre vielfältigen Kontakte urteilen sie differenzierter und aufgeschlossener über ausländische Arbeitnehmer als die meisten anderen Bundesbürger."
Angesichts der angespannten Wirtschaftslage und der nach wie vor ambivalenten Haltung der deutschen Bevölkerung gegenüber den Ausländern wurden jetzt die Folgen der konzeptionslosen, allein den Forderungen der Wirtschaft folgenden Ausländerpolitik von Bund und Ländern offenkundig. Der Schweizer Dichter Max Frisch prägte den Satz „Wir riefen Arbeiter und es kamen Menschen" – bald ein geflügeltes Wort.
Die von Soziologen jahrelang geäußerten Befürchtungen begannen sich zu bestätigen: Ein Großteil der Ausländer lebte in unwürdigen Verhältnissen am Rande der Gesellschaft. Was von Politikern immer noch in Vorträgen und Stellungnahmen als düstere Prognosen für die Zukunft beschworen wurde, war längst gesellschaftliche Realität. Mit den Ausländern entstand ein neues Sub-Proletariat. Sprachprobleme, mangelnde Informationsmöglichkeiten und eine alle Lebensbereiche erfassende Rechtsunsicherheit verhinderten, daß die Betroffenen selbst aktiv zur Verbesserung ihrer Lage beitragen konnten.
Private deutsche Arbeitskreise und Initiativen versuchten zwar in begrenztem Rahmen und ohne gesellschaftspolitischen Einfluß zu helfen. Ihre Aktionen blieben jedoch meist isoliert und folgenlos. Um die verworrene Lage zu klären, legte die Bundesregierung im Sommer 1973 ein „Aktionsprogramm für Ausländerbeschäftigung" vor, in dem unter anderem stand:
„Die legal einreisenden ausländischen Arbeitnehmer müssen vom Arbeitgeber menschenwürdig untergebracht werden. Die dem Arbeitnehmer bereitgestellten Unterkünfte müssen Mindestanforderungen genügen. Die Zulassung ausländischer Arbeitnehmer in überlasteten Siedlungsgebieten soll von der Aufnahmefähigkeit der sozialen Infrastruktur abhängig gemacht werden. Dafür sollen in enger Zusammenarbeit zwischen Bund, Ländern, Gemeinden sowie der Bundesanstalt für Arbeit einheitliche Zulassungskriterien erarbeitet werden.

Wohnen in Berlin Kreuzberg.

Die Geschichte der Arbeitsemigration in der Bundesrepublik, gezeichnet von einem jungen Türken. (Aus: „Materialien zum Projektberei

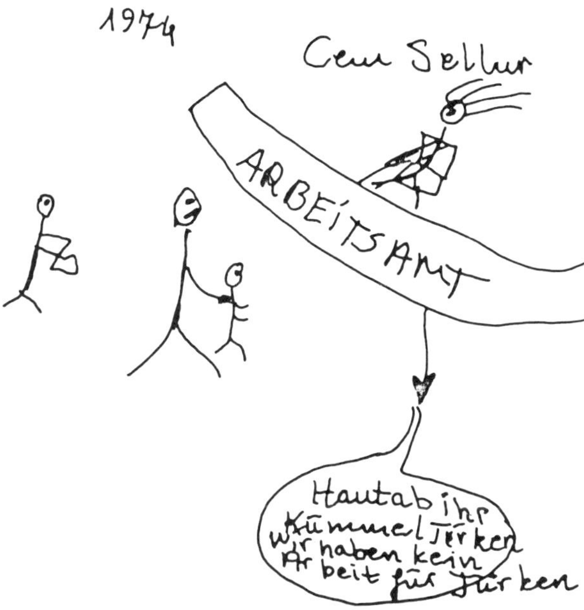

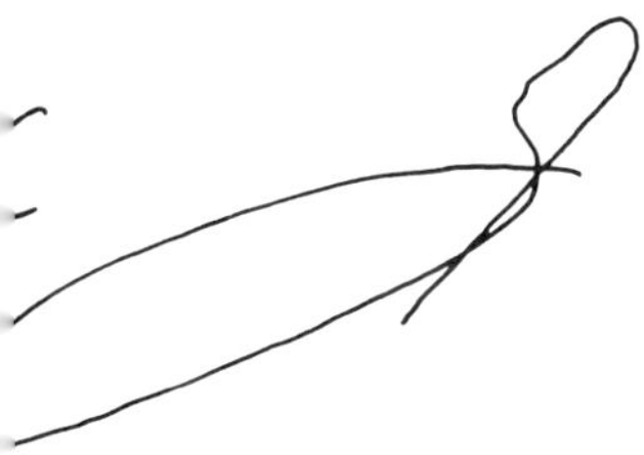

zan
güney

Nicip Bayram

Bevor wir den Kurs besuchten, sind wir wie Betrunkener auf der Straße rumgelaufen: keine Arbeit, keine Geld, keine Schule und nicht mal eine Briefmarke und kein Hauptschulabschluß Zeugnis. Weil wir keinen Hauptschulabschluß haben, können wir durch Arbeitsamt keine Lehrstelle bekommen. Jetzt hat die Volkshochschule einen Kurs für um eingerichtet,

indische Arbeiter“")

Die von den Arbeitgebern zu zahlende Gebühr für die Vermittlung ausländischer Arbeitnehmer durch die Bundesanstalt für Arbeit soll spürbar erhöht werden. Die Anwerbegebühr beträgt zur Zeit 300 Mark pro Arbeitnehmer. Im Gespräch ist eine Erhöhung auf 1 000 bis 1 200 Mark. Die Überschüsse aus der Vermittlungsgebühr sollen im Rahmen der Aufgaben der Bundesanstalt für Arbeit zur Finanzierung von Eingliederungshilfen, beispielsweise für sprachliche und berufliche Bildung sowie für die Förderung einer hinreichenden Unterbringung ausländischer Arbeitnehmer und von Kindertagesstätten, verwendet werden. Falls diese Maßnahmen nicht in dem gewünschten Maße zur Konsolidierung der Ausländerbeschäftigung beitragen sollten, wäre an die Einführung einer besonderen Wirtschaftsabgabe für die Beschäftigung von Ausländern zu denken.

Aus sozialen und humanitären Erwägungen lehnt es die Bundesregierung ab, den Aufenthalt ausländischer Arbeitnehmer nach Ablauf einer bestimmten Zeit durch behördliche Eingriffe zwangsweise zu beenden. Kein legal beschäftigter Ausländer soll gezwungen werden, in sein Heimatland zurückzukehren (Zwangsrotationsprinzip). Die Bundesrepublik Deutschland betrachtet sich auch nicht als Einwanderungsland. Es soll jedoch alles getan werden, um den ausländischen Arbeitnehmern für die Dauer ihres Aufenthalts menschenwürdige Lebensverhältnisse zu bieten, neben der jetzt bereits bestehenden grundsätzlichen Gleichstellung im Arbeits- und Sozialrecht. Bei längerer Aufenthaltsdauer soll der aufenthaltsrechtliche Status der ausländischen Arbeitnehmer verbessert werden.

Die Bundesregierung geht davon aus, daß die Probleme der Ausländerbeschäftigung nur im europäischen Rahmen dauerhaft zu lösen sind. Aus sozialen, gesellschaftspolitischen und ökonomischen Erwägungen erscheint es sinnvoll, eine Entwicklung zu begünstigen, welche die Produktionsmittel zu den Arbeitskräften bringt. Die einseitige Wanderung der Arbeitnehmer zu den Produktionsstätten könnte dadurch allmählich abgeschwächt werden."

Der damalige Bundesarbeitsminister Walter Arendt legte dem Bundestag dieses „Aktionsprogramm" mit den Worten vor:

„Die Aufenthaltsdauer der Ausländer ist länger geworden, der Nachzug der Familienangehörigen hat spürbar zugenommen. Dadurch sind die Anforderungen an die soziale Infrastruktur vor allem im Wohnungs- und Schulbereich beträchtlich gestiegen. Trotz aller Anstrengungen sind mancherorts fühlbare Engpässe entstanden. So besonders in Verdichtungsgebieten, wo oft jeder vierte Arbeit-

Der Großvater aus Anatolien in Berlin.

nehmer ein Ausländer ist und mitunter bereits sozial untragbare Verhältnisse eingetreten sind. Es ist daher dringend geboten, das auch in Zukunft unvermindert große Interesse an der Beschäftigung ausländischer Arbeiter mit den Notwendigkeiten ihrer angemessenen Eingliederung in Einklang zu bringen."

Ganz andere Vorstellungen zur Lösung der Ausländer-Problematik hatte der damals amtierende Ministerpräsident von Baden-Württemberg, Hans Filbinger. Als Ort der Verkündung eines Konzepts wählte er im November 1973 Sarajewo, wo er sich zu einem Staatsbesuch aufhielt. Seine Vorschläge verschreckten nicht nur seine jugoslawischen Gastgeber. Hier ein Ausschnitt aus einem Interview, das Filbinger noch in Sarajewo gab:

„Wenn wir so weiter machen und immer mehr und mehr Gastarbeiter aus dem Ausland zu uns hereinholen, kann das auch ein humanes Problem werden, denn mit der Zeit werden diese Leute älter, bringen ihre Familien mit. Wir müssen dann nicht nur Schulen bauen und Wohnungen, sondern auch Krankenhäuser, Sozialeinrichtungen, Versorgung der Alten und vieles andere mehr. Es könnte dann Probleme geben, die unter Umständen so kapitalintensiv sind, daß es sich nicht mehr lohnt, die Gastarbeiterzahl zu vermehren. Man muß also weiterdenken, und nicht nur auf den Tag hin. Und da sind wir der Auffassung, das beste System mit den Gastarbeitern besteht darin, und zwar im beiderseitigen Interesse, daß nach einiger Zeit, vielleicht nach drei Jahren, die Gastarbeiter wieder nach Hause zurückkehren zu ihren Familien, oder sofern sie die Familien dabei haben, sie mit nach Hause nehmen und daß sie dann ersetzt werden durch neue und junge Gastarbeiter, die dann zu uns kommen. Wir nennen dieses System ein rollierendes System."

Dabei hatte Filbinger noch ein Jahr vorher zu einer „Aktion Internationaler Weihnachtsgäste unterm deutschen Weihnachtsbaum" aufgerufen und selbst als menschenfreundlicher Landesvater dreißig Gastarbeiterkinder in seinen Amtssitz in die Villa Reitzenstein in Stuttgart zu einer vorweihnachtlichen Feier mit Kaffee und Kuchen eingeladen. Filbingers „Rotations-Prinzip" stieß nicht nur bei Kirchen, Wohlfahrtsverbänden und Gewerkschaften auf allgemeine Ablehnung. Auch in seiner eigenen Regierung und Partei (CDU) wurde darauf mit Unverständnis reagiert. Filbinger selbst ließ später mitteilen, er habe seine Vorschläge nicht so verstanden wissen wollen, wie sie in der Öffentlichkeit aufgenommen worden seien. Journalisten hätten ihn fehlinterpretiert.

Doch Ministerpräsident Filbinger stand mit der Forderung nach einer „Rotation" nicht allein. Auch andere Politiker überlegten, wie die Beschäftigung von Ausländern in der Bundesrepublik ohne lästige Folgekosten oder infrastrukturelle Belastungen zu organisieren wäre. Bei den betroffenen Ausländern löste die Diskussion eine tiefe Besorgnis aus. Existenzangst und Verunsicherung bemächtigten sich der Türken, Spanier, Jugoslawen, Griechen und Italiener, die inzwischen schon jahrelang mit ihren Familien in der Bundesrepublik lebten.

Junge Ausländer, die an einem Kurs zur Berufsvorbereitung teilgenommen hatten, formulierten auf Veranlassung ihres Lehrers ein Gedicht über die Deutschen:

Das Seltsamste an Deutschland ist,
daß hier Männer Kinderwagen schieben,
daß Radios so billig und Teppiche so teuer sind
und daß den ganzen Tag Kirchenglocken bimmeln.

In Deutschland dachte ich zu Anfang, hier würden
den Leuten Hunde geboren anstatt Kinder.

Denn sie haben viele Hunde
und tragen sie auf dem Arm.

Hunde und Katzen
leben wie Könige in Deutschland.

In Deutschland gibt es Leute, die haben Geld
und sehen trotzdem traurig auf die Erde.
Sollen sie doch den Kummer denen überlassen,
die kein Geld haben.

Die Deutschen sind pünktlich wie die Eisenbahn.

Das kommt daher,
daß sie nur ein Gleis kennen,
nie vom Weg abgehen,
kein Unkraut, keine Blumen
in den Seitenwegen pflücken.

Sie fahren immer geradeaus,
sind pünktlich wie die Eisenbahn
und nehmen nichts wahr.

Chancen der Heimkehr

Die Ausländer selbst betonen, eine Rückkehr in die Heimat sei für sie selbstverständlich, allein, der Zeitpunkt stehe noch nicht fest. Die Umstände der Arbeitsemigration bewirkten, daß für die meisten die reibungslose Reintegration in die Gesellschaft des Heimatlandes nicht mehr möglich ist. Umfragen ergaben, daß ein Großteil der ausländischen Arbeiter vorerst nicht an eine Heimkehr denkt. Zwar hatte die betont restriktive Ausländerpolitik im Sinne Hans Filbingers um 1970 eine größere Rückwanderungsbewegung ausgelöst. Die meisten Ausländer blieben aber dennoch in der Bundesrepublik. Inzwischen gehen auch die Politiker davon aus, daß die Anwesenheit einer großen Zahl von Ausländern als selbstverständlich anzusehen ist.

Ausländer, die vor 1970 die Bundesrepublik wieder verlassen hatten, konnten sich gewisse Hoffnungen auf eine Existenzgrundlage zu Hause in Sizilien, Andalusien und Anatolien oder an der Peripherie der jeweiligen Hauptstädte machen. Doch die Kapazität an Lokalen, Tankstellen oder Taxiunternehmen war schnell erschöpft.

Da sich in nahezu allen Anwerbeländern die wirtschaftliche Lage in den vergangenen 20 Jahren kaum geändert hat, sind die Bedingungen, die zur Auswanderung zwangen, dieselben geblieben. Wer heimkehrte, fand Unterversorgung, Armut und Arbeitslosigkeit wie ehedem vor. Vom neuen Haus mit ersparter D-Mark gebaut und nach bundesdeutschem Mittelklasse-Standard ausgestattet, läßt sich nicht leben. Nur für wenige hat sich die Arbeitsemigration „gelohnt“. Ein Leben in der Bundesrepublik ist auch für Ausländer so „teuer“, daß für großartige Rücklagen häufig nichts bleibt.

Die Bedingungen, die Arbeitsemigranten bei ihrer Rückkehr in die Heimat erwarten, schilderte beispielhaft der Gemeindesekretär Pino Lombardi, der im Erdbeben-Gebiet Westsiziliens einer kleinen Gemeinde vorsteht, in einem Erfahrungsbericht:

„Wir befinden uns heute in einer fürchterlich schwerwiegenden Situation: Denn mit dieser ökonomischen Krise, sei es auf der inneritalienischen Ebene oder im europäischen Gesamtzusammenhang, da meinen manche in der Schweiz oder in Deutschland, daß die ausländischen Arbeitnehmer wieder in ihre Heimat zurückkehren sollten. Und das ist eine unglaublich schwerwiegende Angelegenheit: Denn hier gibt es einfach nicht genügend Arbeit für sie. Man findet sich hier eben im tiefen Süden und wenn wir uns vorstellen, daß diese Leute jetzt vom Ausland her wieder zu uns kommen würden, dann würde unsere schon so üble Lage unerträglich werden. Denn in welche Position setzen sich diese Länder wie Deutschland, die Schweiz und andere Länder im Norden? Denn sie haben doch von diesen Menschen aus dem Süden profitiert, die mit ihrer Hände Arbeit einen großen Wohlstand haben entstehen lassen! Sicherlich, sie haben dafür auch etwas erhalten, aber nicht mehr, als sie selbst auch hereingegeben haben! Denn diese Länder haben doch keine Lira ausgegeben, um die Arbeitskräfte so weit auszubilden, wie sie ausgebildet waren. Denn hier sind die Leute aufgewachsen, hier sind sie vorbereitet worden auf's Leben, und als sie erwachsen genug waren, um einen Beitrag für die Gesellschaft zu leisten, sind sie ins Ausland geholt worden. Und im Norden haben die großen Industrien dann von diesen kräftigen Leuten profitieren können! Und jetzt, da sie keinen Gebrauch mehr für sie haben, sagen sie: Nun geht wieder nach Hause! Das ist doch wohl allzuleicht, so etwas zu sagen. Ich meine, daß die Großindustrien und Regierungen des Nordens die Verantwortung haben, sich der Probleme der Leute anzunehmen, die emigriert sind, und zwar ihrer Probleme sich dort anzunehmen, wo sich diese Leute befinden. Denn es ist doch eine Leichtigkeit, zu sagen, ihr geht jetzt wieder nach Hause, und dann in ein, zwei Jahren, wenn – wie wir alle hoffen – die wirtschaftliche Lage wieder besser ist, dann sagen sie, gut, jetzt kommt wieder in die Schweiz, jetzt kommt wieder nach Deutschland! Das ist doch einfach unmöglich! Wir spielen hier doch nicht mit kleinen Klickern, sondern mit Menschenleben, mit der Entwicklung eines Menschen, mit Generationen, die man entwurzelt und ihnen eine Lebensperspektive verweigert.“

Mit deutlicher Zurückhaltung reagierten ausländische Arbeiter auf staatliche Rückführungs-Programme von Seiten der Bundesrepublik. Bei den meisten Programmen war nicht zu übersehen, daß dabei die Absicht, ausländische Arbeitnehmer auf möglichst elegante Weise wieder loszuwerden, dahinterstand. Die Landesregierung von Baden-Württemberg annoncierte 1976 ein „richtungsweisendes Modell“, das arbeitslosen Jugoslawen die Wiedereingliederung in Kroatien ermöglichen sollte. Dabei wurde 50 Jugoslawen eine sechsmonatige Ausbildung in den Berufsfeldern Metall und Schweißen kostenlos angeboten. Von der kroatischen Arbeitsverwaltung wurde ein Arbeitsplatz in der Heimat zugesichert, sowie die Möglichkeit zur weiteren fachlichen Qualifizierung. Nach einer großen Werbekampagne meldeten sich lediglich fünf Jugoslawen auf dieses Angebot. Es hatte sich herumgespro-

chen, daß die Arbeitsplätze in der Heimat in weit abgelegenen Gegenden lagen, wo zufälligerweise ein Bedarf an Schweißern oder an Metallfacharbeitern bestand. Das Modell verschwand darauf wieder in den Schubladen des Ministeriums.
Die sozialen und menschlichen Probleme der Rückkehr von Arbeitsemigranten in ihr Heimatland wurden im Auftrag der Europäischen Gemeinschaft von der italienischen Soziologin Amalia Signorell untersucht. In ihrer Studie „Scelte senza potere – Entscheidungen ohne Macht" bezeichnete sie Rückkehrer als „Niemandsmenschen", die als gesellschaftliche Randgruppe im Ausland wie in der Heimat allein die „Fähigkeit zu überleben" entwikkelt haben. Wörtlich heißt es dazu an einer Stelle des Buches:
„Es ist diesen Menschen auch nicht möglich, ihre Erfahrungen, die sie in einer Industrie-Gesellschaft gemacht haben, umzusetzen. Wenn sie sich im privaten Bereich selbst entscheiden müssen, dann wählen sie archaische, vorkapitalistische Modelle".
Eine Griechin, die 1977 nach Griechenland zurückgekehrt ist, schrieb später an ihre deutschen Freunde:
„Da waren wir 15 Jahre in Deutschland und da sagten wir uns, jetzt reicht es. Dann haben wir dies Geschäft hier und die Einrichtung gekauft und können davon leben. Sicher, es ist hier nicht so wie in Deutschland. Hier haben wir kein Auto, aber dafür ist das Leben schöner. Wir sind unser eigener Herr, keiner kann uns befehlen und immer sagen ‚schneller arbeiten', wie ich das früher immer gehört habe."
Zu dieser Arbeit in Athen meint ihr Mann:
„Wir haben zusammen ein Kilikion, das ist so eine kleine Imbißstube, in einem Hochaus im Zentrum gemietet. In dem Hochhaus sind lauter Büros und die Angestellten rufen uns dann immer per Telefon an und bestellen ein, zwei Kaffees. Meine Frau macht die Kaffees und ich trage sie auf meinem Tablett treppauf treppab in die Büros. Das ist recht anstrengend, und wir arbeiten von morgens 7 bis um 2 Uhr mittags, dann wieder von 4 bis um 8 Uhr abends. Das sind viele Stunden und die Einnahmen reichen nur recht und schlecht zum Leben. Aber es gibt hier halt nicht so viele Arbeitsmöglichkeiten wie in Deutschland."
Eingliederungshilfen von Seiten der Heimatländer für rückkehrende Landsleute existieren kaum. Einige Länder stehen einer Rückwanderung in großem Stil sogar reserviert gegenüber. Sei es, weil der Devisenfluß aus der Bundesrepublik durch die Überweisungen der Arbeitsemigranten auf die heimischen Banken eine nicht unwichtige Stütze des Staatshaushalts ist, sei es, weil von den „Heimkehrern" soziale Unruhe befürchtet wird. Außerdem führt die jahrelange Abwesenheit für die „Gastarbeiter" zur Entfremdung gegenüber den in der Heimat zurückgebliebenen Familienmitgliedern und den einstigen Freunden. Für viele wird deshalb, je länger sie in der Bundesrepublik leben, eine Rückkehr völlig indiskutabel.

„Anwerbestopp"

Für zumindest eindeutige administrative Verhältnisse in der Ausländerbeschäftigungspolitik sorgte am 22. November 1973 die Bundesregierung mit einem „Anwerbestopp". Regierungssprecher Grünewald gab am folgenden Tag vor der Bundespressekonferenz folgende knappe Erklärung:
„Ich darf noch darauf hinweisen, daß gestern im Bundeskabinett Einvernehmen darüber erzielt worden ist, daß Bundesarbeitsminister Arendt die Bundesanstalt für Arbeit anweist, zeitweilig keine ausländischen Arbeitnehmer außerhalb der europäischen Gemeinschaft mehr zu vermitteln."
Es sollten künftig keine neuen Ausländer in die Bundesrepublik kommen. Die Anwerbebüros im Ausland wurden geschlossen. Die Entscheidung der Bundesregierung erläuterte Bundesarbeitsminister Arendt vor Journalisten:
„Sie wissen, daß in den letzten vier Jahren sich die Zahl der ausländischen Arbeitnehmer in der Bundesrepublik verdoppelt hat. Wir haben im Augenblick 2,6 Millionen. Und wenn ich die Familienangehörigen hinzurechne, sind das vier Millionen Ausländer, die in der Bundesrepublik leben und arbeiten. Nun ist die Bundesrepublik Deutschland aber kein Einwanderungsland und bereits im Juni hatte die Bundesregierung ein Programm aufgestellt und hatte ja durch eine drastische Erhöhung der Anwerbegebühr dazu beitragen wollen, daß der Zustrom der Gastarbeiter sich verringert. Dies ist eine vorsorgliche Maßnahme und ich glaube, das sind wir dem Arbeitsmarkt schuldig."
Eine Verbesserung der Situation von bereits in der Bundesrepublik lebenden Ausländern war mit dieser Entscheidung nicht verbunden. Die Synode der Evangelischen Kirche in Deutschland begrüßte zwar den Anwerbestopp, stellte aber gleichzeitig fest:
„Die Synode beobachtet, daß sich in der Bundesre-

Fußball ist bei den Ausländern ein übernationales Bindeglied. Sie spielen in eigenen Ligen, die dem Deutschen Sportbund angeschlossen sind. Jede Nationalität selbst auf dem kleinsten Dorf spielt im eigenen Verein, freilich ohne Deutsche. Hier ist man unter sich.

Türkenfest in Berlin-Kreuzberg.

publik eine Tendenz bemerkbar macht, die Lasten der gegenwärtigen Schwierigkeiten einseitig auf die ausländischen Arbeiter abzuwälzen."
Dazu gehörte zum Beispiel die sogenannte Regionalsteuerung. Durch diese Behördenmaßnahme wurde Ausländern vom 1. April 1975 an der Zuzug in – wie es im Amtsdeutsch hieß – „überlastete Siedlungsgebiete" verweigert. Davon waren Städte und Gemeinden betroffen, deren Ausländeranteil an der örtlichen Bevölkerung über zwölf Prozent lag. Die Regionalsteuerung hatte eine drastische Einschränkung der Freizügigkeit von Ausländern zur Folge. Kritiker sahen darin eine Verletzung elementarer Bürgerrechte. In der Praxis konnte zum Beispiel ein jungverheiratetes ausländisches Ehepaar nicht in eine gemeinsame Wohnung ziehen, weil diese in einem „überlasteten Siedlungsgebiet" lag. Darüber hinaus stellten die Arbeitsämter hier ihre Vermittlungstätigkeit für ausländische Arbeitnehmer so lange ein, bis ihre Zahl unter 10 Prozent gesunken war. Die Maßnahme betraf die industriestarken Ballungszentren. Erst als die Industrie – vor allem Großkonzerne wie Daimler-Benz und Bosch – über akuten Arbeitskräftemangel klagten, da sich die Flaute in der Automobilbranche wieder gelegt hatte, wurde die Regionalsteuerung aufgehoben.
Damit wurde die bei der Einführung gegebene Begründung, mit der Regionalsteuerung solle einer weiteren Ghettoisierung der Ausländer entgegengewirkt werden, ad absurdum geführt und als arbeitsmarktpolitische Steuerung offenbar. An der Isolierung von Ausländern in bestimmten Vierteln der Großstädte hatte sich nichts geändert. Wer künftig einen arbeitslosen Ausländer beschäftigen wollte, der mußte vorher der Arbeitsverwaltung nachweisen, daß diese Stelle nicht mit einem deutschen Arbeitnehmer besetzt werden konnte.
Nach dem Anwerbestopp von 1973 blieb die Zahl der ausländischen Arbeitnehmer konstant bzw. ging zurück. Allerdings kamen jetzt Frauen und Kinder zu ihren Männern in die Bundesrepublik. Seit 1974 besteht dazu im Rahmen einer gesetzlich garantierten „Familienzusammenführung" die Möglichkeit.
Die künftigen wirtschaftlichen Perspektiven der Ausländerbeschäftigung beschrieb der Präsident der Bundesanstalt für Arbeit, Josef Stingl, 1976 in einem Referat:
„Abgesehen von der Frage der Durchführbarkeit würde ein rigoroser Abbau der Ausländerbeschäftigung neue Probleme aufwerfen. Bei normalem wirtschaftlichem Wachstum könnte der Bedarf an Arbeitskräften auf weite Sicht ohnehin nicht allein aus dem inländischen Erwerbstätigenpotential gedeckt werden. Das wirkt sich dann heute so aus, daß manche Arbeitsplätze so spezifisch zur Ausländerbeschäftigung geworden sind, daß auch bei schwieriger Arbeitsmarktlage kaum ein Deutscher bereit ist, solche Arbeiten zu übernehmen. Da spielen die Schwere der Arbeit, der Schmutz und auch die Arbeitszeiten eine Rolle. Man denke nur an den Arbeitskräftemangel im Hotel- und Gaststättengewerbe, an das Hilfspersonal in Krankenhäusern oder an Arbeiten an Hochöfen, bei Mülldeponien und dergleichen. Haben so die Arbeitsämter heute schon Mühe, entsprechende Stellenangebote weisungsgemäß zuerst mit Deutschen zu besetzen, so könnte ein abrupter Rückgang der ausländischen Arbeiter in manchen Regionen und Branchen zu erheblichen Engpässen auf dem Arbeitsmarkt führen, von sozialpolitischen Erwägungen einmal ganz abgesehen."
So blieb Ausländerpolitik auch nach „Aktionsprogramm" und „Anwerbestopp" der Bundesregierung weiterhin in erster Linie Arbeitsmarktpolitik. Aber selbst diese Politik blieb widersprüchlich. So meldete das baden-württembergische Staatsministerium wenige Wochen nach Stingls Bericht: „Ausländische Arbeitnehmer sind nicht mehr generell unersetzlich!" Im SPIEGEL stand zur selben Zeit über die Haltung des Bundes zu dieser Frage:
„Der geltende Anwerbestopp allein, so ergaben die Erfahrungen seit dem Herbst 1973, als die Zuwanderung aus Ländern außerhalb der Europäischen Gemeinschaft abgeblockt wurde, genügt nicht, die Zahl der Ausländer wirksam zu vermindern. Sieben Bonner Ministerien streiten sich seit sieben Monaten über jene Probleme, die Gastarbeiter dem Staat und der Gesellschaft auferlegen. Staatssekretär Manfred Schüler, der erste Mann im Kanzleramt, hat die strittigen Meinungen jetzt in einem ‚Entwurf von Thesen zur Ausländerpolitik' zusammengestellt. Widerspruch löste vor allem Bundesarbeitsminister Walter Arendt aus. Seine zentrale These: Die Zahl der in der Bundesrepublik schaffenden und stempelnden Gastarbeiter müsse so stark wie möglich verringert werden. Obwohl die Bundesregierung, so versichert der Minister, ‚grundsätzlich an der arbeits- und sozialrechtlichen Gleichstellung ausländischer Arbeitnehmer' festhalte, sei es gleichwohl aus ‚arbeitsmarkt- und haushaltspolitischen Gründen' gerechtfertigt, ‚die Dauer des Bezuges von Arbeitslosengeld für arbeitslose Ausländer zu begrenzen'."
Bundesarbeitsminister Arendt konnte sich mit seinem Vorschlag im Kabinett dann doch nicht durchsetzen. Für die ausländische Bevölkerung selbst war diese Diskussion erneut ein Zeichen dafür, welche Rolle die Politiker ihnen trotz gelegentlicher Aufrufe zur Gemeinsamkeit tatsächlich zubilligten: die von lästig gewordenen Helfern.

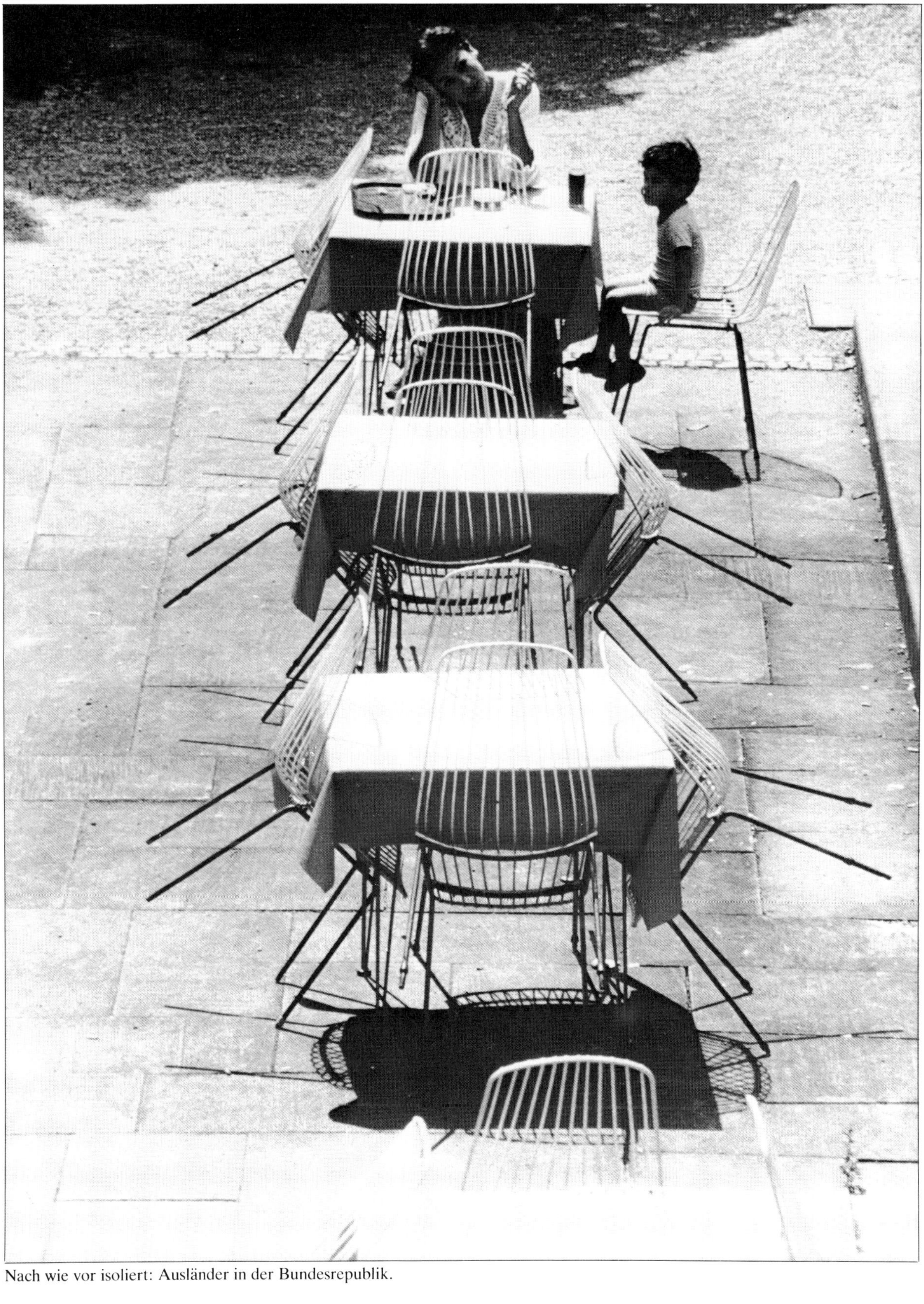

Nach wie vor isoliert: Ausländer in der Bundesrepublik.

Ausländer-Recht – Recht des Ausländers?

Noch 1974 vertrat der CDU-Vorsitzende Helmut Kohl in einem Interview die Auffassung, unter bestimmten Voraussetzungen sollte Ausländern aus arbeitsmarktpolitischen Gründen die Aufenthaltserlaubnis nicht verlängert werden.
Der rechtliche Hintergrund: Wer keine Aufenthaltserlaubnis mehr erhält, dem wird automatisch die Arbeitserlaubnis verweigert. Innerhalb einer von der Ausländerbehörde gesetzten Frist muß er die Bundesrepublik verlassen. Kommt er dieser Aufforderung nicht freiwillig nach, droht ihm die Ausweisung.
Es waren die Kirchen, die sich gegen diese Ausländerpolitik der Verunsicherung wandten. Ihre Sprecher kritisierten scharf das offensichtliche Abdrängen der im Moment unerwünschten Ausländer vom Arbeitsmarkt. So Herbert Leuninger, der Ausländerreferent der Diözese Limburg:
„660000 Arbeiter verlieren ihre Arbeit, werden ganz gezielt vom Arbeitsmarkt abgedrängt oder sogar für alle Zeit ausgeschlossen. Und die Betroffenen schweigen. Sie haben in unserer Gesellschaft nichts zu sagen und so sagen sie nichts, nehmen das, was ihnen in einem unerhörten Vorgang deutscher Nachkriegspolitik widerfährt, als eine Naturkatastrophe, vor der sie resignieren. Sie wandern ab, gehen in die ‚stille Reserve' oder sogar in die Illegalität. Wer weiß es? Der Verdrängungsprozeß läuft fast lautlos ab."
Herbert Leuninger fordert eine „Gegenöffentlichkeit", eine Lobby, für die Belange der Ausländer: Sie begann sich in den folgenden Monaten aus kirchlichen Betreuungs-Organisationen und Privatinitiativen zu formieren. Neben einer grundsätzlichen Chancengleichheit für die ausländische Minderheit, von der ein Großteil bereits über zehn Jahre in der Arbeitsemigration lebt, wurde vor allem auf eine Revision des bundesdeutschen Ausländergesetzes gedrängt.
Das in Teilbereichen noch aus den Vorkriegsjahren stammende Ausländergesetz der Bundesrepublik war 1965 novelliert worden. Die Beziehung zur tatsächlichen Situation von Millionen ausländischer Arbeiter und ihren Familien blieb mangelhaft. Im Mittelpunkt stand nicht die Regelung und Sicherung der Situation der Ausländer in der Bundesrepublik, sondern eher die rechtliche Handhabe zur Abwehr von Fremden. Eine mehr als zweijährige Diskussion löste 1976 die Forderung nach einer Neuregelung des Ausländergesetzes aus. Dafür setzte sich der Berliner Rechtsexperte Fritz Franz besonders nachdrücklich ein; er meinte damals zu den bestehenden Regelungen:
„Das ist ein Rudiment polizeistaatlicher Ordnungen: Während wir überall im öffentlichen Recht den Grundsatz der Bindung der Verwaltung an Gesetz und Recht kennen und mit dem Rechtsstaatsprinzip verteidigen, fehlt es im Ausländergesetz an normativen Bindungen der Verwaltungen, die ihr vorschreiben, ob und unter welchen Voraussetzungen eine Aufenthalts-Erlaubnis zu versagen – ob und unter welchen Voraussetzungen eine Aufnahme-Erlaubnis zu erteilen ist. Besonders gravierend kommt dieser Handlungsspielraum in einer Auflagenermächtigung des Gesetzes zum Ausdruck, die da besagt: Eine Aufenthaltserlaubnis kann befristet oder unbefristet erteilt werden. Sie kann mit Bedingungen und Auflagen versehen werden, sie kann auch nachträglich mit Bedingungen und Auflagen versehen werden. So die Bestimmungen des Gesetzes. An keiner Stelle des Gesetzes ist bestimmt, wann eine Aufenthaltserlaubnis zu befristen ist, welche Bedingungen zur Aufenthalts-Erlaubnis oder Auflagen zulässig sind. Das bleibt dem Gutdünken des Verwaltungsbeamten überlassen."
Aus der Perspektive der Betroffenen äußerte sich Anfang 1977 der Vorsitzende der Spanischen Elternvereine in der Bundesrepublik, Manuel Romano. Er sagte zur Praxis des bundesdeutschen Ausländergesetzes:
„Die Heimat unserer Kinder ist Deutschland und wir betrachten schon als unsere Heimat die Bundesrepublik. Schließlich haben wir die meiste Zeit unseres Lebens hier gearbeitet. Also, wir dringen darauf, daß dieses Ausländergesetz und die ganze Arbeitsverordnung – die uns das Leben hier so unsicher machen – geändert werden muß!"
Änderungen, in begrenztem Rahmen freilich, formulierte im Sommer 1977 eine Bund-Länder-Kommission. Sie legte einen Bericht zur „Fortentwicklung einer umfassenden Ausländerbeschäftigungspolitik" vor. Darin heißt es zum Beispiel, der aufenthaltsrechtliche Status der ausländischen Arbeitnehmer und ihrer Familienangehörigen sei stufenweise zu verfestigen.
Einer der entschiedensten Verfechter einer konsequenten Verbesserung der sozialen und rechtlichen Lage der Ausländer ist der Hessische Ministerpräsident Holger Börner. Er betonte in einem Interview für das ARD-Ausländerprogramm im Juni 1978:
„Wir haben vor mehr als zehn Jahren viele ausländische Mitbürger und ihre Familien zu uns geholt, sie haben unseren Wohlstand mitgeschaffen und wir

Ein italienischer Pizzabäcker in Berlin hat sich einen Scherz erlaubt.

Feste mit Ausländern finden auch die meisten Deutschen nett. Hier feiern Italiener.

Türkisch-deutsches Arrangement in einem Buchladenfenster.

Bilim
kitabevi
buchladen
Merit!
ORHAN GENCEBAY
1979 - NEWROZ - 2591
DER TAGESSPIEGEL
DER TAGESSPIEGEL
heute mit
Fernsehen
Rundfunk
Theater
Kino
Programm
für die ganze
Woche
tip
THEATER
14 TAGE
BERLIN-PROGRAMM
DM 2.00
Tochter von
Liz Taylor
heiratet den
Helden aus dem
Holocaust-Film
BZ
Bild heute
Reichelt-
Chef
schlug
Ladendieb
k.o.
freundin
BUNTE
BERLINER
MORGENPOST
Ist Hertha vor
dem Abstieg in
die 2. Liga noch
zu retten?
Gymnasien in
Berlin platzen
aus den Nähten

Über 90 Prozent der in der Bundesrepublik lebenden Türken sind praktizierende Muslime.

müssen nun in einer veränderten Arbeitsmarkt-Situation daran denken, daß sie bei uns heimisch geworden sind und wir dürfen sie nicht abschieben wie Gäste, die man loswerden will. Das heißt, (ich habe daran erinnert, daß der Wohlstand, der heute in der Bundesrepublik Deutschland besteht, auch mit Hilfe der Ausländer geschaffen worden ist, und) daß es deshalb eine Konsequenz der sozialen Gerechtigkeit ist, sie heute hier bei uns zu integrieren, wenn sie das wünschen. Und zum Zweiten: Ich habe daran erinnert, daß unser Arbeitsmarkt auch heute noch die Arbeitskraft der Ausländer braucht, daß, wenn sie heute, wie manche unverantwortliche Politiker es fordern, unser Land verlassen würden, große Probleme für unsere Volkswirtschaft entständen."

Am 1. Januar 1979 schließlich trat eine neue Verordnung in Kraft. Ihr Titel: „Allgemeine Verwaltungsvorschrift zur Änderung der Allgemeinen Verwaltungsvorschrift zur Ausführung des Ausländergesetzes." Neu für die rechtliche Lage der Ausländer war an diesen Bestimmungen, daß ausländische Arbeiter jetzt einen Rechtsanspruch darauf haben, nach fünf Jahren eine unbefristete Aufenthaltserlaubnis erteilt zu bekommen, eine Aufenthaltsberechtigung nach acht Jahren.

Verschiedene Bundesländer schränkten jedoch diese Rechte in ihren Ausführungsbestimmungen wieder ein: Es werden regelrechte Sprachprüfungen den Antragstellern abverlangt und die Ausländerbehörden fordern eine Fülle von Nachweisen, darunter zum Beispiel eine Bescheinigung über die Höhe des Bankguthabens. Weiter ist der Nachweis „einer angemessenen Wohnung" zu erbringen, um eine Aufenthaltserlaubnis zu erhalten. Obwohl die Sozialpolitiker besorgte Fragen mit dem Hinweis beantworteten, diese Bestimmungen würden besonders großzügig gehandhabt, werden immer wieder Fälle bekannt, wo unzureichende Wohnverhältnisse den Ausländerbehörden Anlaß waren, die Aufenthaltserlaubnis bzw. -berechtigung zu versagen oder zumindest die Versagung anzudrohen.

Das erlebte zum Beispiel Anfang 1979 eine griechische Familie in Stuttgart – seit über 10 Jahren in der Bundesrepublik. 1978 wurde die Ehefrau nach Griechenland zur Pflege ihrer todkranken Mutter gerufen. Sie fuhr nach Hause und nahm ihre Kinder mit. Der Mann suchte sich eine kleinere Wohnung, da nicht absehbar war, wann die Familie wieder zusammenleben konnte. Doch dann starb die Mutter in Griechenland, Frau und Kinder kehrten nach Stuttgart zurück. Als die Griechin in Stuttgart beim Amt für öffentliche Ordnung eine neue Arbeitserlaubnis beantragte, wurde dies abgelehnt und der

„Ich vermiete nicht an Ausländer, oder können Sie 300 Mark bezahlen?“ Cartoon von Kurt Halbritter.

Antragstellerin die Abschiebung innerhalb von vier Wochen angedroht. In der Begründung stand, ihr Dasein beeinträchtige die Belange der Bundesrepublik Deutschland, da die Familie zu sechst in einer 30 Quadratmeter großen Wohnung lebe.
Sicher, ein solcher Zustand ist untragbar. Aber angesichts der Wohnungsmisere in Stuttgart gelang es der Familie trotz intensiver Suche nicht, die von der Ausländerbehörde geforderte „angemessene Wohnung“ zu einem angemessenen Preis zu finden. Erst nachdem der Fall publik geworden war, revidierte das Amt seine Entscheidung, wobei allerdings ein Behördensprecher betonte, hier habe es sich „um ein einmaliges Nachgeben“ gehandelt.
Kritiker sprechen in diesem Zusammenhang von einer Aushöhlung der neuen Bestimmungen. Die Verunsicherung der Ausländer wird verständlicherweise nicht geringer. An der Haltung eines Großteils der Bevölkerung gegenüber der ausländischen Minderheit hat sich kaum etwas geändert. Zwar werden die Ausländer von den meisten deutschen Arbeitern inzwischen als Kollegen akzeptiert, aber ein näherer Kontakt etwa nach Feierabend wird nur von sehr wenigen gewünscht. Ausländische Familien im eigenen Haus lehnen viele Deutsche ab. Es wird jetzt amtlich zur Kenntnis genommen: Die meisten Ausländer wollten auf Dauer in der Bundesrepublik bleiben. Ihre Wohnung ist für sie nicht länger ein kurzfristiges Provisorium, eine Übergangsregelung, bei der man selbst entwürdigende Zustände hinnimmt, wie in den Anfangsjahren der Einwanderung.
Wie das Beispiel der griechischen Familie zeigte, ist es für Ausländer in der Bundesrepublik häufig aussichtslos, eine Wohnung zu finden. Dabei rangieren die Griechen noch unter den akzeptierteren Nationen. Für Türken sind die Hürden bei der Wohnungssuche nahezu unüberwindlich. Dazu der entsprechende Bericht einer Türkin: „Ich lebe seit zehn Jahren in Deutschland. Ich suche seit zehn Jahren eine Wohnung. Glauben Sie, ich habe so viel gefunden? Und dann gucken sie aus dem Fenster und sehen einen schwarzen Kopf; dann sagen sie: ‚Nein, schon besetzt, nicht mehr leer‘. – Ich war beim Rathaus, ich war überall. Ich habe zwei Kinder, ich habe eine Wohnung gehabt, ein Dachzimmer, ohne Fenster. Wir sind nicht so schlechte Leute. Ich zahle das gleiche Geld: Ja, wir zahlen noch mehr! Glauben Sie, ich war in einem Dachzimmer, ohne Fenster, ich habe hundertachtzig Mark bezahlt, ohne Küche, bloß ein Zimmer; das ist für mich sehr schwer, in einem Zimmer schlafen und essen und sitzen, alles mit den Kindern. Ich sage immer, wenn ich in die Türkei zum Urlaub fahre: Wenn ich einen Deutschen sehe, ich helfe überhaupt nicht ...“

In der Altbauwohnung dieser ausländischen Familie friert im Winter die Wasserleitung ein. Deshalb bleibt nichts anderes übrig, als der Weg zum Brunnen nebenan.

Integration '79: In einer renommierten Stuttgarter Konditorei sind drei von sieben Konditoren Jugoslawen.

Die „Zweite Generation"

Diese Erfahrungen bestimmen vor allem das Leben der Kinder der ausländischen Arbeitnehmer in der Bundesrepublik. Diese „Zweite Gastarbeiter-Generation“ wurde zeitweilig sogar als „verlorene Generation“ bezeichnet. Diese Kinder sind in besonderem Maße von den unmenschlichen Umständen der modernen Arbeitsemigration geprägt worden. Sie sind die Leidtragenden einer Ausländerpolitik, die sich allein an wirtschaftlichen Entwicklungen orientiert. Auf Grund der rechtlichen und sozialen Unsicherheit war den ausländischen Arbeitnehmern über Jahrzehnte eine konkrete Zukunftsplanung unmöglich. Das hatte gravierenden Einfluß auf die Entwicklung der Kinder. Sie pendelten in der Regel zwischen der Bundesrepublik und dem Heimatland hin und her. Besonders schwer wurde das Leben für jene, die lange Zeit im Heimatland bei Verwandten gelebt hatten und dann – mit dem Beginn der Schulpflicht – von den Eltern in die Bundesrepublik nachgeholt wurden. Hier erwartete sie ein Schulsystem, das auf die pädagogische Förderung von Ausländern nicht vorbereitet war und zumindest in den ersten Jahren total versagte. Dann reagierte die Kulturbürokratie hektisch mit einer Vielzahl von Modellen und Verordnungen, ohne sich zu einem einheitlichen Bildungskonzept durchringen zu können. Mit dem Ergebnis, daß über 60 Prozent der gegenwärtig in der Bundesrepublik lebenden ausländischen Jugendlichen über keinen Hauptschulabschluß verfügen. Nur wenige haben nach einer langen Reihe von Enttäuschungen den Mut, den Schulabschluß in einem Aufbaukurs nachzuholen. Ohne qualifizierten Hauptschulabschluß besteht aber für sie wenig Hoffnung auf eine Lehrstelle oder einen ihren deutschen Altersgenossen vergleichbaren, annehmbaren Arbeitsplatz. Spannungen zwischen ausländischen und deutschen Jugendlichen sind unter diesen Bedingungen eine zwangsläufige Folge. Vor allem im Freizeitbereich werden sie deutlich. Ein junger Italiener beschreibt das Verhältnis zu den Deutschen in einem Jugendhaus so:

„Die Deutschen haben halt andauernd, wenn sie in Gruppen sind, ein freches Maul oder so und die Italiener, wenn, die möchten im Jugendhaus kein Aufsehen erregen und machen es halt auf der Straße, wenn sie sie antreffen; es gibt im Jugendhaus Italiener-Gruppen, die mit den deutschen Leuten sehr gut auskommen. Aber das sind wenige und so

Die „zweite Generation", eine verlorene Generation?

Ausländerkinder im Gestrüpp von Schulversuchen und Förderprogrammen: Die Lehrerin dieser 6. Klasse hat ihre ausländischen Schüler auf kleine Gruppen von 4–5 Schülern verteilt.

sitzt man nicht so oft mit den Deutschen zusammen. Es gibt natürlich viele Italiener, die die Deutschen hassen."

Die bedenkliche Situation der ausländischen Familien ist inzwischen zu einem beliebten Thema von Soziologen und Pädagogen geworden, wo inzwischen kein Aspekt ohne mehr oder weniger wissenschaftlich-theoretisch fundierte Würdigung blieb. Gesamtgesellschaftliche und politische Konsequenzen blieben allerdings Ausnahmen. Zumindest auf dem Papier liegen inzwischen Programme zur Integration der Ausländer und ihrer Kinder vor. Politiker sprechen und schreiben öfter zu diesem Thema. So Bundesfamilien-Ministerin Antje Huber im Frühjahr 1979 in der SPD-Monatszeitung „Vorwärts" unter der Überschrift „Mitgenommene brauchen Hilfe":

„Die Kinder leben nach wie vor in einer Außenseiter-Situation. Ihre sozialen Verhältnisse sind ungünstiger als die der entsprechenden deutschen Altersgruppe. Noch immer gibt es kein einheitliches Konzept zur Überwindung dieser Probleme. Während einige Bundesländer in der Schulpolitik das Ziel der vollen Integration verfolgen, machen andere Länder das genaue Gegenteil, indem sie nationalen Gruppenunterricht anstreben. Was wir anstreben müssen, ist eine – gewiß sehr schwierige – Balance, die die national-kulturelle Identität der ausländischen Kinder achtet und gleichzeitig ihre Integration in die deutsche Gesellschaft ermöglicht. Das Ziel darf weder ‚Germanisierung' noch ‚Ghettoisierung' sein."

Für die Bundesregierung sollte ein Beauftragter für Ausländerfragen ein Konzept entwickeln. Im Sommer 1978 wurde der ehemalige Ministerpräsident von Nordrhein-Westfalen, Heinz Kühn, in dieses Amt berufen. Bei einem Kongreß über die Situation junger Ausländer in der Bundesrepublik appellierte Kühn im Dezember 1979:

„Ich habe gesagt, für die vier Millionen, mehr als vier

Millionen sind es heute, die wir unter uns haben, ist die Bundesrepublik zum Einwanderungsland geworden. Und nicht nur als vorübergehendes Gastgeberland. Sicherlich sind wir nicht ein Einwanderungsland im üblichen Sinne, da braucht mich niemand zu belehren. Wir sind nicht ein Einwanderungsland im Sinne von Amerika, Kanada, Australien oder Brasilien, aber für die vier Millionen, die zu uns gekommen sind, und deren Befragungen – diese laufenden Meinungsbefragungen sind ja sehr interessant – zeigen, daß mehr und mehr von ihnen definitiv unter uns bleiben wollen. Das deutsche Volk darf nicht in einer den meisten vielleicht unbewußten Erneuerung rassischen Hochmuts auf Menschen anderer Hautfarbe, Sprache und Kultur herabblicken wollen. Wer der Auffassung ist, am deutschen Wesen soll die Welt genesen, der paßt nicht in unsere Zeit."

Im Frühjahr 1980 verabschiedete die Bundesregierung ein „Programm für die Weiterentwicklung der Ausländerpolitik" auf der Basis eines „Memorandums", das der Beauftragte für Ausländerfragen, Heinz Kühn, erarbeitet hatte. Das Programm sollte eine Verbesserung der Lage der ausländischen Jugendlichen bewirken. Seine wesentlichsten Punkte sind:

1. Für in der Bundesrepublik heranwachsende Ausländer soll die Einbürgung erleichtert werden.
2. Die Voraussetzungen für ausländische Jugendliche, einen Rechtsanspruch auf die Arbeitserlaubnis zu erhalten, sollen verbessert werden.
3. Die Kapazität der Maßnahmen zur Berufsvorbereitung und sozialen Eingliederung für ausländische Jugendliche ohne Schulabschluß soll stark ausgebaut werden.
4. Für spät eingereiste ausländische Jugendliche werden Intensivsprachkurse entwickelt.
5. Überbetriebliche Ausbildungsplätze für junge Ausländer werden verstärkt gefördert.
6. Die Sozialdienste für Ausländer sollen qualitativ verbessert, personell verstärkt und noch mehr auf die Integration der zweiten und dritten Generation ausgerichtet werden.

Auf dieses Programm reagierten Betroffene und die in der konkreten Ausländerarbeit stehenden Kreise mit Enttäuschung. Als zu vorsichtig und wenig entschieden genug wurden die Vorschläge der Bundesregierung beurteilt. Bestenfalls als unverbindliche Bestandsaufnahme längst fälliger Maßnahmen. Wer einen Neubeginn in der Ausländerpolitik von diesem lange angekündigten „Programm" erwartete, hatte sich falsche Hoffnungen gemacht.

Die meisten Ausländer werden in der Bundesrepublik weiterhin eine gesellschaftliche Randgruppe

Junge Ausländer: ausgesperrt?

Fast ein Politikum: Türken organisieren Korankurse für ihre Kinder.

bilden. Die Betroffenen selbst machen sich darüber keine Illusionen. „Merhaba“ (Guten Tag) überschrieb ein Türke das Gedicht, in dem er seine Situation schildert:

Grüß dich Kazim
Grüß dich Ramazan
Gott möge segnen, hast du Kummer in den letzten Tagen?
Ach nein, ich habe nichts.
Komm, sprich, mein Lieber, du hast doch was.
Ich sagte ja, ich habe nichts.
Kazim, wer seinen Kummer nicht erzählt, findet keine Lösung.
Ich wollte die Kinder holen.
Und dann?
Sie werden nach Deutschland kommen, aber ich habe Angst vor der Polizei.
Was ist los mit der Polizei?
Die Wohnung solle groß sein, ein Zimmer für jedes Kind.
Ah ja, erzähl mal!
Wenn du Kinder hast, dazu noch 4–5 Kinder, wäre keine Wohnung zu finden.
Ist doch leicht, wir nehmen ein Zelt und gehen auf den Berg.
Laß das. Hier ist doch nicht die Türkei, Bruder, mit viel Luft und großem Gelände. Hier ist Deutschland.
Ehrlich, Bruder Kazim, in der Beziehung habe ich auch Sorgen. Als ich damals meine Frau geholt hatte, hat diese Polizei sie nicht länger als 3 Monate hier gelassen, keine AE gegeben.
Das war damals, was wird jetzt mit meinem Problem?
Beruhige dich mal. Es wird schon eine Lösung geben.
Kennst du eine freie Wohnung?
Gottes Willen, mein Freund, eine Wohnung zu finden ist sehr schwer, weil sie die Tür vor der Nase zuknallen, wenn man Ausländer oder Türke ist. Auch wenn die Wohnung frei ist.
Geben sie keine Wohnung, wenn man Türke ist?
So ist es. Bist du überrascht?
Warum lassen sie uns dann wie ein Esel arbeiten? Sehen die uns als Menschen 2. Klasse?
Beruhige dich, wir können zu Schmidt gehen und unsere Sorgen erzählen und er hilft uns.
Laß doch, Bruder, mich zu verschaukeln.
Oder wir rufen mal Helmut Kohl an; ist er denn nicht der Hauptrivale von Schmidt? Vielleicht erledigt er aus Rivalität unsere Sorgen ...
Aber Bruder, suchen wir mit dir eine Wohnung oder leiten wir den Vorstand einer Partei. Sage mir nur, kannst du uns eine Wohnung finden?
Ich sagte ja, daß es schwer ist.
In Ordnung aber, was wird nun?
Du machst, was Bruder Brandt gesagt hat?
Was ist denn Bruder Brandts Spruch?
Deine Kinder sollen da bleiben, wo sie sind.
Und dann?
Dann, die deutsche Nachkommenschaft solle aussterben. Deren Kinder werden blaß und häßlich. Sie werden regeneriert.
Ja ja dann?
Ja dann mein Lieber, bist du nicht reinrassig?

Dieses Gedicht wurde zuerst in den „Materialien zum Projektbereich ‚Ausländische Arbeiter‘“ veröffentlicht. Der Autor, der anonym bleiben will, bewohnt mit Frau und fünf Kindern eine zweieinhalb-Zimmer-Wohnung. Er ist Schichtarbeiter und verdient monatlich 1300 Mark. Sein Arbeitsplatz ist eine stinkige Halle in einer Gummifabrik.
Türken werden inzwischen als besondere Problemgruppe betrachtet. Die sich in ihrem Heimatland ständig weiter verschärfenden innenpolitischen Konflikte wirken sich zwangsläufig auch auf die in der Emigration lebenden Türken aus.
In den letzten Jahren bildeten sich in der Bundesrepublik extremistische linke und rechte türkische Gruppierungen. Im rechten Teil des Spektrums spielen die sogenannten „Koranschulen“ eine schillernde Rolle. Ein Großteil der Türken verteidigt sie als notwendige Bildungsinstitute zur Unterweisung ihrer Kinder in die Gebote des Islam. Andere bescheinigen den Schulen, faschistische Kader-Schmieden zu sein. Die westdeutschen Behörden und Kirchen stehen dem ratlos gegenüber. Im Herbst 1980 wurde von der Bundesrepublik ein Verbot der linksextremen türkischen Organisation „ATIF“ erwogen, die Stadt Stuttgart kündigte „ATIF“ die Versammlungsräume. Schwerer auszuloten ist die rechte türkische Szene, die sich hinter „Kultur- und Idealisten-Vereinen“ verbirgt. Beide Gruppierungen versuchen vor allem in den Ballungszentren ihre Landsleute mit teilweise erheblichen Repressionen zu bedrängen. In politisch weniger brisanter Ausprägung hat sich auch bei den anderen Nationen im Laufe der Zeit ein politisch-kulturelles Leben neben der deutschen Umgebung entwickelt. Eine große Rolle für den Zusammenhalt in den einzelnen ethnischen Gruppen spielen Sportvereine, die sich vor allem dem Fußball widmen. Beträchtlichen Einfluß haben bei den Griechen zum Beispiel „Elternvereine“. Sie forderten in der Vergangenheit mit Nachdruck eine Verbesserung der schulischen Betreuung ihrer Kinder in der Bundesrepublik. Der nicht nur für griechische Kinder von den jeweiligen Konsulaten organisierte muttersprachliche Zusatzunterricht führt häufig zur totalen

Arbeitslose ausländische Jugendliche in einer Großstadt.

Wahlplakat der NPD 1980.

Überforderung der Kinder. Sie besuchen vormittags die deutschen Regelklassen und am Nachmittag den Unterricht in ihrer Muttersprache. Die besorgten Eltern wollen damit einer Entfremdung von der Sprache und der Kultur des Heimatlandes entgegenwirken. Von der deutschen Kultus-Bürokratie wurden dazu bisher keine Alternativen entwickelt, die sich auf breiter Basis verwirklichen ließen. Von einer „Integration" der Ausländer in die westdeutsche Gesellschaft kann bisher nur in wenigen Ansätzen gesprochen werden. Vielfach bilden diese Mitbürger inzwischen eine eigene Gesellschaft in der Gesellschaft.

Von den bürgerkriegsähnlichen Auseinandersetzungen bleiben auch
Nachdem ein Türke in Berlin von Rechtsradikalen erschossen wurde,

schen Arbeiter in der Bundesrepublik nicht unberührt.
eine Landsleute im Frühjahr 1980 auf die Straße.

Türkische Koranschule im Gelsenkirchener Bahnhofsviertel. Der Hodscha (Lehrer) arbeitet seit acht Jahren in Deutschland als Sch
Gebote des Koran. Ort ist eine abbruchreife ehemalige Eckkneipe. Wie vielerorts in der Bundesrepublik wird diese Koranschule von den r
politisch kontrolliert.

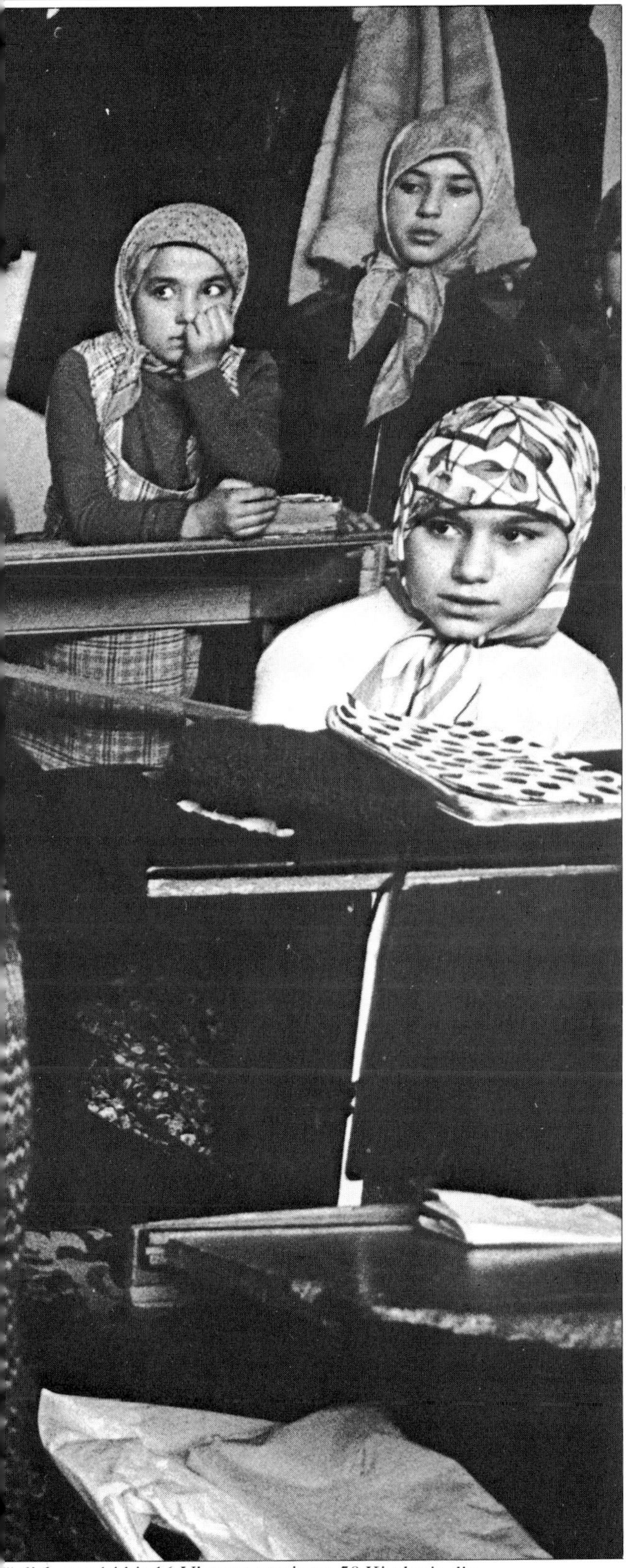

äglich von 14 bis 16 Uhr unterweist er 50 Kinder in die
kalen „Grauen Wölfen" finanziert und entsprechend

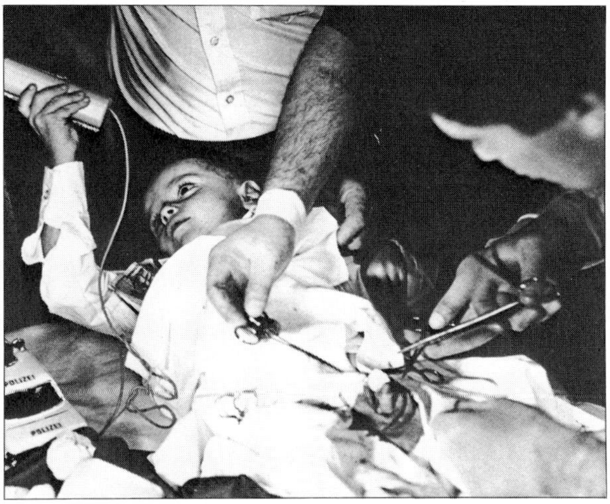

Auch in der Bundesrepublik verzichten Türken nicht auf eine Beschneidung ihrer Söhne; so wie es der Koran befiehlt.

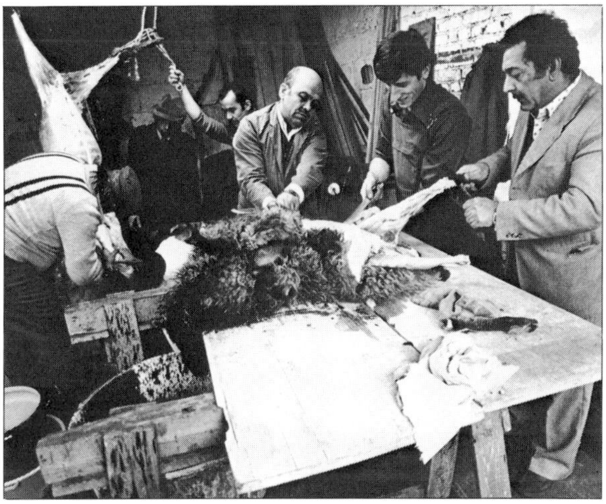

Türkische Subkultur: in einem Hinterhofverschlag in Essen wurde ein Schaf nach islamischem Ritus geschlachtet.

„Zuhal ates", die Feurige, im „Anatolischen Restaurant" in Oberhausen.

Lebensbedingungen für eritreische Flüchtlinge in einem Wohnheim in Stuttgart-Wangen: vier Kochplatten für 40 Mann.

...BITTEN UM ASYL

Am 2. August 1940 schrieb der vor den Nazi-Henkern geflohene jüdische Schriftsteller-Philosoph Walter Benjamin aus einem französischen Internierungslager bei Lourdes an den bereits in die USA emigrierten Soziologen Theodor W. Adorno:
„Die völlige Ungewißheit über das, was der nächste Tag, was die nächste Stunde bringt, beherrscht seit vielen Wochen meine Existenz. Ich bin verurteilt, jede Zeitung (sie erscheinen hier nur noch auf einem Blatt) wie eine an mich ergangene Zustellung zu lesen und aus jeder Radiosendung die Stimme des Unglücksboten herauszuhören. Mein Bestreben, Marseille zu erreichen, um dort beim Konsulat für meine Sache zu plädieren, war umsonst. Für den Ausländer ist seit längerem keine Ortsveränderung zu bewirken. So bleibe ich auf das angewiesen, was Ihr von draußen bewirken könnt ..."

Sie konnten nichts für ihn „bewirken". Sechs Wochen später nahm sich Benjamin auf der Flucht vor der Gestapo in dem spanischen Grenzort Port Bou das Leben. Neben Kurt Tucholsky und Stefan Zweig ist er einer der prominentesten deutschen Emigranten, die in den 30er und 40er Jahren ihr Asylantendasein durch Selbstmord beendeten. Nur deutsche Emigranten mit Geld und einem Namen, der international von gewissem Klang war, konnten auf Aufnahme im Ausland hoffen. Etwa Thomas Mann oder Fritz Lang. Alle anderen hatten den langwierigen Weg durch die Instanzen der Visaerteilung zu gehen, waren der Gnade von Bürokraten möglicher Aufnahmeländer ausgeliefert, die ihre Lebensbedrohung im Deutschen Reich Adolf Hitlers zynisch bagatellisierten. Die Schweiz und Nordamerika verriegelten schon bald ihre Grenzen.

Asylbewerber werden zum Problem, zum Wohnungsproblem: eine libanesische Familie in einer Ein-Zimmer-Wohnung.

Wem die Flucht gelang, konnte sich immer noch glücklich schätzen, gegenüber jenen, die sich dem Zugriff der Nazis nicht entziehen konnten. Ihnen drohte Gefangenschaft, Folter und Tod. Allein sechs Millionen Juden wurden zwischen 1933 und 1945 ermordet, ebenso Tausende von politischen Gegnern des Regimes.
Als der Parlamentarische Rat 1948/49 aus den Trümmern, die das „Dritte Reich" hinterlassen hatte, dem neuen westdeutschen Staat Bundesrepublik eine vorerst als provisorisch angesehene demokratische Verfassung erarbeitete, galt dem Asylrecht besondere Aufmerksamkeit. Die bittere Erfahrung deutscher Emigranten und die Erinnerung an den unvorstellbaren Massenmord des NS-Regimes war bei der Formulierung von Artikel 16, Absatz 2, Satz 2 des Grundgesetzes noch gegenwärtig. In der knappen Feststellung „Politisch Verfolgte genießen Asyl" wurde Asyl nicht als Gnadenakt des Staates gegenüber einem Fremden definiert, sondern als einklagbares Verfassungsrecht. „Ich wollte ein absolutes Asylrecht: bei dem jeder, der sich als politisch Verfolgter ausweist, auch aufgenommen werden muß!" betonte später der damalige Vorsitzende des Hauptausschusses des Parlamentarischen Rats, der im Dezember 1979 verstorbene SPD-Politiker Carlo Schmid.
Der in die Analen des Völkerrechts als ungewöhnlich liberal und human eingegangene Artikel 16 des Grundgesetzes der Bundesrepublik Deutschland bedeutet freilich nicht, daß jeder Ausländer damit automatisch ein Anrecht auf dauernden Aufenthalt in der Bundesrepublik hat. Er muß vielmehr eine „begründete Furcht vor politischer Verfolgung" nachzuweisen in der Lage sein. Das heißt, eine Verfolgung durch die Staatsorgane seines Heimatlandes. Ein Bürgerkrieg (wie beispielsweise im Libanon), wirtschaftliche Not oder einfach das Unbehagen am politischen System in der Heimat reichen nicht aus, um einen Asylantrag zu begründen.
Jeder Ausländer hat aber das Recht, daß sein Asylantrag geprüft wird. Zuständig ist dafür das Bundesamt zur Anerkennung ausländischer Flüchtlinge im bayrischen Zirndorf. Wird der Antrag von dem entsprechenden Anerkennungsausschuß abgelehnt, kann der Asylbewerber ein Gericht mit der Prüfung seiner Begründung beauftragen. Erst wenn selbst das Bundesverwaltungsgericht einen abschlägigen Bescheid erteilt, muß der Ausländer die Bundesrepublik verlassen.

Ein Grundrecht wird zum Problem

Zunächst schmückte Artikel 16 vorbehaltlos die Verfassung der Bundesrepublik. Da die Zahl der Asylbewerber in den ersten 20 Jahren vergleichsweise klein war, ergaben sich mit dem Anerkennungsverfahren und der Eingliederung der Ausländer, die vorwiegend aus Ostblock-Staaten kamen, keine größeren Probleme. Bis 1973 blieb die Zahl der Asylbewerber mit 5000 nahezu konstant. Lediglich 1956 (Ungarnaufstand) und 1968 (Einmarsch sowjetischer Truppen in die CSSR) kamen mehr als sonst. Über 70 Prozent betrug die Quote der endgültig anerkannten Asylanten. 1966 hatten sich die Länderinnenminister sogar darauf verständigt, Asylbewerber aus osteuropäischen Ländern selbst dann den unbeschränkten Aufenthalt in der Bundesrepublik zu erlauben, wenn ihr Asylantrag als unbegründet abgelehnt worden war. In den letzten Jahren begann jedoch die Zahl der Asylbewerber unaufhaltsam zu steigen. Die politischen und wirtschaftlichen Krisen in den Ländern der „Dritten" und „Vierten Welt" „entließen ihre Kinder". 16 Millionen Flüchtlinge sind nach den Schätzungen des Hohen Flüchtlingskommissariats der Vereinten Nationen (UNHCR) gegenwärtig in allen Erdteilen unterwegs.
Daß die reichen europäischen Industrienationen von dieser Massenodysee nicht unberührt blieben, dämmerte beispielsweise Anfang der 70er Jahre den Westdeutschen und ihren Politikern, als plötzlich vor allem Pakistani und Inder bei den Grenz- und Ausländerbehörden ihre Anträge auf politisches Asyl stellten.
Der bürokratische Anerkennungsapparat des bundesdeutschen Asylrechts drohte unter der Last der Anträge zusammenzubrechen. Die Asylverfahren begannen Jahre zu dauern, wobei die Anerkennungschancen der Antragsteller immer geringer wurden: Tatsächliche politische Verfolgung und pure wirtschaftliche Not ließen sich immer schwerer trennen. So wurde die Einschätzung der Antragsteller als politische Flüchtlinge oder „Wirtschaftsflüchtlinge" immer häufiger zu einer Frage des Standpunkts. Während die Ausländerbehörden meistens geneigt sind, in den Asylanträgen den Schlüssel für ein Leben in relativem Wohlstand zu sehen, verweisen Wohlfahrtsverbände und Kirchen darauf, daß Artikel 16 auch ein menschenwürdiges Leben im Heimatland voraussetzt; und dies sei bei vielen Asylbewerbern eben nicht der Fall. Die teilweise chaotischen innenpolitischen Verhältnisse in den entspre-

chenden Ländern gelten als Beweis. Bund und Länder reagierten 1978 auf die neue Situation mit einer Novellierung des Asylrechts, durch die Streichung verschiedener Instanzen sollte das Verfahren verkürzt werden.
Beispielsweise soll von 1980 an nicht mehr allein das Verwaltungsgericht Ansbach für die Klagen gegen die Entscheidungen des Zirndorfer Bundesamtes zuständig sein (Zirndorf gehört zum Verwaltungsgerichtsbezirk Ansbach), sondern die Verwaltungsgerichte der jeweiligen Bundesländer. Kritiker erinnern angesichts der Novelle an den ursprünglichen Geist des bundesdeutschen Asylrechts und warnen vor seiner Aushöhlung. Bei der 33. Konferenz für Ausländerfragen des Kirchlichen Außenamtes der Evangelischen Kirche in Deutschland wird das „Gesetz zur Beschleunigung des Asylrechts" mit den Worten kommentiert:
„Angesichts der Zunahme von Asylbewerbern in den letzten Jahren wurde die ausländerrechtliche Praxis zunehmend restriktiver. Da die Flüchtlingsnot und die Verletzungen elementarer Menschenrechte weltweit zugenommen haben, sollte diese Entwicklung zu Bedenken Anlaß geben. In der Bundesrepublik wurden bisher weniger als 50000 Asylbewerber anerkannt. Schon diese Zahlen fordern dazu auf, den nach dem Zweiten Weltkrieg wieder entstandenen Ruf der Bundesrepublik als traditionelles Aufnahmeland von Flüchtlingen nicht zu verlieren."
Von seiten der Bundesregierung wird dagegen betont, das Gesetz habe das Ziel, „den organisierten Mißbrauch des Asylrechts zu steuern". In der öffentlichen Diskussion tauchen neben der Bezeichnung „Wirtschaftsasylanten" Begriffe wie „Asylrechtsmißbrauch", „Asylerschleichung" und „Asyltourismus" auf. Der Rechtsexperte des Vertreters des Hohen Flüchtlingskommissars in der Bundesrepublik, Dr. Joachim Henkel, warnte vor einem leichtfertigen Umgang mit diesen, den Asylbewerbern nicht eben freundlich gesonnenen, Begriffen:
„Ausländer, die aus asylfremden Gründen Asyl beantragen, mißbrauchen nicht das Asylrecht, sondern allenfalls das Asylverfahren. Auch ein Mißbrauch des Asylverfahrens wird ihnen häufig nicht vorgeworfen werden können. Denn der Begriff des Mißbrauchs setzt auch ein besonderes subjektives Moment voraus. Mancher, der das Asylverfahren angeblich mißbraucht, weiß nicht einmal, daß er einen Asylantrag gestellt hat, weil dies ihn ausbeutende Schlepperorganisationen für ihn getan haben. Wieder andere haben zwar keine Asylgründe im Sinne des Artikel 16, sind aber fest davon überzeugt, Flüchtlinge zu sein, da sie bitterer Not entkommen sind. Noch bedenklicher ist der Begriff der ‚Asylerschleichung'. Damit könnte der Eindruck erweckt werden, als ob Ausländer, die als Asylberechtigte anerkannt werden, sich dieses Recht erschlichen haben und es somit nicht verdienen. Hier wird nicht nur gegenüber den Asylsuchenden, sondern sogar gegenüber den Asylberechtigten Mißtrauen gesät.
Der Begriff ‚Asyltourismus' spielt auf Asylsuchende an, die z. B. manchmal in ihr Herkunftsland zurückfahren, um dort ihre Familienangehörigen zu sehen. Sie fahren nicht zum Vergnügen hin und her, sondern meist können sie im Herkunftsland keine Arbeit finden und ihre Familie nicht ernähren. Dennoch möchten sie ihre Familie sehen. Ein verständlicher Wunsch, der wenig mit Tourismus zu tun hat.
Der Begriff ‚Wirtschaftsflüchtlinge' übersieht, daß sich in totalitär regierten Staaten wegen der engen Verflechtung von Staat und Wirtschaft im Arbeitsleben eine Diskriminierung Andersdenkender aus politischen Gründen bis hin zur asylrechtlich relevanten Vernichtung ihrer wirtschaftliche Existenz steigern kann!"
Noch war man in der Bundesrepublik bereit, über dieses Dilemma, seine humanitären und politischen Konsequenzen zu diskutieren. Von der bayerischen Landesregierung wurde die rigorose Abweisung „verdächtiger" Asylbewerber bereits durch den Bundesgrenzschutz angeregt. Dennoch verabschiedete der Bundestag 1978 eine Entschließung, die über die übliche Spruchpraxis bei der Anerkennung von Asylbewerbern hinausging. Der wesentlichste Punkt dieser Entschließung lautet:
„Es muß gemeinsam mit den Ländern geprüft werden, inwieweit Schutzsuchenden aus Bürgerkriegs- und anderen Krisengebieten, die nicht asylsuchend im engeren Sinn sind, im Rahmen der Möglichkeiten der Bundesrepublik Deutschland vorübergehende Hilfe nach den allgemeinen Vorschriften des Ausländerrechts gewährt werden kann, ohne sie auf das für sie regelmäßig aussichtslose Asylverfahren zu verweisen."
Diese Bonner Initiative blieb ohne gesetzgeberische bzw. politische Konsequenzen. Angesichts der weiteren Entwicklung des Asylanten-Problems hatte niemand daran Interesse. 1979 wurden in der Bundesrepublik 40300 Asylanträge gestellt. Besorgte Politiker sagten für das Jahr 1980 sogar 100000 bis 200000 Asylbewerber voraus, wenn sich am bundesdeutschen Asylrecht nichts Entscheidendes ändern würde. Im Wahljahr 1980 verschärfte sich die Diskussion über die Asylbewerber im Lande drastisch. Vorschläge über eine Änderung des Asylrechts, eine Kürzung des Verfahrens wurden von

Libanesisches Familienleben in Essen.

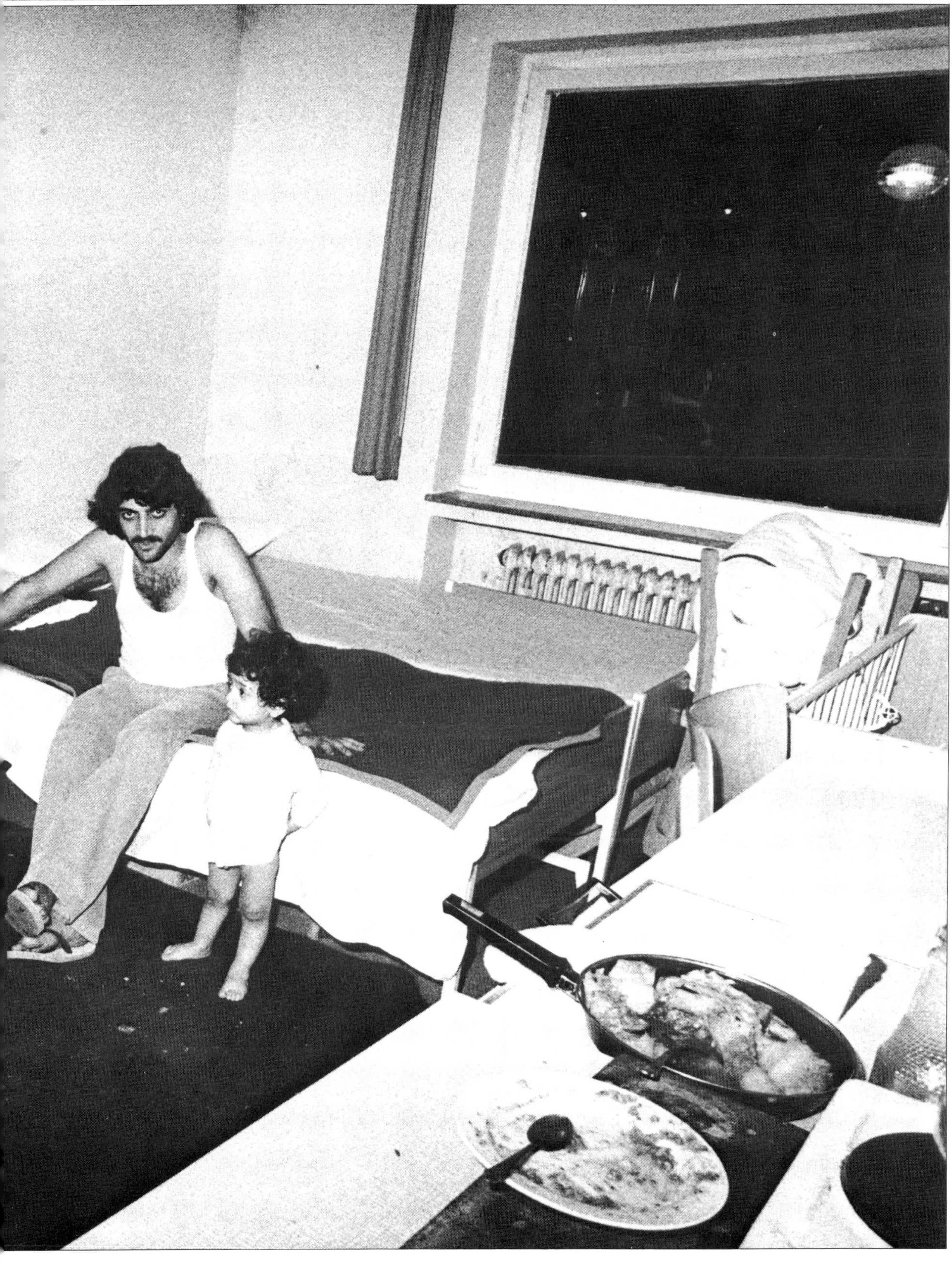

allen politischen Gruppierungen vorgelegt. Bundesregierung und Opposition benutzten das Thema zu heftigem Schlagabtausch. Die Städte und Gemeinden wehrten sich lautstark gegen die neuen Mitbürger, für die der Wohnraum knapp wurde. Privatinitiativen von Bürgern versuchten wenigstens menschlich den Fremden zu helfen. Mit begrenztem Erfolg. Hotels mußten zeitweilig für Asylbewerber angemietet werden. Die Ausländerbehörden machten Überstunden; in Stuttgart wurde die entsprechende Abteilung des Amts für öffentliche Ordnung zeitweilig wegen Überlastung geschlossen.

An eine nationale Katastrophe, an deren Rand Behörden und Politiker die Situation zu rücken im Begriff waren, glaubten allerdings weder der Hohe Flüchtlingskommissar der Vereinten Nationen und die Gefangenenhilfsorganisation „amnesty international“ noch die Kirchen und Wohlfahrtsverbände. Es hatte sich im Laufe der Jahre nämlich herausgestellt, daß gegenüber den ständig steigenden Bewerberzahlen, die Zahl der anerkannten Asylanten zurückgegangen war: wurden 1953 noch nahezu 52 Prozent und 1969 sogar 85 Prozent anerkannt, so sank der Prozentsatz nach 1970 kontinuierlich ab. 1977 fanden beispielsweise nur noch 15,6 Prozent der Asylanträge Anerkennung. Die Deutsche Bischofskonferenz kommentierte diese Entwicklung mit den Worten:

„Die Zahlen der Asylbewerber oder gar der wenigen Anerkannten sind dabei im Verhältnis zur Gesamtbevölkerung völlig unbedeutend. Nur etwa jeder 100. Ausländer unter uns ist ein anerkannter Flüchtling.“

Daß die Dauer der Anerkennungsverfahren unbedingt verkürzt werden muß, wird auch von den Kirchen und Hilfsorganisationen betont. Das wäre vor allem im Sinne der Asylbewerber, die nicht anerkannt werden. Nach einem fünf- bis siebenjährigen Aufenthalt in der Bundesrepublik ist eine Reintegration in das Heimatland nahezu unmöglich. „amnesty international“ regte deshalb eine entscheidende personelle Verstärkung der entsprechenden Kammern bei den Verwaltungsgerichten an, warnte aber gleichzeitig vor einer Verschärfung der asylrechtlichen Bestimmungen, da dies nicht mit dem humanitären Auftrag des Artikels 16 zu vereinbaren sei.

Bundesinnenminister Gerhard Baum teilte zunächst diese Auffassung. In den Frühjahr- und Sommermonaten 1980 wurde der Druck von seiten der Opposition und der Öffentlichkeit auf die Bundesregierung immer stärker. Die Regierungskoalition antwortete mit einem „Sofortprogramm“, nachdem auch der Städtetag zum wiederholten Male „eine härtere

Im Juli 1980 verweigerte die Stadt Frankfurt Asylbewerbern die A

·. 100 Ausländer werden in das Ausländerlager nach Zirndorf in Bayern abgeschoben, wo sie in Zelten untergebracht wurden.

Vierzig Asylbewerber teilen sich diesen Waschraum, bei dem außerdem ein Fenster eingeschlagen ist.

Zu viele für den deutschen Rettungsschwimmer Gezeichnet von Jupp Wolter

Aus den „Stuttgarter Nachrichten“ vom 10. April 1980.

Gangart gegen Asylmißbrauch“ gefordert hatte. Anfang Juni legte Innenminister Baum einen Maßnahmenkatalog vor, der die künftige Verweigerung der Arbeitserlaubnis für Asylbewerber für die Dauer des Anerkennungsverfahrens, den Ersatz von Sozialhilfe durch Sachleistungen sowie die Einweisung von Asylbewerbern in Sammellager enthielt. Darüber hinaus wurde für verschiedene Staaten eine Visa-Pflicht eingeführt. Ein Alternativentwurf der CDU/CSU erhielt im Bundestag keine Mehrheit. In ihm war neben einer noch weitergehenden Verschärfung des Asylrechts die Berufung von sogenannten „Grenzrichtern“ vorgeschlagen worden. Diese Richter sollten die Aufgabe haben, offensichtlich mißbräuchlich gestellte Asylanträge bereits an der Grenze zurückzuweisen.

CDU/CSU bezeichneten das „Schnell- bzw. Sofortprogramm“ der Bundesregierung als unzureichend, die Kirchen und Wohlfahrtsverbände äußerten Besorgnis in anderer Beziehung. Der Präsident des Diakonischen Werkes, Theodor Schober, meinte in einer dazu veröffentlichten Erklärung: „Asylsuchenden während des Asylverfahrens, mindestens für zwölf Monate, die Arbeitserlaubnis vorzuenthalten, bedeutet für die Betroffenen eine ernste und große menschliche Belastung!“ Das „Zweite Gesetz zur Beschleunigung des Asylverfahrens“ wird am 18. Juli 1980 auch vom Bundesrat verabschiedet, der dazu feststellt:

„Im Hinblick darauf, daß das vorliegende Gesetz wenigstens eine gewisse Beschleunigung des Verfahrens bringt und daher möglichst bald in Kraft treten sollte, sieht der Bundesrat davon ab, den Vermittlungsausschuß anzurufen. Er ist jedoch der Auffassung, daß alsbald weitere gesetzgeberische Maßnahmen ergriffen werden müssen, um die Flut der Asylverfahren innerhalb angemessener Zeit bewältigen zu können.“

Experten diskutieren jetzt die Frage, unter welchen Bedingungen Artikel 16 geändert werden könnte. So formulierte beispielsweise der Vizepräsident des Bundesverfassungsgerichts, Wolfgang Zeidler:

„Heute stehen wir vor der Frage, ob das damals (vom Parlamentarischen Rat, Anm. d. Verf.) gefundene verfassungsrechtliche Konzept noch trägt, ob es der politischen Vernunft, der ökonomischen Möglichkeit, der humanitären Verantwortung gerecht wird oder nicht vielmehr die gegenteiligen als die gewollten und die ihm zugedachten Wirkungen erzeugt." Allerdings: „Zur Dramatisierung auch der jetzt sich abzeichnenden Situation, zu Panik und Übereilung besteht allerdings kein Anlaß. Die Zahl von 120000 Asylbewerbern (im Jahr 1980) bedeutet 0,2 Prozent unserer Bevölkerung."
Carlo Schmid, einer der „Väter" des Artikels 16, warnte in einem Interview kurz vor seinem Tod, im Herbst 1979:
„Bei all diesen Rechten läuft man Gefahr, daß sie mißbraucht werden, das läßt sich nicht verhindern. Man muß sich eben fragen, ob man entweder die Möglichkeit hat, sich vor dem Mißbrauch zu schützen oder nicht bereit ist, um des moralischen Willens wegen, der in diesem Rechtsanspruch liegt, die Möglichkeit des Rechtsmißbrauchs zu riskieren. Das ist sehr, sehr kompliziert. Trotzdem würde ich es nicht ändern. Der moralische Faktor, der im Asylrecht liegt, ist etwas so Wertvolles ... Daß die, die um ihres Glaubens willen oder ihrer Vorstellung von der Würde des Menschen Verfolgung erlitten haben, zu uns kommen können und hier nach ihrem Glauben leben können, das ehrt einen Staat und ehrt ein Volk ..."

Die „Kontingent"-Flüchtlinge

Daß eine verhältnismäßig große Zahl von Flüchtlingen aus Ländern, die nicht zum Ostblock zu zählen sind, ins Land kommen können, erlebten die Westdeutschen zum erstenmal Anfang und Mitte der 70er Jahre. Griechen und Perser – zum Beispiel – die den heimischen Diktaturen entflohen waren, baten um Asyl. Als 1973 in Chile die Regierung des Sozialisten Allende blutig niedergeputscht worden war, verpflichtete der Hohe Flüchtlingskommissar der Vereinten Nationen die Bundesrepublik, im Rahmen einer „Humanitären Hilfsaktion" ein „Kontingent" von 2000 Chilenen aufzunehmen. Menschen, die durch das Regime des Obristen Pinochets Folter, Gefängnis und Tod zu erwarten bzw. ersteres bereits hinter sich hatten.
Länderregierungen und weite Teile der Öffentlichkeit reagierten auf die Ankündigung der neuen Mitbürger reserviert. Nur schleppend fanden sie Aufnahme. Baden-Württembergs damaliger Ministerpräsident Hans Filbinger sprach von „kriminellen Kommunisten", die ins Land „drängten". Zu diesen Flüchtlingen gehörte auch der Journalist Alvaro Rojas. Zu seiner Flucht aus Chile sagte er später:
„Ich habe in Chile als Journalist gearbeitet. Vor dem Putsch leitete ich eine Kampagne, die sich mit einem Folterprozeß beschäftigte. Es ging da um gewisse „Vorkommnisse" in der Marine. Vor allem die militärische Führung spielte dabei eine üble Rolle. Nach dem Putsch bin ich wegen dieser Aktivitäten und der Reportagen, die ich darüber geschrieben hatte, verhaftet worden – von Angehörigen der Marine. Sie schickten mich in ein Konzentrationslager, ohne Anklage, ohne Prozeß. Da blieb ich 13 Monate. Dann hatte ich die Möglichkeit, nach Deutschland zu kommen. Wir haben dieses Land nicht als zweite Heimat gewollt, aber wir konnten damals nicht wählen. Wir sind einfach verteilt worden. Es sagte einmal jemand, Emigration oder Exil seien ein Tod, das Ende einer großen Liebe. Man geht durch die Straßen wie ein Zombie, versteht nichts, ist in einer totalen, isolierten, bösen Fremde."
Ein aus Brasilien geflüchteter Priester hat die erste Zeit als Asylant ähnlich beschrieben:
„Wenn ich nicht über den Büchern saß, verbrachte ich meine Zeit damit, neue Dinge und neue Menschen zu entdecken. Dies ging so zwei Monate lang. Um Weihnachten lehrten mich dann der Winter und das Heimweh – und noch einige andere Dinge –, was es wirklich bedeutet, ein Fremder zu sein. Der Schock wurde vor allem durch die Ausweispapiere verursacht, die ich von der Polizei erhielt, das heißt, die Aufenthaltsgenehmigung für Ausländer, den Ausweis für politische Flüchtlinge, den Paß für politische Flüchtlinge. Diese Papiere erinnerten mich ständig daran, daß ich Ausländer war! Ausländer, das heißt ein Fremder und dazu ein politischer Flüchtling. Diese ‚Bestätigung' und dazu die Kälte und das Heimweh machten mir unmißverständlich klar, daß das Exil begonnen hatte."
Wie diese Schrecken des Asyls auf die Kinder der Emigranten wirken, schilderte 1977 ein exilierter Chilene in einem Brief, den eine Exilzeitschrift veröffentlichte:
„Die Kinder, die chilenischen Kinder, die in diese Gegend der Welt, die sich Europa nennt, gekommen sind, eine Welt, von der so viele gute und auch so viele schlechte Dinge bis zu uns geraten sind, diese Kinder sind unschuldig. Sie haben nichts dazu getan.

Außer leben und lachen, wie es Kinder tun, taten sie nichts. Die ersten Eindrücke waren faszinierend und nostalgisch zugleich für sie, die Kinder. Die Ankunft am Flughafen überwältigte sie; ließ sie aber zurück in einer Mischung aus Angst, Vergnügen und Neugierde. Uns bombardierten sie mit Fragen. Auf viele von ihnen gab es keine Antwort, weil wir genauso unwissend waren wie sie.
Dann kam das Zusammentreffen mit dieser Gesellschaft hier. Die Kinder entdeckten sofort, daß hier nicht dieselbe Sprache gesprochen wurde wie in Chile und daß sie sich nicht mit anderen Kindern verständigen konnten. Wir kamen in ein Übergangslager, wo auch Kinder aus anderen Ländern waren: Russen, Rumänen, Türken, Kroaten, Griechen und Afrikaner – aus Ländern, deren Namen wir nicht behalten konnten. Alle sprachen eine andere Sprache. Für die Kinder war es ein Schock, ein Verlust ihres inneren Gleichgewichts, überhaupt ein Verlust des Selbstvertrauens, der Eigenschaft, die bei Kindern so normal ist. Sie sahen sich damit konfrontiert, daß sie völlig aufs neue eine Sprache lernen mußten. Sie brauchten sie, um zu spielen, sich zu verständigen, um Freunde zu gewinnen. Und sie lernten die Sprache von Grund auf in wenigen Monaten, und sie lernen sie noch bis zum heutigen Tag."
Die Schwierigkeiten der Kinder mit der neuen Welt verdeutlichen dem Asylanten die eigene Erfahrung mit dem Exil. Der Autor des Briefes an anderer Stelle:
„In diesem Prozeß begann auch unsere Sprache zu verblassen, an Inhalt und Gültigkeit zu verlieren. Es fing an, so etwas wie eine seltsame Angewohnheit der Alten zu werden. Hier ein kleines, aber beachtenswertes Detail, letztlich doch seltsam: Die Kinder sagen: ‚Meine Mami, mein Papi, die sprechen Spanisch'. Das klingt so, als wenn in Chile jemand sagen würde, daß sie bei sich zu Hause Altgriechisch oder Lateinisch sprechen. Für sie, die Kinder, ist Spanisch so etwas wie eine tote Sprache. Ihre ganze Welt ist jetzt Deutsch. Ihre Freunde im Nebenhaus, ihre Spielkameraden im Kindergarten, die Straße, die Leute, die Sesamstraße im Fernsehen, die Gute-Nacht-Geschichte am Abend, alles ist deutsch. Wir wollen nicht eingreifen, weil die Kinder nun einmal eine Heimat brauchen. Wir haben unsere Heimat verloren, ohne es gewollt zu haben, aber sie, die Kinder, sind unschuldig, und wir wollen ihnen auf jeden Fall eine Heimat geben. Es ist klar, es ist eine Heimat ohne Großeltern. Alle deutschen Kinder haben eine Tante und viele Vettern und Kusinen. Alle deutschen Kinder haben eine Oma und einen Opa, aber sie, unsere Kinder, nicht. Ich weiß, daß Dir, Chile, das wie ein Verrat scheinen mag und daß Deine spontane Reaktion sein muß: ‚Bring ihnen Spanisch bei, damit sie nicht die Bindung zum Vaterland verlieren, damit sie mich nicht vergessen. Kümmere Dich drum!'"
Das ist für die sogenannten „Kontingentflüchtlinge" in der Bundesrepublik schwierig bis unmöglich. Obwohl sich der Staat verpflichtet hat, diesen Fremden ein ihnen gemäßes Leben zu ermöglichen, ist ihr Dasein meistens deprimierend. Von Integration kann nur in Ansätzen die Rede sein.
Es sind meist engagierte Intellektuelle, Gewerkschafter oder Mitglieder der gestürzten demokratischen Regierungen, die in Europa wieder „freie Luft zum atmen erhofften", wie es einer von ihnen ausdrückte.
Sie waren deshalb bestürzt, in der Bundesrepublik als „notwendige Übel" empfangen zu werden. Die psychische Belastung durch die Emigration, die durchstandenen Strapazen hatte bereits in diesen Jahren nur marginale Bedeutung in der einsetzenden Debatte über die Belastbarkeit der Bundesrepublik durch Asylanten. Ein Chilene erinnert sich vor diesem Hintergrund an seine Ankunft in der Bundesrepublik:
„Auf dem Stuttgarter Flughafen bin ich von einem Beamten des Innenministeriums empfangen worden. Er sagte: ‚Sie sind hier in ihrer neuen Heimat, Sie werden hier das und das und das ... Zunächst fahren Sie mit ihrer Familie nach Rastatt in das Übergangslager'. In diesem Lager sind wir gut behandelt worden. Aber wir haben überhaupt keine Information erhalten, welche Rechte und Pflichten wir hier haben. Wir sind ein bißchen wie eine Ware behandelt worden. Nachher sind wir nach Karlsruhe gekommen und da hatten wir überhaupt keine Ahnung, was mit uns und unseren Familien geschehen sollte. Wir hatten keine Wohnung, nicht einmal die Aussicht darauf; keine Arbeit, keine Möglichkeit Deutsch zu lernen. Wir sind von einer bürokratischen Stelle zur anderen geschickt worden und von Asylrecht haben wir überhaupt nichts gehört, nichts gehört ..."
Eingliederungsmodelle und Sprachkurse konnten im Durchschnitt nur gedämpfte Ergebnisse vorweisen. Es fehlte an Konzepten, vieles blieb zwischen Planung und Praxis auf der Strecke; die Asylanten bekamen unmißverständlich zu spüren, welche „Umstände" sie ihren Gastgebern machen. Allein die Wohlfahrtsverbände und die Gefangenenhilfsorganisation „amnesty international" versuchten Hilfen zu geben, die über den Tag und das absolut Notwendige hinausgingen.

Die „Boat People"

Zwischen 1975 und 1980 wurde die Welt durch die Massenmedien Zeuge des Flüchtlingselends in Südostasien: Seit 1975 sind rund eine Million Menschen aus Laos, Vietnam und Kampuschea geflohen. Eine halbe Million fand in südostasiatischen Ländern Aufnahme, 200000 wanderten in sogenannte „Drittländer" weiter, der Rest vegetierte in Transitlagern oder wagte die Flucht über das Meer. Ihr Schicksal mobilisierte in Europa eine bis dahin nur schwer vorstellbare „Welle" der Hilfsbereitschaft.
Das Fernsehen brachte die Bilder der Ertrinkenden aus dem chinesischen Meer vor allem von Herbst 1978 bis Sommer 1979 unübersehbar ins Haus. Zeitungen und Zeitschriften, das ARD-Magazin „Report" und die Wohlfahrtsverbände organisierten Spendenaktionen für die „Boat People". Sie machten sich dabei sogar gegenseitig Konkurrenz. So wurde das „Deutsche Rote Kreuz" bei der „Report"-Redaktion vorstellig, als diese sich in einer Sondersendung für die Aktion „Ein Schiff für Vietnam" mit besonderem Nachdruck eingesetzt hatte. Bei dieser französisch-deutschen Privatinitiative war der Frachter „Cap Anamour" zu einem Lazarettschiff umgerüstet worden und nahm sich im Chinesischen Meer der Bootsflüchtlinge an. Einige Monate später setzte das DRK mit der „Flora" ein eigenes Hilfsschiff ein. Zu seiner Mitfinanzierung rief die Tageszeitung DIE WELT ihre Leser auf. DIE ZEIT initiierte eine eigene gezielte Hilfsaktion, um 250 Insassen eines Flüchtlingslagers in die Bundesrepublik zu holen. Bei soviel Hilfsbereitschaft der Bundesbürger waren die Bundesregierung, Ämter und Behörden lange Wochen und Monate überfordert.
Bonn erklärte sich schließlich bereit, ein „Kontingent" von 20000 Flüchtlingen aus Südostasien in der Bundesrepublik aufzunehmen. Dazu verabschiedete die Bundesregierung im August 1979 ein Hilfsprogramm. Über 52 Millionen Mark wurden dafür bereitgestellt. Die Bundesrepublik beteiligte sich damit an den Indochinaprogrammen des Hohen Flüchtlingskommissars und des Internationalen Roten Kreuzes; an der Organisation und Finanzierung der Beförderung der Flüchtlinge in das Bundesgebiet sowie der Finanzierung von Transporten in Drittländer. Die Aktionen der deutschen Wohlfahrtsverbände an Ort und Stelle, aber auch zur Eingliederung der Flüchtlinge in die Bundesrepublik, wurden durch das Programm großzügig finanziert.

Zur „Aufnahmepolitik" stellte die Bundesregierung ergänzend fest:
„Die Fähigkeit und die Bereitschaft insbesondere von Thailand und Malaysia, weiteren Flüchtlingen die Landung zu erlauben und sie nicht über die Grenze oder aufs Meer zurückzuschicken und damit oft dem sicheren Tod auszuliefern, steht und fällt mit der zügigen Entlastung der Auffanglager durch Übernahme in Drittländer."
Der Generalsekretär des Deutschen Roten Kreuzes, Jürgen Schilling, machte angesichts des Flüchtlingselends in nahezu allen Ländern Südostasiens den Vorschlag „Kauft den Flüchtlingen eine Insel!" So die Überschrift eines Artikels, den Schilling in der WELT veröffentlichte. Darin wies er auf die „Grenzen der Belastbarkeit der Bundesrepublik" durch Flüchtlinge bzw. Asylanten hin. Wörtlich: „... aber niemand weiß, wie die öffentliche Meinung auf Dauer reagiert, falls die Veränderungen in der Weltwirtschaft eine engere Perspektive unserer sozialen Möglichkeiten vermitteln". Die Bundesrepublik – so meinte Schilling weiter – werde sich auf Jahre hinaus Flüchtlingströmen gegenübersehen. Trotz der gegenwärtigen Spendenfreudigkeit und Weitherzigkeit der Bundesbürger angesichts der Südostasienflüchtlinge gab der DRK-Funktionär zu bedenken: „Es gibt eine hohe Dunkelziffer wachsenden Unbehagens wegen der nicht enden wollenden Zuwanderung von Fremden bei der Bevölkerung. Eine prononciert internationalistische Einstellung mag den einzelnen ehren, typisch für die Mehrheitsmeinung ist sie nicht."
Deshalb wurde der Bundesregierung von Jürgen Schilling empfohlen, sie möge sich dafür einsetzen, daß für die Flüchtlinge aus Vietnam usw. in ihrem angestammten südostasiatischen Kulturraum mit internationalen Hilfsgeldern eine Insel gemietet werde: „Im übrigen braucht kein Staat so weit zu gehen, Land zu verkaufen. Sicher würde es die Dinge erleichtern, wenn sich die UN damit zufrieden gäbe, Land auf 99 Jahre zu pachten, wie das frühere Deutsche Reich das Gebiet von Kiautschou vom chinesischen Kaiserreich gepachtet hatte. Es bliebe der Zukunft überlassen, ob ein solches Treuhandgebiet der UN eines Tages Staatenqualität bekäme oder vom Verpächter wiederum in sein Staatsgebiet integriert würde."
Der DRK-Generalsekretär vermochte es nicht, sich mit seinem Vorschlag durchzusetzen.
Die Bundesregierung betonte in ihrem Flüchtlingsprogramm den Gedanken der Integration:
„Die Bundesregierung hat alle Vorkehrungen getroffen, um eine schnelle und unbürokratische Aufnahme der Flüchtlinge zu ermöglichen.

Publizistische Hilfe der ZEIT für die Rettung einer Vietnamesischen Familie.

Die ausländischen Flüchtlinge, die im Rahmen humanitärer Hilfsaktionen von der Bundesregierung durch Erteilung eines Sichtvermerks einer Auslandsvertretung der Bundesrepublik Deutschland oder durch Übernahmeerklärung des Bundesministers des Innern aufgenommen werden (Kontingentflüchtlinge), sollen mit den anerkannten Asylberechtigten in wirtschaftlicher und sozialer Hinsicht gleichbehandelt werden. Die Kontingentflüchtlinge kommen damit unmittelbar in den Genuß von Eingliederungshilfen, ohne das Asylverfahren durchlaufen zu müssen."

Danach gibt es in der Bundesrepublik zwei Kategorien von Asylanten. Durch ein „Kontingentflüchtlingsgesetz", das im August 1980 in Kraft getreten ist, wurde dieses „Zwei-Klassen-System" von Kontingentflüchtlingen und „gewöhnlichen" Asylbewerbern" weiter zementiert. Die „Konferenz der Ausländerpfarrer" äußerte sich dazu im Herbst 1979 in einer Stellungnahme: „Die Konferenz der Ausländerpfarrer appelliert an die zuständigen Stellen, bei der Aufnahme von politisch Verfolgten nicht mit zweierlei Maß zu messen. Die für Indochinaflüchtlinge vorgesehenen Eingliederungshilfen sollten auch für andere Flüchtlinge bereitgestellt werden. Kontingentflüchtlinge sollten gleichbehandelt werden – die vom Innenministerium durchgeführten Sicherheitsüberprüfungen z. B. für Flüchtlinge aus Chile und Argentinien sollten wegfallen."

Ursula Konfitin, die für Flüchtlinge zuständige Referentin der Arbeiterwohlfahrt, schrieb mit ähnlichem Tenor im November 1979:

„Die Not der Indochinaflüchtlinge hat eine erstaunlich große Hilfsbereitschaft des Bürgers in unserem Lande geweckt. Das Elend der Flüchtlinge anderer Länder wird dagegen weithin nicht gesehen, stößt auf Unverständnis oder Hilfeverweigerung. Asylsuchende Türken, Libanesen, Palästinenser, Inder und Südamerikaner werden allenfalls geduldet, häufig aber sogar unter Beifall abgeschoben oder in primitiven Massenlagern untergebracht. Kritisch meint die Autorin zum damals neuen Bundesprogramm: „Es ist jedoch auf Modelle beschränkt; die psychosoziale Not der Flüchtlinge dagegen ist überall in der Bundesrepublik, wo sie zumeist mangelhaft Beratung und Hilfe erhalten!"

Bevor die ersten Flüchtlinge aus Südostasien im Winter 1978/79 von bundesdeutschen Politikern empfangen wurden, meinten Skeptiker bezweifeln zu können, daß es sich bei den „Boat People" um tatsächlich politisch Verfolgte handelt. Es seien vielmehr wirtschaftliche Gründe, die einst wohlhabende Vietnamesen aus ihrem bankrotten kommunistischen Staatswesen vertrieben. Dazu veröffentlichte der angesehene vietnamesische Mathematiker Thon That Long, der 1979 sein Heimatland mit einem Boot verlassen hatte, in der französischen Tageszeitung LE MONDE einen Leserbrief, in dem steht:

„Vietnam ist eines der ärmsten Länder der Erde, aber es hat eine reguläre Armee von mehr als einer Million Menschen. 1978 hat es drei Mobilmachungskampagnen durchgeführt und kürzlich die allgemeine Mobilmachung erklärt, um das ehemalige Südvietnam zu befriedigen, Laos zu kontrollieren, Kambodscha zu besetzen und mit China zu kämpfen ... Und natürlich hat die Bevölkerung den Preis dafür bezahlt. Die allerelementarsten demokratischen Freiheiten werden mit Füßen getreten ... Der Elementarrechte beraubt, erniedrigt durch die neuen Behörden, muß eine große Zahl Intellektueller des alten Regimes unqualifizierte manuelle Berufe ausüben oder über die hohe See Zuflucht im Ausland suchen ... Seit 1977 habe ich die Gewißheit, daß die Vietnamesische Kommunistische Partei eine falsche kommunistische Partei ist, die sich im Wesentlichen aus mehr als einer Million unehrenwerter, inhumaner, ignoranter, korrupter Faschisten zusammensetzt. Auf Grund meiner in den pro Schuljahr zweimonatigen obligatorischen politischen Studienkursen geäußerten Meinung, wurde ich von 1977 bis zu meiner Abreise unter Hausarrest gestellt. Der Staat hat ein Interesse, die Flüchtlinge zu ‚exportieren': Beschlagnahmung der Häuser und des Besitzes der Emigranten, Eintreibung hoher Kopfgelder für die Ausreise, Abreise der Leute, in welche die Behörden kein Vertrauen haben ..."

Eine neue Spielart politischer Verfolgung wurde damit den westdeutschen Asylbehörden offenbart. Beobachter waren erstaunt, wie reibungslos die Asylgründe der Flüchtlinge aus Südostasien von der Bürokratie akzeptiert wurden, da bei anderen Asylbewerbern meist bemerkenswerte Zurückhaltung festzustellen war und ist.

Die Vermutung lag nahe, die bundesdeutsche Hilfsbereitschaft werde durch die Tatsache beflügelt, daß es sich um Flüchtlinge aus einem kommunistisch regierten Land handelte. Der Theologe Helmut Gollwitzer fragte deshalb: „Wo war die Humanität derjenigen, die heute über die vietnamesische Regierung herfallen, wegen der im Meer ertrinkenden Flüchtlingskinder, damals, als amerikanisches Napalm auf die vietnamesischen Kinder herabregnete?"

Doch dieser mildtätige Empfang der Flüchtlinge aus Südostasien wirkte nicht lange nach. Schon nach wenigen Wochen waren die Asylanten dem öffentlichen Bewußtsein und damit der allgemeinen Anteil-

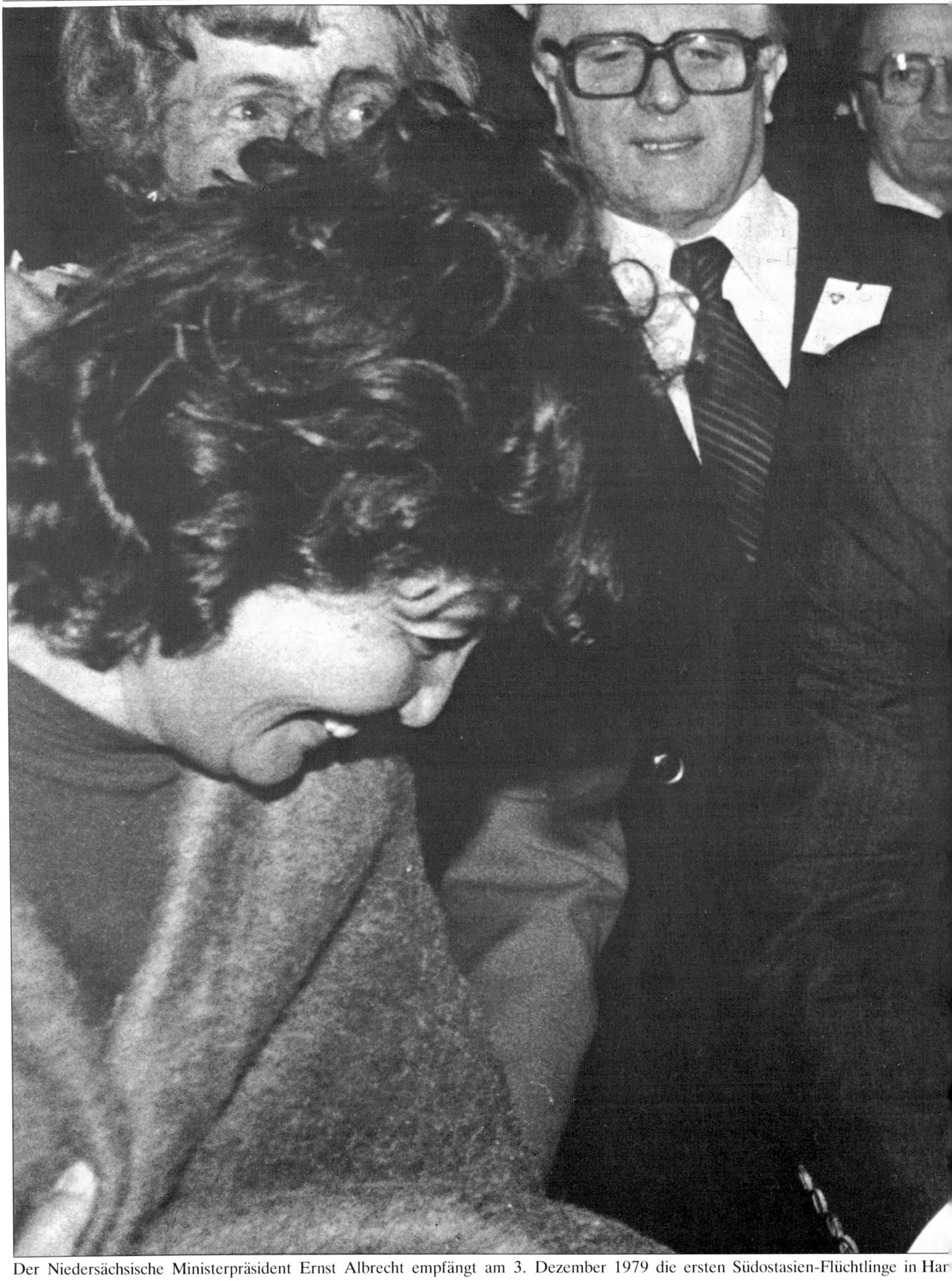

Der Niedersächsische Ministerpräsident Ernst Albrecht empfängt am 3. Dezember 1979 die ersten Südostasien-Flüchtlinge in Har

ngenhagen.

Selbst die liberalere Öffentlichkeit mobilisiert im Frühjahr und Sommer 1980 Aversionen gegen Asylbewerber.
Diese Karikatur von Sepp Buchegger veröffentlichte das „Schwäbische Tagblatt" in Tübingen am 17. April 1980.

nahme an ihrem Schicksal entrückt. Die „Boat People", die später kamen, erlebten die gewohnte Gleichgültigkeit gegenüber Fremden. Als beispielsweise im Dezember 1979 eine Gruppe von vietnamesischen Flüchtlingen nach Göppingen bei Stuttgart kam, wurden ihnen Räume in einem ehemaligen Krankenhaus zur Verfügung gestellt. Der wenige Monate vorher geräumte Gebäudekomplex sollte ursprünglich abgerissen werden. Eine Sozialarbeiterin, die die Gruppe begleitete, berichtete in einer Rundfunksendung von den unzulänglichen räumlichen Verhältnissen, die die Vietnamesen in Göppingen erwarteten:
„Es war sehr lobenswert, daß das Kreiskrankenhaus zur Verfügung gestellt wurde. Man hatte dabei aber übersehen, daß das Kreiskrankenhaus, von dem wir annahmen, es sei voll funktionsfähig, geräumt worden war und zwar mit allem, was nicht niet- und nagelfest ist. Das heißt, die Schlösser fehlten an den Türen und es waren keine Lampen in den Räumen. Wir haben zum Teil mit Taschenlampen sortiert, die Räume waren völlig leer. Sie können sich nicht vorstellen, wie es da ausgesehen hat. Die Bevölkerung hat in dem Moment erst angefangen zu spenden, als die ersten Vietnamesen bereits da waren."

„... in einem Käfig ..."

Auf Anordnung der Bundesregierung wurde den Asylanten aus Südostasien schnell und unbürokratisch die Teilnahme an Deutschkursen ermöglicht. Die anschließende Arbeitsplatzbeschaffung gestaltete sich jedoch schwieriger. Verhältnismäßig schnell entstand ohne deutsche Hilfestellung eine „vietnamesische Subkultur" in der Bundesrepublik. Vietnamesische Zeitungen und Vereine entstanden. Daran waren die bereits in der Bundesrepublik bestehenden Organisationen von vietnamesischen Studenten wesentlich beteiligt. Ehemalige Studenten aus Vietnam wurden von den Wohlfahrtsverbänden als Dolmetscher bestellt, wo sie sich jedoch schon bald auf „verlorenem Posten" fühlten; sie wurden mit Aufgaben betraut, die eigentlich nur von Sozialarbeitern zu bewältigen waren.
Mit asiatischer Höflichkeit zogen sich die Emigranten aus Südostasien in ihre eigenen Gruppen zurück, nachdem das öffentliche Interesse an ihnen versiegt war. Von einigen deutschen Initiativen zur Hilfe der „Boat People" abgesehen, die nach einigen Monaten noch arbeiteten, überließ man die „neuen Nachbarn" weitgehend sich selber.
Nach ihren Eindrücken in der neuen deutschen Umgebung gefragt, antwortete eine Vietnamesin nach einem Jahr Aufenthalt in der Bundesrepublik: „Deutschland ist fremd für mich, ich bin hier eine Fremde – das Essen, die Sprache: Ich verstehe das sehr schwer. In Vietnam läuft zum Beispiel keine Frau mit dem Hund auf der Straße, Hunde sind auch nicht so teuer wie in Deutschland. Die Deutschen laufen sehr schnell, essen schnell und haben wenig Zeit!"
Das Schicksal der Isolation teilt sie mit sämtlichen Asylanten, die in den vergangenen Jahren in die Bundesrepublik kamen. Die meisten betonen, häufig nicht ohne Bitterkeit, daß sich in der deutschen Umgebung im Laufe der Zeit das Bewußtsein sogar noch verstärkt, ein im Grunde unerwünschter Fremder zu sein.
In dem bereits zitierten Brief eines Chilenen steht dazu:
„Man ist immer der Fremde, auch wenn man die Sprache versteht, auch wenn man von der älteren und neueren Geschichte Deutschlands etwas weiß. Man bleibt immer abseits, vorbelastet mit einer anderen Geschichte, und man fühlt, daß man zu anderen Vorfahren gehört. Der Fremde versteht die Feinheiten der Sprache nicht. Er kennt die Erinnerungen nicht, die in den Worten liegen. Der Fremde

spricht die Sprache wie ein Skelett, obwohl er sich grammatikalisch richtig ausdrückt.
Hier in Deutschland sind die Bedingungen für den Fremden besonders schwierig: Die Deutschen lieben die Fremden nicht, sie tolerieren sie. Sie lieben sie nicht, weil die Fremden normalerweise hierher kommen, um sehr niedrige Arbeiten zu verrichten. Für die Deutschen sind die Fremden äußerst primitive Personen. Die Fremden haben in der deutschen Geschichte bedeutet: Besatzungstruppen, und die sind immer schlimm auf beiden Seiten, seien es nun die Alliierten oder seien es die Russen. Sie vergewaltigten die Frauen, bombardierten die Städte, gewannen den Krieg. Und die Sieger haben sich im Laufe der Geschichte immer gleich benommen. Dabei ist es nicht gleichgültig, daß eines bei uns anders ist: Wir kennen keine Niederlage und keine Invasion eines fremden Heeres. Wir lieben die Fremden, und das weißt Du, Chile, genau. Denn sie bringen uns neuartige Lüfte aus anderen weit entfernten Erdteilen, sie kommen in diese unsere Gegend, unsere Ecke im entferntesten Winkel der Welt und lehren uns Dinge. Aber hier in Deutschland hat keiner von uns etwas, was er den Deutschen beibringen könnte. Sie haben alles schon erlebt und haben schon alles hinter sich. Sie sind die Schauspieler in der größten menschlichen Tragödie dieses Jahrhunderts und vielleicht in der Geschichte überhaupt. Deswegen ist es eine harte Aufgabe, Fremder in Deutschland zu sein. Wir werden zurückgewiesen, beileibe nicht auf brutale oder stupide Art und Weise, sondern vornehm und subtil. Wir sind isoliert in dem Sinne, daß die Deutschen uns nicht das Gefühl geben, Anteil zu haben an der profunden Mitschuld, die darin besteht, daß man dem Schicksal einer Nation auf Gedeih und Verderb verpflichtet ist. Und genau das Gegenteil davon passiert in jenen Ländern, wo Fremde akzeptiert werden, indem sie am Schicksal des Landes teilhaben dürfen. Denn so geht es ja auch denen, die sich mit Dir, Chile, mit Deinem Schicksal und Deiner Zukunft beschäftigen, beschäftigen müssen und oft dadurch sogar einen entscheidenden Einfluß auf Dich ausüben. Und das liegt daran, daß Du, mein Chile, immer ein Asyl, eine Zuflucht gegen die Unterdrückung warst. Du warst immer das Land der Hoffnung und der Freiheit."

Die „Asylbewerber"

Ausländer, die nicht im Rahmen einer international abgestimmten, „humanitären Hilfsaktion" in der Bundesrepublik Aufnahme finden, sondern bei den Grenz- bzw. Ausländerbehörden einen individuellen Asylantrag stellen, sind dem langwierigen und komplizierten Anerkennungsverfahren unterworfen. Die in den letzten Jahren gestiegenen Zahlen dieser Ausländer waren der unmittelbare Anlaß für die Frage nach den „Grenzen der Belastbarkeit der Bundesrepublik durch Fremde". Am Anfang des juristischen Verfahrens zur Anerkennung eines Ausländers als politisch Verfolgter steht die örtliche Ausländerbehörde. Hier oder unmittelbar bei der Einreise an der Grenze muß er zu erkennen geben, daß er in der Bundesrepublik um Asyl nachsuchen will. Ihm wird dann zunächst eine sogenannte „Duldung" erteilt, die bis zum Sommer 1980 automatisch mit einer Arbeitserlaubnis verbunden war. Mit der Einführung des „Sofortprogramms" der Bundesregierung wurde dies untersagt.
Nach einer ersten „Anhörung" durch die Ausländerbehörde wird der Antrag von den Beamten des Bundesamtes für die Anerkennung ausländischer Flüchtlinge geprüft. Als Orientierungshilfen für die tatsächliche oder vermeintliche politische Verfolgung des Antragstellers im Heimatland dienen Informationen des Auswärtigen Amtes und internationaler Hilfsorganisationen wie „amnesty international", aber auch der Nachrichtendienste. Bei einer Ablehnung seines Antrags durch die Zirndorfer Behörde wird der Asylbewerber aufgefordert, die Bundesrepublik innerhalb von vier Wochen zu verlassen. Ansonsten droht ihm die Abschiebung durch die Polizei. Es gibt allerdings die Möglichkeit für die Ausländerbehörden, eine drohende Abschiebung auszusetzen und den Aufenthalt des betreffenden Ausländers stillschweigend zu „dulden". Nicht selten tauchen allerdings Ausländer nach einem abschlägigen Bescheid ihres Asylantrags in der Illegalität unter. Solange, bis sie bei einer Polizei-Razzia entdeckt werden.
Kritiker des „Sofortprogramms" befürchten, daß durch die neuen restriktiven Bestimmungen die Zahl der illegal in der Bundesrepublik lebenden Ausländer drastisch erhöht wird. Arbeit finden Asylbewerber nämlich allemal. So haben die Industrie- und Handelskammern nicht aus humanitären Erwägungen von einer Verweigerung der Arbeitserlaubnis abgeraten.
Asylbewerber – ob sie nun politisch Verfolgte sind oder nicht – führen in der Bundesrepublik meist ein

Eine Bombe zerstörte dieses Zimmer einer Asylantenunterkunft in Lörrach.

Leben im Abseits: der Ausbeutung schutzlos preisgegeben.
So sind sie leichte Opfer krimineller Schlepperorganisationen, die über beste Verbindungen zu jenen bundesdeutschen Wirtschaftszweigen verfügen, die über Beschäftigungsengpässe bei Hilfskräften klagen. Es gibt genügend Unternehmen im Bereich der Bauwirtschaft und des Hotel- und Gaststättengewerbes, die es mit der Arbeitserlaubnis der Ausländer nicht so genau nehmen und die auch die Hintergründe der Vermittlung ihrer Mitarbeiter in den unteren Lohngruppen wenig kümmert. Mit ihrer gesamten Existenz sind vor allem aussichtslose Asylbewerber diesen „Arbeitsvermittlern" ausgeliefert. Die Angst vor der Ausländerbehörde macht sie zu willfährigen Objekten, die beliebig ausgenutzt werden können. Soziale oder rechtliche Absicherungen gibt es für sie nicht. Wer sich dem Diktat des „Vermittlers" nicht bedingungslos fügt, wird der Polizei gemeldet, die seine sofortige Ausweisung anordnet. Die Behörden in der Bundesrepublik sind gegenüber dieser modernen Form des Menschenhandels machtlos.
Die allgemeine Wohnraumnot wirkt sich auf Asylbewerber als soziale Randgruppe besonders kraß aus. Sofern sie auf dem freien Wohnungsmarkt überhaupt ein Unterkommen finden, können sie sicher sein, von Geschäftemachern brutal ausgenutzt zu werden. Ein alltägliches Beispiel, das zufällig publik wurde: In Stuttgart lebten 15 Pakistani in einem zwölf Quadratmeter großen Zimmer, für das sie 450 Mark Monatsmiete bezahlen mußten. An der Tagesordnung sind aber auch „Bettmieten" von monatlich mehreren hundert Mark. Mit der Wohnraummisere bei Asylbewerbern begründeten Politiker und Behörden die notwendige Einrichtung von Sammellagern. Die damit verbundene Zwangsghettoisierung führt nach Auffassung von Experten zu einer weiteren sozialen Gefährdung der Ausländer. Selbst dann, wenn es sich bei den Lagern nicht um „umzäunte Baracken mit Wehrposten" handelt, wie der CSU-Fraktionsvorsitzende im Bayerischen Landtag, Gustl Lang, im Frühjahr 1980 vorgeschlagen hat. Die „Arbeiterwohlfahrt" in der Bundesrepublik sprach sich nachdrücklich gegen eine Lagerunterbringung ausländischer Flüchtlinge aus. Die Gründe:
„Massenlagerunterbringung auch für Flüchtlinge aus Armutsländern ist nicht human und verstärkt ihre Isolation und Stigmatisierung. Die Eigeninitiative des Einzelnen erlahmt, Passivität und eine mögliche Kriminalisierung wird gefördert. Die Massenunterbringung produziert häufig Konflikte verschiedener ethnischer, nationaler und religiöser Gruppen. Lagerunterbringung bedeutet eine psychische Härte für politisch Verfolgte, die vielleicht einem ähnlichen Lager in ihrem Herkunftsland gerade entronnen sind."
Die Erfahrungen mit bereits bestehenden sogenannten „Übergangswohnheimen" für Asylanten – zum Beispiel in Rastatt – bestätigen diese Befürchtungen. Der Münchner Dipl.-Psychologe Prof. Dr. Rolf Oerter stellt zu der Lagerunterbringung von Ausländern fest:
„Ohne Übertreibung kann gesagt werden, daß Asylsuchende nach wenigen Jahren eines Lageraufenthaltes in der Bundesrepublik für immer die Fähigkeit verlieren können, ihr weiteres Leben zu bewältigen. Sie selbst empfinden den Aufenthalt im Lager als ‚Gefangenschaft' und fühlen sich als ‚Freiwild' behandelt!" Die Wohlfahrtsverbände sollen nach den Wünschen der Bundes- und Landesregierungen die Asylbewerber in den Lagern betreuen; eine besondere Förderung soll damit jedoch nicht verbunden sein. Sprecher der Organisationen (z.B. Diakonisches Werk, Caritas und DRK) bezeichnen diese Aufgabe deshalb als „moralisches Feigenblatt".
Ein Beispiel für die „Betreuung" von Asylbewerbern in Sammel- und Übergangswohnheimen durch die Behörden gab bereits im September 1979 das Baden-Württembergische Sozialministerium mit einem „Toilettenerlaß" folgenden Inhalts:
„Die Brille des Toilettenbeckens ist zum Draufsitzen (nicht Draufstellen!). Nach Entleeren des Darms putzt man den After sorgfältig mit mindestens zwei übereinandergelegten Toilettenpapierblättern solange, bis der After ganz sauber ist. Dazu gebraucht man die linke Hand und kann mit jeweils neuem Papier den Vorgang so oft wiederholen, wie es zur guten Sauberkeit nötig ist. Das gebrauchte Papier ist in das Toilettenbecken zu werfen, damit es mit den Ausscheidungen fortgespült wird. Dann ist die Wasserspülung zu bedienen. Anschließend sind die Hände zu waschen. Das fließende Wasser aus dem Hahn muß über die Hände laufen, dann reibt man das Stück Seife mehrmals zwischen den Händen, bis sich Schaum entwickelt. Und jetzt reibt man die Hände mehrmals kräftig umeinander. Dann spült man den Seifenschaum mit viel Wasser von den Händen herunter. Die Hände mit einem Einmaltuch aus dem Papierhandtuch-Automaten abtrocknen!"
Nach seiner Veröffentlichung verzichtete das Ministerium auf eine weitere Verbreitung dieser „Empfehlungen für eine hygienische Reinigung nach der Notdurft".
Ein in Asylfragen bewanderter Stuttgarter Rechtsanwalt bezeichnet die Situation der Asylbewerber in

Die Kirchen werben um Verständnis und Hilfe für die Flüchtlinge aus Südostasien.

der Bundesrepublik nicht von ungefähr als „trostlos, da man gemeinhin dazu neigt, sie als potentielle Schmarotzer zu betrachten, die in die Bundesrepublik allein mit der Absicht eingereist sind, sich ein schönes Leben zu ermöglichen und auf Kosten des Sozialstaates zu leben".

Die Hilfsorganisation der Evangelischen Kirche „Brot für die Welt" kommt in einer Studie über die Situation der Asylbewerber in der Bundesrepublik zu dem Ergebnis: „Vor allem die Flüchtlinge aus Afrika leiden unter der Asylpraxis, die in höchstem Maße unbefriedigend ist." Die Konferenz der katholischen Bischöfe forderte:

„Die Erhaltung des elementaren Rechtes auf Asyl ist ein hohes Ziel. Die Praxis muß dem Rechnung tragen. Staatliche Maßnahmen gegen den Mißbrauch von Asylanträgen dürfen das Recht selbst nicht aushöhlen. Die Anzahl der Asylbewerber aus einem Land darf nicht zu einem Kriterium der Anerkennung werden. Angesichts der weltweiten Flüchtlingsnot muß sich die Bundesrepublik Deutschland entsprechend ihrer wirtschaftlichen Stärke und ihrem Aufnahmevermögen mit schwächeren Aufnahmeländern solidarisch verhalten."

Jürgen Micksch, der Ausländerreferent des Kirchlichen Außenamtes der Evangelischen Kirche in Deutschland, zielt in dieselbe Richtung, wenn er sagt: „Wir haben tatsächlich in Bezug auf die Asylbewerber uns in erheblich stärkerem Maße anzustrengen. Dies hängt nicht nur mit der Zahl zusammen, denn durch die Zahlen ist uns dieses Problem erst deutlich geworden; dies hängt vor allem damit zusammen, daß wir uns in den letzten Jahren nicht genug Gedanken über die Integration dieser Gruppen gemacht haben. Wir haben jetzt erst durch die Flüchtlinge, die nicht integrierbar waren, gemerkt, welche psychischen Schäden entstanden sind. In einem anderen Land, wo man in der Fremde ist, politisches Asyl sucht, erfragt, erbittet, das ist ein sehr schwieriger Prozeß. Dies bedeutet für die Menschen menschlich kaum zu lösende Probleme. Und hier hat unser Sozialstaat Möglichkeiten und auch die Verpflichtung zu helfen. In der kirchlichen Arbeit bemühen wir uns durch zusätzliche Einstellung von Sozialberatern und durch verstärkte Öffentlichkeitsarbeit in den Gemeinden, die Menschen aufgeschlossener zu machen, sie hinzuweisen auf die Not von den Menschen, die hierher kommen, weil sie in der Heimat nicht überleben können!" Damit sind die Kirchen neben der Gefangenenhilfsorganisation „amnesty international" zu den wortstärksten Anwälten eines Grundrechtsartikels unserer Staatsverfassung geworden. Ihre Hinweise auf eine unvertretbare Einschränkung von Artikel 16 durch das „Sofortprogramm" wurden allerdings von den entsprechenden Politikern mit dem Hinweis zurückgewiesen, dies sei ein Akt der Selbsthilfe.

Dazu antwortet ein junger Eritreer, der gute Aussichten hat, als politisch Verfolgter anerkannt zu werden:

„Die meisten Deutschen glauben, wir seien nur der Arbeit wegen nach Deutschland gekommen, weil wir zu Hause arm sind. Aber das ist nicht wahr. Wir sind gekommen, weil wir in Eritrea nicht mehr leben können, die Politik ist da gegen uns; wir können da nicht mehr ruhig leben. Hier in Deutschland sagen die meisten Leute, wenn ich erkläre, ich bin Asylant, nein, du bist kein Asylant, denn dein Land ist sehr arm, du hast kein schönes Haus und kein schönes Auto, kein schönes Fernsehen. Also bist du wegen dieser Sachen nach Deutschland gekommen. Das finde ich sehr komisch für mich ... und bin sehr traurig."

Er gehört zu einigen Tausend Flüchtlingen aus der Äthiopischen Provinz Eritrea, die Anfang 1980 über den Sudan in die Bundesrepublik kamen; ebenfalls meist Intellektuelle, die vor dem Regime des äthiopischen Diktators Mengistu Heile Mariam, der seit Jahren einen Vernichtungskrieg gegen Eritrea führt, nach Europa flohen. Von Rechts wegen sind sie „klassische" Asylanten im Sinne des Artikels 16 – mehr noch als ein Großteil der Flüchtlinge aus Südostasien. Die eritreischen Flüchtlinge kamen vor allem über den Stuttgarter Flughafen in die Bundesrepublik, beantragten in Stuttgart und der Flughafenstadt Leinfelden-Echterdingen Asyl. Beide Stadtverwaltungen fühlten sich nach wenigen Wochen von der Flüchtlingszahl überfordert. Maßnahmen wurden gefordert, ihre Einreise zu stoppen. Die Bundesregierung erließ schließlich einen Visa-Zwang für Äthiopien. Das Bonner Innenministerium legte in diesem Zusammenhang den Fluggesellschaften nahe, Tickets nur noch in Verbindung mit einem Visum zu verkaufen. Die bundesdeutschen Grenzbehörden müssen nämlich jeden Ausländer der Asyl beantragt – mit oder ohne Visum – ins Land lassen.

Dieses moralisch eher fragwürdige Rezept wirkte: Es kamen kaum noch Eritreer in die Bundesrepublik, denn ein Visum erhalten sie von den deutschen Botschaften nur unter großen Schwierigkeiten. Im Laufe des Jahres 1980 ist nach diesem Muster auch für einige andere Länder ein Visa-Zwang angeordnet worden. So für Sri Lanka, Indien und Pakistan. Die überwiegende Zahl der Asylbewerber der Jahre 1978 bis 1980 kam aber aus dem Nato-Partnerland Türkei, wo ein Wirtschaftschaos und sich ständig verschärfende bürgerkriegsähnliche Zustände die

Bürger außer Landes treiben. Nach langem Zögern entschloß sich die Bundesregierung dazu, auch von Türken an der Grenze künftig die Vorlage eines Visums zu fordern. Bei einem Großteil der türkischen Asylbewerber lag der Verdacht nahe, sie wollten den Anwerbestopp für ausländische Arbeiter von 1973 mit einem Asylantrag umgehen, indem sie auf die lange Verfahrensdauer spekulierten. Der Visazwang hatte zur Folge, daß sich die Zahl der Asylbewerber drastisch reduzierte.

Die im Bundestagswahlkampf 1980 von den Politikern emotional aufgeladene Diskussion um den künftigen Umgang mit dem Asylrecht führte in der Bevölkerung der Bundesrepublik zu verstärkter Fremdenfeindlichkeit. Beschimpfungen der Ausländer in den Leserbriefspalten der Tageszeitungen, rassistische Parolen an Häuserfassaden („Ausländer raus") und offen nazistische Kampagnen gehören wieder zur Tagesordnung. In Baden-Württemberg bildete sich eine „Bürgerinitiative Einwanderungs-Stopp" und in Nordrhein-Westfalen agitiert die NPD offen gegen die Anwesenheit von Ausländern, wobei auch ausländische Arbeiter gemeint sind.

In einem „Bürgerbegehren" der „Bürgerinitiative Einwanderungs-Stopp" heißt es: „Es besteht durch illegale Einwanderung oder Mißbrauch des politischen Asylrechts ein akuter und permanenter Notstand, der sich auf die Ordnung innerhalb der Gemeinde und die Sicherheit sowie die Gesundheit der erwachsenen und jugendlichen Bürgerschaft, insbesondere einer Seuchengefahr, bedrohend auswirkt."

Diese Ausländerfeindlichkeit eskalierte im Sommer 1980 in einer Serie von Anschlägen auf Asylbewerberunterkünfte. In Leinfelden-Echterdingen wurde ein Molotowcocktail in das Hotelzimmer von Eritreern geworfen, in Lörrach explodierte eine Bombe vor einem Asylantenwohnheim. Jedesmal wurden Asylbewerber verletzt. Zwei Vietnamesen starben bei einem Brandanschlag auf ihre Unterkunft in Hamburg. Nach kurzer Zeit konnte die Polizei die Täter verhaften, die zu einer rechtsradikalen Terrororganisation gehören, die sich „Deutsche Aktionsgruppen" nennt. Neben einigen anderen Anschlägen konnten ihnen die Attentate in Lörrach und Hamburg nachgewiesen werden.

Sprecher der Bundesregierung und des Innenministeriums in Bonn betonten anschließend, von einer allgemeinen Fremdenfeindlichkeit könne in der Bundesrepublik nicht gesprochen, die Aktionen von neonazistischen Gewaltätern dürften nicht verallgemeinert werden.

Eingeweihte sind jedoch der Auffassung, daß diese Feststellung ein Ausdruck von Zweckoptimismus ist, dem die gesellschaftliche Realität widerspricht. Allein die massiven Proteste der Bevölkerung nach der Ankündigung, in ihrer Nähe werde eines der Asylbewerbersammellager eingerichtet, sprechen gegen diese Auffassung der Politiker. Sie sind gefordert, entschiedener wie bisher, den fremdenfeindlichen Strömungen in der Bundesrepublik entgegenzuwirken. Wird dies versäumt, droht eine schwere gesellschaftspolitische Belastungsprobe.

NACH-
BEMERKUNG

Bei der gegenwärtigen Praxis des Asylrechts in der Bundesrepublik würden nur wenige der jüdischen Emigranten, die Deutschland nach 1933 verließen, als politisch verfolgte Asylanten anerkannt. Darüber sind sich die Experten einig. Sind wir gegenwärtig Zeuge einer eskalierenden Fremdenfeindlichkeit? Die auf den vorherigen Seiten beschriebene Entwicklung scheint zu einem „Ja" auf diese Frage zu veranlassen. Dabei ist Fremdenfeindlichkeit keine allein deutsche Eigenschaft; auch unsere europäischen Nachbarn haben und hatten Schwierigkeiten mit Einwanderern. Allerdings so barsch mit den Fremdlingen wie die Deutschen ist in den vergangenen Jahrhunderten kaum ein anderes Volk umgegangen. Humanitärer Anspruch und gesellschaftliche Wirklichkeit klaffen selten weiter auseinander als in unserem Land. Besonders deutlich wird das an dem Asylartikel des Grundgesetzes. Da wird betont, „Jeder politisch Verfolgte genießt Asylrecht!"; in Wirklichkeit nimmt die Bundesrepublik aber weniger Asylanten auf, als ihre westlichen Nachbarstaaten, wo dieses Recht nicht in der Verfassung steht, sondern auf dem „Gnadenweg" gewährt wird. Auf das Verhältnis der Deutschen zu Ausländern im eigenen Land trifft prägnant das zu, was Elias Canetti in seinem Buch „Masse und Macht" so beschreibt:

„Zu den auffallendsten Zügen im Leben der Masse gehört etwas, was man als ein Gefühl von Verfolgtheit bezeichnen könnte, eine besondere, zornige Empfindlichkeit und Reizbarkeit gegen ein für allemal als solche designierte Feinde. Diese können unternehmen, was sie wollen, sie können scharf vorgehen oder entgegenkommend, teilnahmsvoll oder kalt sein, hart oder milde – alles wird ihnen so ausgelegt, als ob es einer unerschütterlichen Böswilligkeit entspringe, einer schlechten Gesinnung gegen die Masse, einer vorgefaßten Absicht, sie offen oder heimtückisch zu zerstören."

LITERATUR-VERZEICHNIS

Allgemeines

Bargatzky, Thomas: Die Rolle des Fremden beim Kulturwandel. Hohenschäftlarn 1978.

Canetti, Elias: Masse und Macht. Frankfurt/M. 1980.

Mikes, Kelemen: Briefe aus der Türkei. Köln 1978.

Ostermann, A./Nicklas, H. (Hrsg.): Vorurteile und Feindbilder. München 1976.

Sternberger, Dolf: Gefühl der Fremde. Frankfurt/M. 1958.

Die Zerstörung einer Zukunft – Gespräche mit emigrierten Sozialwissenschaftlern. Hamburg 1979.

Zigeuner

Arnold, Hermann: Vaganten, Komödianten, Fieranten und Briganten. Stuttgart 1958.

Cendras, Blaise: Zigeuner Rhapsodien. Zürich 1963.

Derlon, Pierre: Die Gärten der Einweihung – Die geheimen Traditionen der Zigeuner. Basel 1978.

Döring, Hans-Joachim: Die Zigeuner im NS-Staat. Hamburg 1964.

Golowin, Sergius: Die Welt des Tarot. Basel 1978.

Geigges, Anita/Wette, Bernhard W.: Zigeuner heute – Verfolgung und Diskriminierung in der BRD. Bornheim-Merten 1979.

Haacken, Frans: Django. Ravensburg 1979.

Hundsalz, Andreas: Stand der Forschung über Zigeuner und Landfahrer. Stuttgart 1978. (Schriftenreihe des Bundesministers für Jugend, Familie und Gesundheit, Band 64).

Justin, Eva: Lebensschicksale artfremd erzogener Zigeunerkinder und ihrer Nachkommen. Berlin 1944. (Veröffentlichungen aus dem Gebiete des Volksgesundheitsdienstes LVII. Band, 4. Heft).

Lakatos, Menyhért: Bitterer Rauch. Stuttgart 1979.

Lee, Ronald: Verdammter Zigeuner. Weinheim 1978.

Liebich, Richard: Die Zigeuner in ihrem Wesen und in ihrer Sprache. (Neudruck) Wiesbaden 1968.

Liszt, Franz: Gesammelte Schriften, Band VI: Die Zigeuner und die Musik in Ungarn. (Neudruck) Hildesheim u. New York 1978.

Pankok, Otto: Zigeuner. Düsseldorf 1958.

Schwab, Gert/Wüpper, Edgar: Zigeuner – Porträt einer Randgruppe. Luzern u. Frankfurt/M. 1979.

Soest, George von: Zigeuner zwischen Verfolgung und Integration. Weinheim 1979.

Sárosi, Bálint: Zigeunermusik. Zürich u. Freiburg 1977.

Taikon erzählt Zigeunermärchen. München 1979.

Yoors, Jan: Die Zigeuner. Stuttgart 1970.

Zigeuner-Märchen. Hrsg. v. Walter Aichele und Martin Block. Düsseldorf 1973.

Zülch, Tilman (Hrsg.): In Auschwitz vergast, bis heute verfolgt – Zur Situation der Roma (Zigeuner) in Deutschland und Europa. Reinbek 1979.

Die Hugenotten

Ancillon, Charles: Geschichte der Niederlassung der Refugiés in den Staaten seiner kurfürstlichen Hoheit von Brandenburg. (Nach der franz. Originalausgabe von 1690) Berlin 1939.
Back, Claus: Drei Fräulein an der Jungfern-Brücke. Berlin 1971.
Bellon, Eugen: Zerstreut in alle Winde 1685–1720. Verlag des Deutschen Hugenotten-Vereins 1977.
Beuys, Barbara: Der große Kurfürst. Reinbek 1979.
Condy, Julien: Die Hugenottenkriege in Augenzeugenberichten. Düsseldorf 1965.
Engelmann, Bernt: Preußen. München 1979.
Harndt, Ewald: Französisch im Berliner Jargon. Berlin 1978.
Die Hugenotten in Berlin-Brandenburg. Hrsg. zum Hugenottentreffen 1971 in Berlin. Berlin.
Jerseh-Wenzel, Stefi: Juden und ‚Franzosen' in der Wirtschaft des Raumes Berlin/Brandenburg zur Zeit des Merkantilismus. Berlin 1978.
Kiefner, Theo: Die Waldenser. Göttingen 1980.
Landgrebe, Peter: Zum Einfluß der Hugenotten auf die deutsche Wirtschaftsentwicklung. Sickte 1977.
Ranke, Leopold von: Preussische Geschichte. Wiesbaden.
Schmidt, Arno: Fouqué. Frankfurt/M. 1975.

Polen und „Hütekinder"

Brepohl, Wilhelm: Der Aufbau des Ruhrvolkes im Zuge der Ost-West-Wanderung. Recklinghausen 1948.
Hue, Otto: Die Bergarbeiter. Historische Darstellung der Bergarbeiterverhältnisse von der ältesten bis in die neueste Zeit. Stuttgart 1913.
Kautsky, Karl: Das Erfurter Programm. (Neudruck) Berlin u. Bonn 1974.
Kleßmann, Christoph: Polnische Bergarbeiter im Ruhrgebiet 1870–1945. Göttingen 1978.
Lindner, R./Breuer, H.Th.: „... sind doch nicht alles Beckenbauers". Frankfurt/M. 1978.
Marchwitza, Hans: Meine Jugend. Berlin 1947.
Sechster Deutscher Arbeitsnachweis-Kongreß in Breslau – Stenografischer Bericht. (Schriften des Verbands Deutscher Arbeitsnachweise, Nr. 8) Berlin 1911.
Uhlig, Otto: Die Schwabenkinder aus Tirol und Vorarlberg. Stuttgart 1978.
Wehler, Hans-Ulrich (Hrsg.): Moderne deutsche Sozialgeschichte. Köln 1968.

Fremdarbeiter im Dritten Reich

Boberach, Heinz (Hrsg.): Meldungen aus dem Reich – Auswahl der geheimen Lageberichte des Sicherheitsdienstes der SS 1939–1944. Neuwied 1968.
Braunbuch: Kriegs- und Naziverbrecher in der Bundesrepublik und in Westberlin. Berlin (DDR) 1968.
Dwinger, Edwin Erich: Der Bolschewismus als Bedrohung der Weltkultur. In: Literatur unterm Hakenkreuz – Das Dritte Reich und seine Dichtung. Hrsg. von Ernst Loewy. Frankfurt/M. 1969.
Hochhuth, Rolf: Eine Liebe in Deutschland. Reinbek 1978.
Kral, Vacalv (Hrsg.): Acta occupationis behemiae et moraviae: „Die Deutschen in der Tschechoslowakei 1933–45". (Dokumentensammlung) Praha 1969.
Manchester, William: Krupp - Chronik einer Familie. München 1978.
Der Prozeß gegen die Hauptkriegsverbrecher vor dem Internationalen Militärgerichtshof Nürnberg, 14. Nov. 1945 – 1. Okt. 1946. Nürnberg 1948.
Schätzle, Julius: Stationen zur Hölle – Konzentrationslager in Baden und Württemberg 1933–45. Frankfurt/M. 1974.
Sjomin, Vitalij: Zum Unterschied ein Zeichen. München 1978.
SS im Einsatz – Eine Dokumentation über die Verbrechen der SS. Berlin (DDR) 1967.
Staden, Wendelgard von: Nacht über dem Tal. Düsseldorf 1979.
Verbrecherische Ziele – verbrecherische Mittel. Dokumente des faschistischen Deutschlands auf dem Territorium der UdSSR 1941–44. Moskau 1963.
Vorländer, Herwart: Nationalsozialistische Konzentrationslager im Dienst der totalen Kriegsführung. Stuttgart 1978. (Veröffentlichungen der Kommission für geschichtliche Landeskunde in Baden-Württemberg, Reihe B, 91. Band)
Wimmer. Wolfgang (Hrsg.): Die Sklaven. Hamburg 1979.

Ausländische Arbeitnehmer

Ağaoğlu, Adalet: Die zarte Rose meiner Sehnsucht. Stuttgart 1979.
Berger, John/Mohr, Jean: Arbeitsemigranten. Reinbek.
Borris, Maria: Ausländische Arbeiter in einer Großstadt. Köln 1973.
Essinger, Helmut: Soziale Rand- und Problemgruppen. München 1977.
Gehmacher, Ernst/Kubat, Daniel/Mehrländer, Ursula (Hrsg.): Ausländerpolitik im Konflikt. Bonn 1978.
Hajaj, Mustapha el: Fünf Geschichten. Stuttgart 1979.
Kamenko, Vera: Unter uns war Krieg. Autobiographie einer jugoslawischen Arbeiterin. Berlin 1978.
Katsoulis, Haris: Bürger zweiter Klasse – Ausländer in der Bundesrepublik. Frankfurt/M. 1979.
Klee, Ernst (Hrsg.): Gastarbeiter – Analysen und Berichte. Frankfurt/M. 1975.
Mellinghaus, Günter: Der fremde Nachbar – Von der Herkunft unserer Ausländer. Tübingen 1977.
Ören, Aras: Der kurze Traum von Kagitlane. Berlin 1974.
Ören, Aras: Was will Niyazi in der Naunynstr.? Berlin 1977.
Pazarkaya, Yüksel: Heimat in der Fremde? Stuttgart 1979.
Uhlig, Otto: Die ungeliebten Gäste – Ausländische Arbeitnehmer in Deutschland. München 1974.
Weidacher, Alois (Hrsg.): Ausländische Familien, Kinder und Jugendliche. Situationsanalyse und Maßnahmen auf kommunaler und regionaler Ebene in der BRD. Materialienverzeichnis. München 1979.

Asyl

Amnesty International (Hrsg.): Bewährungsprobe für ein Grundrecht – Art. 16, Abs. 2 Satz 2 Grundgesetz. Baden-Baden 1978.
Amnesty International (Hrsg.): Jahresbericht 1978. Baden-Baden 1979.
Heine, Regina/Marx, Reinhard (Hrsg.): Asylrecht. Baden-Baden 1978.
Politisches Asyl in der Bundesrepublik Deutschland – Grundlagen und Praxis. Erfahrungsberichte und Dokumentation von amnesty international. Baden-Baden 1977.
Skármeta, Antonio: Nix passiert. Neuwied 1978.
Spaich, Herbert: Asyl bei den Deutschen. Texte zum Schutz der Fremden. Reinbek 1981.

BILDQUELLEN

Arbeiterfotografie, Essen: Seite 6 und 1. Umschlagseite.
Archiv Johannes Meister: Seite 43.
Archiv Spaich: Seite 121.
Archiv der Stadt Berlin: Seite 92–97, 104/105, 109, 111, 116, 119, 120.
Balint, Sarosi: Zigeunermusik. Zürich/Freiburg 1977: Seite 14.
Bildarchiv Preußischer Kulturbesitz, Berlin: Seite 98–101, 103, 106, 112–115, 123, 4. Umschlagseite.
Bloch, Martin: Zigeuner. Leipzig 1936: Seite 27–29, 31–33, 4. Umschlagseite.
Böckstiegel, Vincent, Werther: Seiten 55–57
Bundesarchiv: Seite 168, 170, 171, 173, 175–178, 182–185, 191, 198, 202/203, 4. Umschlagseite.
Christoph, Henning, Essen: Seiten 49–51, 59, 238, 248/249, 254, 255.
Deutsches Bergbaumuseum, Bochum: Seite 140 (oben), 141.
dpa: Seite 208, 211, 213, 219, 256, 265, 266/267, 274/275, 278/279, 4. Umschlagseite.
Dresing, Ursula, Bielefeld: Seite 84, 85.
Ertem, Murat, Stuttgart: Seite 233.
Groteclaes, Achim, Köln: Seite 70, 72.
Heubner, C./Meyer, A./Pieplow, J.: Lebenszeichen. Bornheim-Merten 1979: Seite 40.
Hilfsstelle für Rassenverfolgte, Stuttgart: Seite 70 (unten)
Höhne, Ursula, Eisenhofen: Seite 89.
Hubbuch, Karl: Seite 12.
Krolow, Wolfgang, Berlin: Seite 221, 225, 230/231, 235–237, 241, 244, 247, 251, 252, 258/259, 4. Umschlagseite.
Lagerkatalog Dachau: Seite 46.
Lindner, R./Breuer, H. Th.: „Sind doch nicht alles Beckenbauers“. Frankfurt 1978: Seite 160 (unten).
Linke-Pressebild, Heidelberg: 74/75.
Mode, Heinz/Wölfling, Siegfried: Zigeuner. Leipzig: Seite 15, 16, 18–21, 23–26.
Müller, Karl, Freiburg: Seite 68.
Olujic, Zdravko, Stuttgart: Seite 215–217, 229, 242.
Pankok, Hulda: Seite 35, 37, 38, 41.
Plata (Friedrich Stark), Dortmund: Seite 78/79, 81, 83.
Pogrom Nr. 68 (Hrsg. von der Gesellschaft für bedrohte Völker): Seite 62 und 63.
Pragher, Willy, Freiburg: Seite 64/65, 67, 69.
Privatbesitz: Seite 45, 151, 162, 163.
Rose, Klaus, Iserlohn: Seite 245.
Schmidt, Bernhard, Essen: Seite 262/263.
Schwab, Gert/Wüpper, Edgar: Zigeuner. Luzern/Frankfurt 1979: Seite 61, 71, 86, 90.
Sozialdienst Katholischer Männer, Köln: Seite 52.
Staatsarchiv Marburg: Seite 52/53.
Stadtarchiv Ulm: Seite 197.
Studienkreis Dokumentationsarchiv Frankfurt: Seite 44, 181, 186, 188, 189, 192, 194, 195.
Uhlig, Otto: Die Schwabenkinder aus Tirol und Vorarlberg. Innsbruck 1978: Seite 138, 164, 166/167.